Mystische Orte

ABENTEUER ERDE

Mystische Orte

Verlag Das Beste

Stuttgart · Zürich · Wien

Mystische Orte

Gestaltung und Realisation: Toucan Books Limited, Bradbury & Williams
Autor der englischen Originalausgabe: Tim Healey

Redaktion: Christof Schmid-Flemmig
Grafik: Nicole Teufel
Bildresearch: Uwe Rattay
Produktion: Sanja Ančić, Sven Sost-Wolter

Freie Mitarbeit

Übersetzung: Ingrid Frieling
Gutachten: Ulrich Magin
Redaktion: Dr. Ursula Ruppert, Holger Flierl
Technische Bearbeitung: Flierl Grafik-Design & Satz

Ressort Buch

Redaktionsdirektorin: Suzanne Koranyi-Esser
Redaktionsleiter: Christof Schmid-Flemmig
Art Director: Rudi K. F. Schmidt

Materialwirtschaft

Direktor Materialwirtschaft: Joachim Forster
Leitung Produktion Buch: Joachim Spillner

Printed in Spain

ISBN 3 87070 632 5

INHALT

DIE ERFORSCHUNG DES UNBEKANNTEN

Spukschlösser, Ruinen, Heiligtümer – geheimnisvolle Orte jeder Art, ob jahrhundertealt oder aus jüngerer Zeit, ob natürlichen Ursprungs oder von Menschenhand geschaffen, haben seit je die Neugier der Völker geweckt und die Forscher zu allerlei kühnen Theorien angeregt.

Hiram Bingham, der Entdecker der Inkastadt Machu Picchu, schrieb: „Es schien mir wie ein unfaßbarer Traum. Mir dämmerte, daß diese Mauer und der benachbarte halbkreisförmige Tempel über der Höhle dem bestausgeführten Mauerwerk der Welt in nichts nachstanden. Der Anblick verschlug mir fast den Atem. Was konnte dieser Ort nur bedeuten?" Die untergegangene Bergfestung der Inka zählt zu den großartigsten archäologischen Funden des 20. Jahrhunderts, und obschon Bingham seine Entdeckung bereits 1911 machte, stellen die ungewöhnlichen Ruinen, die hoch oben auf einem Bergrücken der Anden thronen, die Fachleute noch immer vor Rätsel.

Machu Picchu ist nur einer von vielen geheimnisumwitterten Orten, welche die Phantasie der Menschen anregen und sie zum Staunen bringen. Von den Höhlenmalereien im vorgeschichtlichen Europa bis zu den ägyptischen Pyramiden, von einer Wikingersiedlung in Nordamerika bis zum Palast des Minos auf Kreta haben die Überreste vergangener Kulturen Stoff für viele bohrende Fragen geliefert. Doch nicht alle Stätten gehören in das Fachgebiet der Archäologie. Lourdes in Frankreich ist beispielsweise für seine Marienerscheinungen und wundersamen Heilungen berühmt geworden – 2 Mio. Pilger besuchen jedes Jahr die Stadt. Die Tunguska in Sibirien war der Schauplatz einer kosmischen Katastrophe, einer Explosion, die im

Eine archäologische Sensation: 1994 wurde in der französischen Ardèche die Chauvet-Höhle mit etwa 300 prähistorischen Tierdarstellungen entdeckt.

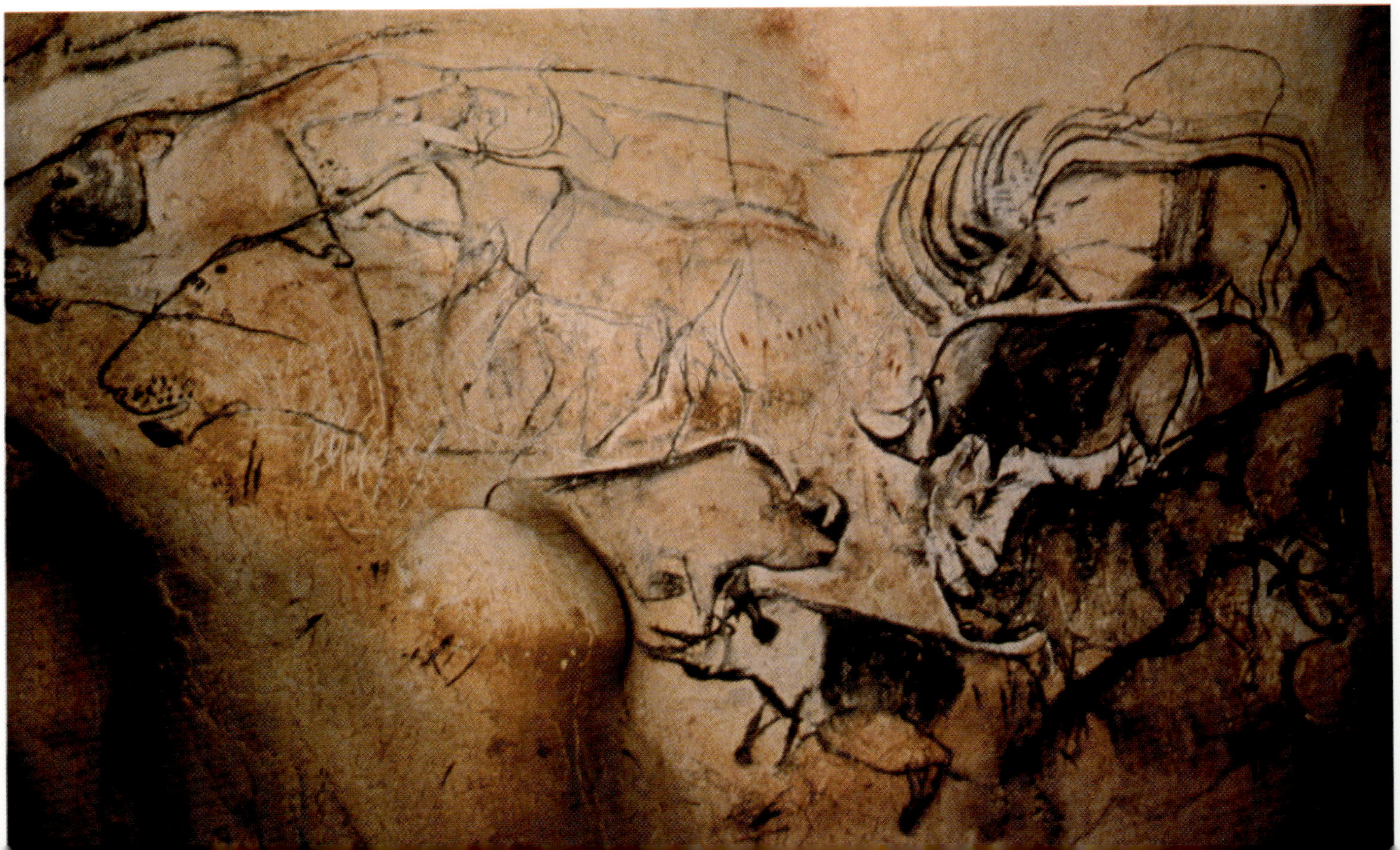

Juni 1908 ein Gebiet von der Größe St. Petersburgs verwüstete. Die Berge und Wälder Transsilvaniens, wie der rumänische Name Siebenbürgens lautet, verbinden viele zuallererst mit der Heimat des Grafen Dracula.

Manche Orte erweisen sich als so vielgestaltig, daß man sie kaum einordnen kann. Oft sind sie sogar in mehrfacher Hinsicht ungewöhnlich, wenn beispielsweise mit einem prähistorischen Steinkreis zugleich paranormale Vorstellungen verbunden werden. Es liegt geradezu in der Natur von Geheimnissen, daß sie verschiedene Möglichkeiten einer Deutung eröffnen.

„Hier gibt es Ungeheuer ... "

Den Menschen vergangener Zeiten war so vieles auf der Welt unbekannt, daß sich Legenden um alles rankten, was sich jenseits des fernen Horizontes abspielte. Im 5. Jahrhundert v. Chr. schrieb der griechische Historiker Herodot, das Land Arabien, aus dem seine Landsleute Weihrauch und würzige Harze bezogen, werde von fliegenden Schlangen heimgesucht. „Diese Schlangen, dieselben, die auch nach Ägypten vorzudringen versuchten, sind klein und verschiedenfarbig, und sie wachen in großer Zahl über alle Bäume, von denen Weihrauch gewonnen wird."

Im 13. Jahrhundert vermerkte der weitgereiste Venezianer Marco Polo, die Bewohner der Andamanen-Inseln im Golf von Bengalen seien hundsköpfig. „Ich versichere euch, daß sie Gesichter wie große Bulldoggen haben. Sie sind eine sehr grausame Rasse: Wenn sie eines Menschen habhaft werden, der nicht ihrer Art angehört, so verschlingen sie ihn."

Die mittelalterlichen Geographen, die ihre Weltsicht aus Berichten der klassischen Antike und den Erzählungen der ersten Weltreisenden gewannen, stellten sich vor, daß es an fernen Orten von ungewöhnlichen Tieren und aufsehenerregenden Menschen wimmele. Die *Mappa Mundi* in der Kathedrale von Hereford, eine Weltkarte, die um 1290 entstand, zeigt Kontinente, auf denen Einhörner, Satyrn und Sphinxe leben sowie einbeinige, menschenartige Wesen, die ihren Riesenfuß sogar als Sonnenschutz benutzen.

Auf Schloß Bran in Transsilvanien lebte im 15. Jahrhundert der grausame Fürst, der als Graf Dracula zur Titelfigur in Bram Stokers weltbekanntem Vampirroman (1897) wurde.

Einige Mythen erwiesen sich als erstaunlich langlebig. So kennt man Meerjungfrauen, ob mit oder ohne Fischschwanz, aus germanischen Sagen, sie kommen jedoch auch in griechischen und römischen Legenden über Sirenen sowie in Erzählungen aus dem alten Babylon vor. Im Mittelalter glaubte man, daß in den Ozeanen Meerjungfrauen lebten, die den Kopf und Oberkörper einer wunderschönen Frau, unterhalb der Taille aber einen Fischschwanz besaßen. Als Christoph Kolumbus von seiner ersten Reise nach Amerika zurückkehrte, notierte er in seinem Logbuch, er habe Meerjungfrauen gesichtet. Heute nimmt man an, daß Tiere tropischer Gewässer wie Seekühe, die ihre

Jungen mit den Flossen umfassen, aus einiger Entfernung für Meerjungfrauen gehalten wurden, die ihre Kleinen in den Armen wiegen. In kälteren Gewässern waren wohl Robben, die sich im Wasser tummelten und ein beinahe menschliches Heulen ertönen ließen, Anlaß für Berichte von singenden Meerjungfrauen.

Von Löwen zerfleischt, von Bären gejagt

Menschen, die auf Entdeckungsreisen gingen, unternahmen ihre Odyssee eher zum Ruhm Gottes, zu Eroberungszwecken und aus kommerziellen Gründen als aus Wißbegier. Ihr Wissen aber war letztlich wertvoller als alles Gold, alle Sklaven und Gewürze, welche die Abenteurer nach Hause brachten. Nichts spiegelt die allmählichen Fortschritte der Menschen auf der Suche nach Wahrheit besser wider als die Landkarten, die der britische Kapitän und Entdecker James Cook im 18. Jahrhundert von seinen Fahrten in die südlichen Meere mitbrachte.

Wenige hundert Jahre, nachdem die mittelalterlichen Kartographen ihre Einhörner und menschenähnlichen Monster gezeichnet hatten, fertigte Cook, ein ausgezeichneter Navigator, eine Karte der Küste Australiens mit einer genauen Eintragung aller Buchten und Landzungen an. Wo sein Wissen nicht ausreichte, ließ er Lücken, die spätere Entdecker füllen sollten. Die Landkarten James Cooks und anderer zeitgenössischer Kartographen sind als Zeugnisse eines neuen wissenschaftlichen Forschergeistes erhalten, der die ganze Welt revolutionierte.

Die Entdeckungsreisenden legten eine Unerschrockenheit an den Tag, die verblüfft. Auf Reisen durch unbekannte Länder und über fremde Meere waren sie allen erdenklichen Gefahren ausgesetzt, Hunger und Durst, extremer Hitze und Kälte, Fieber, Krankheiten, wilden Tieren und feindseligen Menschen. Captain Cook selbst kam 1779 bei einem Handgemenge mit Bewohnern der Insel Hawaii ums Leben. Der amerikanische Forscher Meriwether Lewis, der am Anfang des 19. Jahrhunderts den Missouri erkundete, wurde von einem wütenden Bären angegriffen und entging nur knapp dem Tod. Und auf seiner Reise durch Südafrika wurde der schottische Missionar und Forschungsreisende David Livingstone 1849 von einem Löwen angefallen, der „mich schüttelte wie ein Terrier eine Ratte".

Ab 1893 unternahm der Schwede Sven Hedin weite Reisen in Asien. Als er in der Wüste östlich von Kaschgar in Zentralasien vor Durst fast wahnsinnig wurde, wäre er beinahe gestorben, weil er den für seinen Kocher vorgesehenen Spiritus trank. Die beiden Abenteurer Robert O'Hara Burke und William Wills verhungerten 1861 bei dem waghalsigen Versuch, das unbekannte Australien zu durchqueren. Ihr Gefährte John King kehrte zwar zurück, doch „er war

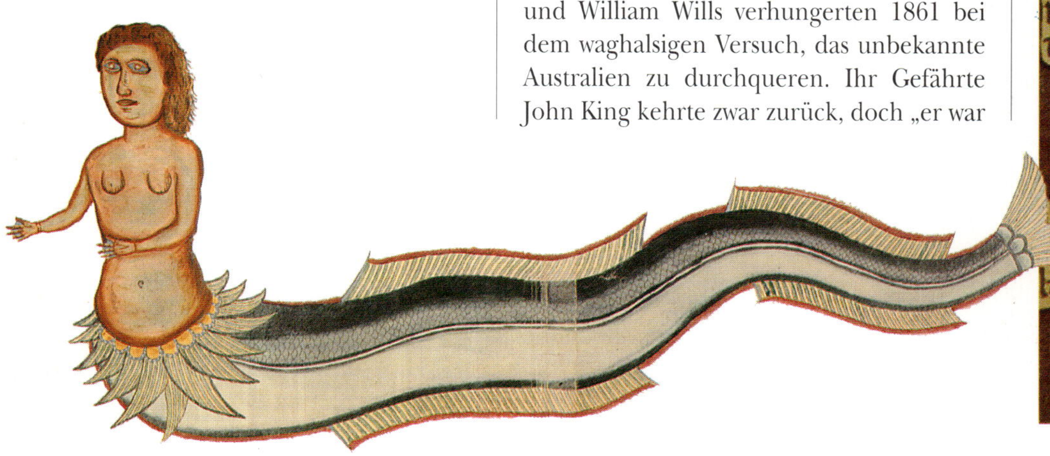

Diese Abbildung einer Meerjungfrau, die „nach der Natur entstanden" sein soll, stammt aus einem holländischen Buch des 18. Jahrhunderts. Darin behauptet der Autor François Valentijn, das Wesen sei vor der Küste von Borneo eingefangen worden.

Glaubt man der Mappa Mundi, einer Weltkarte des ausgehenden 13. Jahrhunderts, so bevölkerten einst Einhörner, Drachen und andere seltsame Wesen das Nildelta.

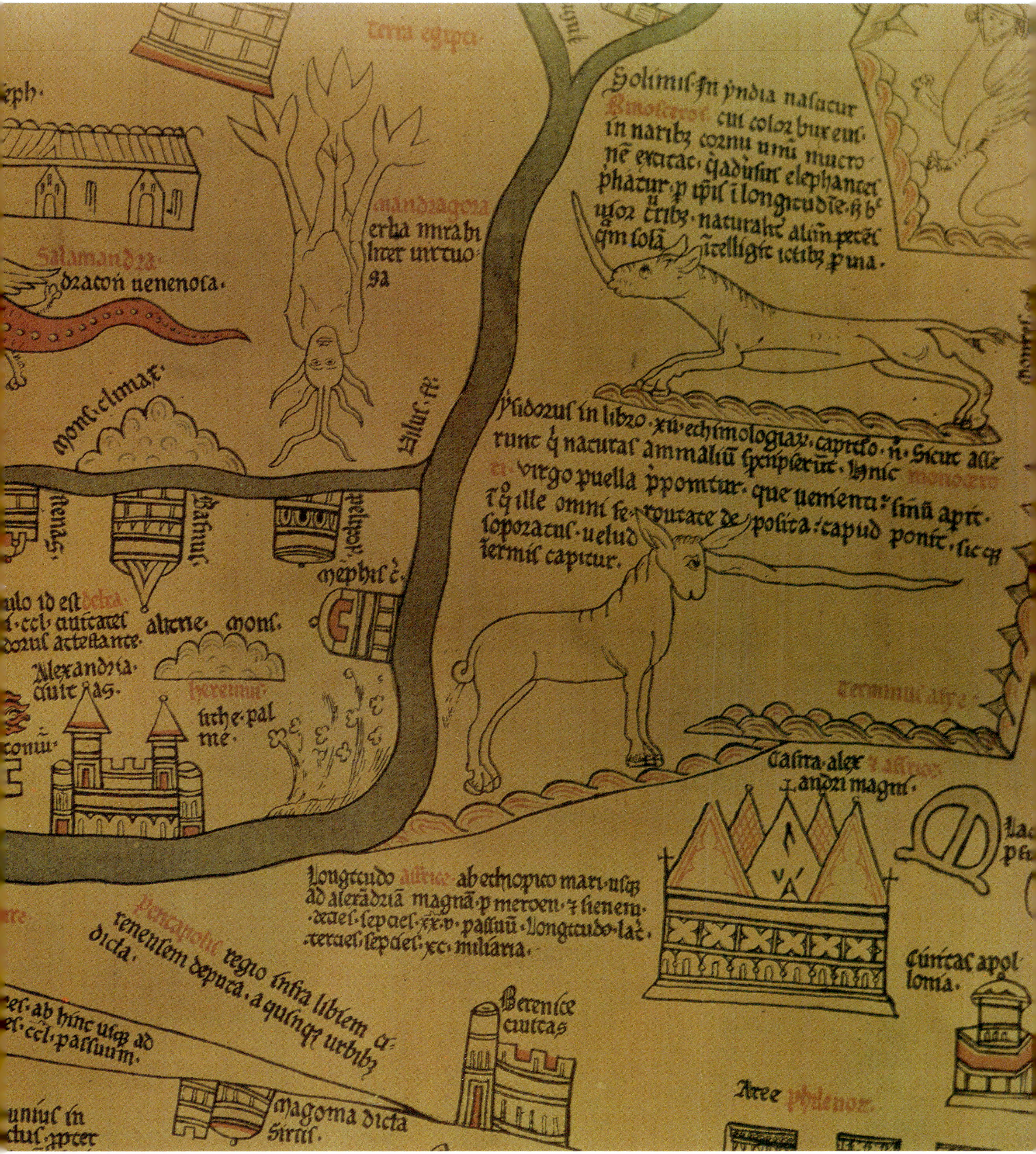
terra egipti
mandragora
Salamandra
dracon uenenosa.
Alexandria
ciuitas.
Berenice
ciuitas
Castra alex
andri magni.
Ceraste
phenor

Um 1770 setzte Kapitän James Cook auf drei Reisen in die südlichen Meere neue Maßstäbe für die Kartographie.

nur noch ein Schatten seiner selbst und einzig an den Überresten seiner Kleidung als menschliches Wesen zu erkennen".

Untergegangene Kontinente?

Die Verkehrsverbindungen im Zeitalter der Düsenjets ermöglichen Touristen den Zugang zum Felsentempel von Petra in Jordanien ebenso wie zu der sagenumwobenen Stadt Timbuktu im westafrikanischen Mali. Noch immer aber gibt es ein paar weiße Flecken auf der Landkarte – etwa in den unzugänglichen Regenwäldern Neuguineas, wo Eingeborene ein Leben wie in der Steinzeit führen. Die letzten Grenzbereiche der Erde finden sich jedoch in den Tiefen der Ozeane. Erst in jüngster Zeit wurden dort mit Hilfe von Echolot- und Satellitenmessungen untermeerische Berge, Cañons und Ebenen entdeckt und mit den modernsten Techniken der Unterwasserforschung die Wracks der *Titanic* und der *Lusitania* geortet. Auch neue gespenstische Lebensformen entdeckte man. Die Spuren des legendären Atlantis und anderer versunkener Kontinente hingegen konnte trotz aller Hilfsmittel bislang niemand ausfindig machen.

Atlantis – der griechische Philosoph Platon beschrieb dieses wunderbare Land jenseits der Straße von Gibraltar und behauptete, es sei dort bei gewaltigen Erdbeben und Überschwemmungen versunken. Aus geophysikalischer Sicht scheint dies jedoch unmöglich, denn sehr präzise Untersuchungen des Meeresbodens zeigen in der Mitte des Atlantiks einen weitläufigen, untermeerischen Gebirgszug, der durch hervorquellende Magmamassen aus dem Erdinneren angehoben wird und nicht sinkt.

Doch kommt es tatsächlich auch vor, daß Land unter dem Ozean verschwindet. In der Eiszeit verband an der Stelle, wo sich heute die Beringstraße erstreckt, eine breite Ebene Asien mit Nordamerika. Diese Landbrücke von Beringia überquerten die ersten Menschen, die den amerikanischen Kontinent besiedelten. Der Gedanke, daß auch andere Kontinente versanken, faszinierte viele Forscher. So erwähnte der britische Zoologe Philip Sclater im 19. Jahrhundert erstmals die gewaltige hypothetische Landmasse „Lemuria". Ihm und anderen Wissenschaftlern seiner Zeit war eine bemerkenswerte Ähnlichkeit zwischen einigen Tier- und Pflanzenformen aufgefallen, die zu beiden Seiten des Indischen Ozeans gediehen, obwohl sie durch einige tausend Kilometer Meer voneinander getrennt waren.

Der Name Lemuria war von den Lemuren abgeleitet, einer Halbaffenfamilie, die ausschließlich auf Madagaskar vorkommt. Sclater vermutete, daß die Insel einst durch eine Landbrücke mit Afrika verbunden gewesen war. Seine These griff der deutsche Naturforscher Ernst Haeckel auf und erklärte damit eine Lücke in Darwins Evolutionstheorie. Der Kontinent Lemuria war seiner Ansicht nach die Wiege der Menschheit, bei deren Untergang ein heute fehlendes fossiles Bindeglied zwischen dem Menschen und den Affen verlorenging.

Im 20. Jahrhundert schließlich verbreitete sich die Idee von einem untergegangenen pazifischen Kontinent namens „Mu". Der Amerikaner James Churchward hatte sie entwickelt. Mit dieser Theorie ließen sich

Robert O'Hara Burke, William Wills und John King unternahmen 1861 den waghalsigen Versuch, Australien zu durchqueren.

angeblich die Riesenstatuen auf der Osterinsel und die Ruinenstadt von Nan Madol erklären: Auch sie seien vor langer Zeit durch ein versunkenes Land verbunden gewesen, welches die unzähligen Inseln Polynesiens zurückließ.

Die These von Beringia war eine realistische Vorstellung, die Theorien über Lemuria und Mu aber wurden von jüngeren Untersuchungen der Topographie des Bodens im Indischen und im Pazifischen Ozean widerlegt. Die Technik des 20. Jahrhunderts hatte den Beweis ermöglicht.

Die unsichtbaren Kräfte der Erde

Zur Erklärung von Geheimnissen braucht man nicht immer auf übernatürliche Kräfte zurückzugreifen: Die Wahrheit über die natürlichen Landformen unter- und oberhalb des Meeresspiegels ist schon so faszinierend, daß man sie nicht auch noch mit Hilfe des Okkultismus überhöhen muß. Naturkräfte, welche die Kontinentalverschiebung verursachen, die ganze Berge heben und Vulkane Feuer spucken lassen, sind ehrfurchtgebietend genug. Wer die farbigen Seen von Keli Mutu in Indonesien bewundert, einen Blick auf die Stalaktiten der Mammuthöhle in den USA wirft oder an Irlands Küste den Giant's Causeway entlangwandert, erlebt die Einzigartigkeit der Natur in ihrer dramatischsten Form.

Doch der Sinn des Menschen für das Übernatürliche ist auch im Zeitalter der Wissenschaft nicht verlorengegangen. Noch immer locken uralte, mystische Gedankenverbindungen Scharen von Menschen zum Uluru in Australien, zum Fudschijama in Japan, nach Delphi in Griechenland und zum Drachenfels der deutschen Sagenwelt. Geister – so sagen die Anhänger paranormaler Phänomene – spuken nach wie vor auf dem Gelände des Weißen Hauses in Washington und im ehrwürdigen Tower von London.

Sollte man sämtliche übernatürlichen Sagen, die mit geheimnisvollen Plätzen verknüpft sind, einfach abtun? Hellseher sprechen mitunter von „Ausstrahlungen" und meinen damit unsichtbare Spuren, die Ereignisse an bestimmten Orten hinterlassen. Oft bemüht man Vergleiche aus der Physik: Die Luft in einem Raum bleibt warm, auch wenn die Glut im Kamin erloschen ist; ähnlich hält sich der Duft von Rosen, wenn die Blumen längst fort sind. Warum also sollte es nicht möglich sein, daß ein Mord negative Energie freisetzt, die am Schauplatz des Todes eine beunruhigende Atmosphäre hinterläßt? Oder daß in einer Kirche, wo Generationen von Menschen gesungen und gebetet haben, eine Aura der Heiligkeit erhalten bleibt?

Menschen, die an paranormale Phänomene glauben, vergleichen übernatürliche Kräfte oft mit den unsichtbaren Strömungen, die Wünschelrutengänger zu Wasseradern und Zugvögel zu ihren Brutplätzen zu führen scheinen. Man weiß, daß Vögel nach dem Magnetfeld der Erde navigieren. Ebenso scheinen Wünschelrutengänger darauf zu reagieren, wenn ihre Muskeln eine Y-förmige Rute ausschlagen lassen, sobald sie einen unterirdischen Wasserlauf kreuzen.

Skulpturen aus erstarrter Lava: die mehreckigen Basaltsäulen des Giant's Causeway an der irischen Küste.

Viele Bewohner des Regenwaldes von Neuguinea haben ihre traditionellen Siedlungs- und Lebensformen bewahrt.

Viele Menschen sind der Meinung, daß die Erbauer der prähistorischen Megalithbauten in Europa auf der Suche nach dem besten Standort für ihre riesigen Monumente die Fähigkeit von Wünschelrutengängern nutzten. Im alten China war die Sensibilität für unsichtbare Erdströme Teil der Kunst des *Feng-shui*, die bei der Standortwahl für Tempel und Paläste grundlegende Bedeutung hatte.

Doch selbst Wissenschaftler halten gelegentlich, wie andere Menschen auch, an liebgewordenen Betrachtungsweisen fest. So bestritt der Chemiker Antoine Lavoisier im 18. Jahrhundert alle Beweise, daß Meteoriten vom Himmel fallen. Er war überzeugt, daß „es keine Steine am Himmel gibt". Doch fast 20 000 Meteoriten, die jährlich auf die Erde niedergehen, widerlegen seine Ansichten. Immer wieder in der Geschichte der Wissenschaft wurden ähnlich dogmatische Behauptungen aufgestellt, die sich als unhaltbar erwiesen. Andererseits ist es auch eine Tatsache, daß wir bis heute längst nicht alles über die Kräfte der Erde wissen.

Das Phänomen des Kugelblitzes veranschaulicht dies auf hervorragende Weise. UFOs, Gespenster, Irrlichter und ähnliche sonderbare Himmelserscheinungen werden auf schwebende Lichtkugeln zurückgeführt, die von aufgeschreckten Beobachtern auf der ganzen Welt gemeldet werden. Kugelblitze erscheinen nicht nur im Freien, sondern auch in geschlossenen Räumen; sie schweben durch Scheunen und Küchen, einmal sogar durch den Passagierraum eines Flugzeuges, wie die Zeitschrift *Nature* im November 1969 berichtete. Wenn man diese leuchtenden Kugeln gar nachts über Gräber huschen sieht, könnte man sie leicht für Geistererscheinungen halten. Oder andersherum ausgedrückt: ein vernunftbetonter Mensch sieht einen Kugelblitz, ein übersinnlich begabter Gespenster.

Die Kirchentür von Blythburgh weist Spuren auf, die von einem teuflischen schwarzen Hund stammen sollen. Doch könnten sie auch von einem Kugelblitz verursacht worden sein.

In den Kirchen von Blythburgh und Bungay in der englischen Grafschaft Suffolk hat man möglicherweise Kugelblitze als Zeichen für das Eindringen des Teufels gehalten. Die Ereignisse trugen sich während eines Gewitters am Sonntagmorgen des 4. August 1577 zu. In Bungay rannte den Berichten zufolge der Teufel in Gestalt eines schwarzen Hundes durch die Kirche und tötete oder verletzte mehrere Gemeindemitglieder. Ähnliches geschah nur 11 km entfernt in Blythburgh: zwei Männer und ein Junge wurden getötet, viele andere erlitten Brandverletzungen. An der Kirchentür in Blythburgh sind seit jenem Tag schwarze Spuren zu sehen, die angeblich von dieser Erscheinung stammen. Die Gestalt des Geisterhundes kommt im ostenglischen Volksgut häufig vor, und es ist durchaus möglich, daß sich die verängstigte Kirchengemeinde die Einzelheiten, die auf den Hund hindeuteten, lediglich eingebildet hat. Nach der Theorie zahlreicher Forscher war in Wirklichkeit ein Kugelblitz, der sich bei einem Gewitter entlud, der Stifter des Unheils.

Was aber ist ein Kugelblitz? Eine eindeutige Erklärung des Phänomens steht noch aus, doch sehen Fachleute in ihm die seltene Erscheinungsform eines Blitzes, der sich als leuchtende Kugel längs einer unregelmäßigen Bahn nahe der Erdoberfläche fortbewegt. Manchmal verschwinden Kugelblitze geräuschlos, in anderen Fällen explodieren sie mit lautem Knall, ohne jedoch größeren Schaden anzurichten.

Auf seine Weise ist ein Kugelblitz ebenso rätselhaft wie ein Geisterhund, und viele Wissenschaftler bezweifeln nach wie vor die Existenz des mysteriösen Blitzes.

Wünschelrutengänger behaupten, Wasser, Mineralien und unterirdische Hindernisse wie etwa eine Pipelinetrasse aufspüren zu können.

1 Rätsel der Vergangenheit

Der Ausgang einer Schlucht enthüllt die architektonische Pracht der Stadt Petra.

Ist die Cheopspyramide in Ägypten auf eine Konstellation der Gestirne am Nachthimmel ausgerichtet? Warum legte ein nordamerikanisches Indianervolk den Great Serpent Mound, den großen Schlangenhügel, an? Wer gründete einst den blühenden afrikanischen Staat Groß-Simbabwe? Was veranlaßte ein polynesisches Volk, die steinernen Riesen der Osterinsel zu meißeln? Viele dieser rätselhaften Orte werfen Fragen auf, die sich nicht immer eindeutig beantworten lassen. Enthusiasten hält das nicht von dem Versuch ab, die Geheimnisse dieser Stätten zu lüften – von der im Atlantik gesunkenen *Titanic*, deren Wrack mit Hilfe hochmoderner Geräte in einer Tiefe von rund 3600 m ausgemacht wurde, bis zu der sagenumwobenen westafrikanischen Stadt Timbuktu.

Unbewegt blicken die Steinkolosse über die Osterinsel.

UNTERGEGANGENE REICHE, SAGENHAFTE SCHÄTZE

Historische Orte, um die sich viele Legenden ranken, üben auf Archäologen und Abenteurer seit langem eine geradezu magische Anziehungskraft aus. Versunkene Städte und verborgene Schätze gewinnen gerade durch die dunklen Geheimnisse, die sie umgeben, besonderen Reiz.

In den meisten Menschen weckt der Anblick alter Ruinen romantische Gefühle. Wenn man im Schatten eines verwitterten Säulenganges steht, durch das Blattwerk des Dschungels auf die Überreste einer einst blühenden Stadt blickt oder in einer verfallenen Burg auf Entdeckungsreise geht, verspürt man die Sehnsucht nach einer ruhmreichen Vergangenheit, die es wahrscheinlich niemals gegeben hat. Die phantastische Felsenstadt Petra in Jordanien wurde nicht von Träumern errichtet, sondern von nüchternen Händlern aus der Wüste. Gemessen an der Stadt der klassischen Sage, ist der Fundort des antiken Troja in der heutigen Türkei überraschend klein. Der Zauberer Merlin hat seine Künste wohl nicht am Hof des Königs Artus erprobt – und wenn es das sagenhafte Camelot wirklich gab, handelte es sich wahrscheinlich um ein Fort auf einem grasbewachsenen Hügel, das aus Holz gebaut war und in dessen Lehmboden mittelalterliche Krieger ihre Fußspuren hinterließen.

Diese Überreste vergangener Kulturen sind der Schlüssel zum Verständnis der menschlichen Gesellschaft von heute und geben uns dennoch manches faszinierende Rätsel auf. Wo hatten die Erbauer von Mohendscho-Daro in Pakistan vor mehr als 4000 Jahren ihre fortschrittlichen stadtplanerischen Fertigkeiten erworben? Gab es tatsächlich Wikingersiedlungen in Amerika? Wer erbaute die seltsame, von Mauern umgebene Stadt Nan Madol auf einer Insel im Pazifik? Was war die Ursache für den Niedergang des antiken Kreta und der Kultur des Minotaurus?

Legenden, die sich an geheimnisvolle Orte knüpfen, besitzen einen eigenen Zauber, und Geschichten von vergrabenen Schätzen treiben Glücksritter um die halbe Welt. Das

Im halbmondförmig angelegten Pueblo Bonito wurden früher die Ernteerträge an Mais, Bohnen und Kürbis gelagert.

Gold, das die uralten Völker der Anden als „Schweiß der Sonne“ verehrten, zog habsüchtige Konquistadoren in die Neue Welt. Die gleiche Gier hat in jüngerer Zeit manchen Schatzsucher an Orte wie Oak Island in Kanada gelockt oder in die südfranzösische Dorfkirche von Rennes-le-Château, die angeblich Hinweise auf das Versteck des Tempelschatzes von Jerusalem birgt.

Pueblo Bonito

Über nahezu 1,5 ha erstreckt sich der halbmondförmige Komplex von Pueblo Bonito in der Wüste des Chaco Canyons in New Mexico (USA). Von fern wirkt der Grundriß aus Kreisen und Rechtecken sehr kompliziert. Doch im Näherkommen erkennt man eine fünfstöckige Anlage mit aus dicht gefügten Steinblöcken geformten Mauern, die mit jedem Stockwerk an Stärke abnehmen. Einst enthielt das Pueblo etwa 800 Räume. Wer waren seine Erbauer? Wann verschwanden sie – und warum?

Pueblo Bonito ist eines von neun mehrstöckigen Bauwerken im Chaco Canyon. Die als „Große Häuser“ bekannten Gebäude sind durch kreuz und quer verlaufende Straßen verbunden. Diese enden an Treppen, die in die umliegenden Felsklippen gehauen wurden, um den Menschen den Zugang und das Verlassen des Cañons zu erleichtern. Heute ist es kaum noch vorstellbar, daß sich in diesem abgelegenen Winkel in New Mexico stadtähnliche Siedlungen entwickelt haben, und doch herrschte einst im Cañon geschäftiges Treiben.

Inzwischen weiß man, daß die „Großen Häuser“ vom Volk der Anasazi erbaut wurden, den Vorfahren der heutigen Pueblo-Indianer. Sie bewässerten im Cañon Felder und bauten Mais, Bohnen und Kürbis an. Baubeginn war um 900, und die Anasazi verwendeten Steine, die aus den Felsen der Umgebung gebrochen wurden. Für Fußböden und Dächer jedoch schafften sie das Holz aus bis zu 80 km entfernten Wäldern herbei. Dazu fällten sie etwa 215 000 Bäume, doch wie sie diese transportiert hatten, blieb bislang ein Rätsel. Ein noch größeres Geheimnis aber ist die Funktion der riesigen, kreisförmigen Kammern, der sogenannten Kivas. Nach seiner Vollendung gegen 1140 umfaßte Pueblo Bonito insgesamt 37 Kivas, deren größte eine unterirdische Kammer von 16 m Durchmesser war.

Zunächst vermutete man in den „Großen Häusern“ gewaltige Wohnanlagen, die bis zu 5000 Menschen Platz boten. Neuere Forschungen weisen darauf hin, daß nur ein kleiner Teil der Räume mit einer Herdstelle eingerichtet war. Die „Wohnetagen“ in jedem Gebäude beherbergten wahrscheinlich nicht mehr als 100 Personen. Archäologen glauben, daß viele der Räume als Speicher für Feldfrüchte, die Kivas aber kultischen Zwecken dienten, denn anscheinend wurden vor allem dort Feuer entzündet.

Heute werden Pueblo Bonito und die benachbarten Häuser nicht mehr als selbständige Stadtgemeinden angesehen, sondern als riesige Vorratslager für Feldfrüchte, in denen sich die Menschen von Zeit zu Zeit zu kultischen Handlungen versammelten. Das Straßensystem der Anasazi war sehr ausgedehnt und erstreckte sich von New Mexico bis nach Colorado, Utah und Arizona. Da die Niederschlagsmenge innerhalb dieser Region stark schwankte, konnte eine gute Ernte an einem Ort eine schlechte Ernte anderswo ausgleichen. Daher wurden in den „Großen Häusern“ im Schnittpunkt des Straßennetzes überschüssige Nahrungsmittel gelagert, die zur Verteilung an bedürftige Gemeinden bestimmt waren.

Dieser Turm (oben) gehört zu den Überresten der ältesten Siedlung in Jericho. Einer späteren Periode hingegen entstammt der aus Ton gefertigte Kopf eines Mannes (unten).

Perioden mit spärlichem Niederschlag in der gesamten Region richteten das Gleichgewicht des Systems zugrunde: Um die Mitte des 12. Jahrhunderts vernichtete eine Dürre überall die Feldfrüchte. Das war der Grund, warum die Anasazi die „Großen Häuser“ verließen und, vom Hunger gepeinigt, aus dem Cañon fortzogen.

Jericho

„Erhebt das Kriegsgeschrei!“ befahl Josua im Alten Testament (Josua 6, 16) seinem Volk. „Denn der Herr hat die Stadt in eure Gewalt gegeben.“ Der Bibel zufolge mußten die Israeliten nur ihre Stimmen erheben, um die Mauern von Jericho einstürzen zu

Das helle Sonnenlicht der Ägäis fällt auf die Ruinen von Knossos (oben). Links ein Fresko aus dem 16. Jahrhundert v. Chr.; es zeigt kretische Jugendliche, die beim Stierspringen das Schicksal herausfordern.

lassen. Historiker glauben, daß die Plünderung der Stadt durch Josua zwischen 1400 und 1250 v. Chr. stattgefunden hat.

Jericho nimmt für sich in Anspruch, die älteste Stadt der Welt zu sein. Der antike Ort liegt im Jordantal, etwa 1,5 km vom heutigen Jericho entfernt. Das Gebiet, eine grüne Insel inmitten eines trockenen Landstrichs, verdankt seine Fruchtbarkeit der Elisaquelle, die aus einem Felsen entspringt. Die antike Siedlung wurde bei diesem Felsen erbaut und ist heute ein riesiger Hügel, der aus den Ruinen mehrerer übereinanderliegender Mauerschichten besteht. Sogar in 21 m Tiefe sind Archäologen noch auf Überreste der Siedlung gestoßen.

Die tiefsten Schichten stammen aus der Jungsteinzeit um 8000 v. Chr., als die Nomaden ihr Wanderleben als Jäger aufgegeben hatten und zum Ackerbau übergegangen waren. Diese Entwicklung hatte Folgen für die Zivilisation, denn erstmals entstanden festgefügte Gemeinwesen. Mit der Seßhaftigkeit bildeten sich außerdem die Baukunst und verschiedene Handwerkszweige heraus.

Die ersten Erbauer des alten Jericho errichteten runde, zeltähnliche Häuser aus Lehmziegeln. An der Schwelle zum seßhaften Leben besaßen die Bewohner noch keine Tongefäße, doch lassen Tonfiguren von verschiedenen Tieren auf einen Fruchtbarkeitskult schließen. Ein besonders rätselhafter Fund aus dieser Zeit ist eine Reihe menschlicher Schädel, die eine Übermodellierung aus Ton aufweisen. Diese Köpfe gelten als die ältesten menschlichen Porträts, die jemals gefunden wurden; sie tragen die Züge von Menschen, die vor ca. 10000 Jahren gestorben sind.

Das spätere Jericho war von gewaltigen Stadtmauern umgeben. Im Lauf der nachfolgenden Jahrtausende erlangte die Stadt zwischen der Wüste und dem wohlhabenderen Palästina strategische Bedeutung, und ihre Mauern wurden mehrfach niedergerissen und neu errichtet. 1560 v. Chr. wurde Jericho (wahrscheinlich von den Ägyptern) zerstört und erneut wieder aufgebaut. Doch die Stadt, die sich auf dem Bauschutt erhob, ist im Lauf der Zeit durch menschliches Eingreifen fast völlig vernichtet worden. Es erscheint wie eine Ironie des Schicksals, daß man in dieser biblischen Stadt zwar weitaus ältere Schutzwälle entdeckt hat, aber keine Überreste jener Mauern mehr fand, die Josua einst erstürmt hatte.

Knossos

In der griechischen Mythologie war Kreta die Insel des Königs Minos, der den Minotaurus, ein Ungeheuer mit Stierkopf und Menschenleib, eingesperrt hielt. Das Geschöpf hauste in einem Irrgarten, dem sogenannten Labyrinth, wo ihm Jünglinge und Jungfrauen aus Athen zum Fraß vorgeworfen wurden. Diesen Tribut hatten die Athener dem Tyrannen Minos für die Ermordung seines Sohnes zu entrichten.

Noch zu Anfang des 20. Jahrhunderts vertraten viele die Ansicht, das minoische Kreta gehöre in das Reich der Phantasie. Ausgrabungen in Knossos, die der britische Archäologe Arthur Evans zwischen 1899 und 1935 unternahm, förderten jedoch die untergegangene Welt zutage, die dem Mythos zugrunde lag.

Hier hatte sich die erste Stadtkultur Europas entwickelt – eine Gesellschaft, die viel älter war als die griechische und deren Volk einst mit dem pharaonischen Ägypten Handel trieb. Der große Palast in Knossos gilt als architektonische Meisterleistung. Die Räume, Höfe und Korridore waren wabenartig ineinander verschachtelt, und er verfügte immerhin über Einrichtungen wie Badezimmer und Toiletten mit Spülung. Farbenprächtige Fresken zeigen junge Männer neben Frauen in volantbesetzten Röcken und mit tief ausgeschnittenen Oberteilen. Auch Stierspringer sind abgebildet, wagemutige Athleten, die gefährliche Überschläge über die Hörner des Tieres vollführten.

Das Labyrinth scheint seine Bezeichnung dem Symbol der Doppelaxt (griechisch: *labyros* oder *labrys*) zu verdanken, das überall im Palast erscheint. Die Legenden um den Minotaurus waren zweifellos vom Stierkult auf Kreta beeinflußt. Doch noch immer bewahrt diese Kultur einige Geheimnisse. Ihre Schrift beispielsweise wurde nie entziffert, und auch die Regierungsform ist nach wie vor ungeklärt. Das merkwürdige Fehlen von Darstellungen kriegerischer Szenen und bärtiger Amtspersonen legt nach Meinung verschiedener Historiker den Schluß nahe, daß Kreta einst ein Matriarchat war, also eine von Frauen regierte Gesellschaft.

Umstritten bleibt vor allem der Niedergang des minoischen Kreta. Um 1450 v. Chr. wurde diese anscheinend so friedfertige Gesellschaft offenbar von einer katastrophalen Zerstörung heimgesucht. Brach ein Bürgerkrieg oder ein Aufstand aus? Wurde Kreta von Kriegern aus Mykene auf dem Festland überrannt? Oder richtete ein gigantischer Vulkanausbruch die Stadt zugrunde?

Bekannt ist, daß sich auf der nahe gelegenen Insel Thera (Santorin) zwischen 1500 und 1450 v. Chr. ein Vulkanausbruch von unvorstellbaren Ausmaßen ereignete. Millionen Tonnen Gestein wurden aus der Insel gesprengt und regneten in dichten Wolken vulkanischer Asche auf die umliegenden Inseln herab. Flutwellen rasten über den Osten Kretas hinweg und verursachten in Knossos und anderen Orten immense Schäden. Als man diese beseitigt hatte und Knossos wieder aufgebaut war, stand Kreta unter mykenischer Besatzung.

Verworrene Berichte über den Vulkanausbruch haben möglicherweise den Mythos von der untergegangenen Stadt Atlantis entstehen lassen. Der griechische Philosoph Platon erwähnte sie als erster. Er schrieb von einer gewaltigen Inselmacht, die einst jenseits der Meerenge von Gibraltar ihre Blütezeit erlebte. Stiere und Elefanten durchstreiften die Insel, in deren Mittelpunkt sich eine ringförmig ummauerte Stadt und ein prachtvoller Palast mit warmen und kalten Bädern erhoben.

Nun liegt zwar Kreta weder außerhalb der Meerenge von Gibraltar, noch gab es dort jemals Elefanten. Doch zumindest die Stiere und Bäder lassen einen Zusammenhang erkennen, ebenso das Ende von Platons Erzählung: „Es gab gewaltige Erdbeben und Überschwemmungen, und im Verlauf eines einzigen Unglückstages und einer Nacht … versank die Insel Atlantis im Meer.“ – Eine Erinnerung an den Vulkanausbruch auf Thera? Niemand vermag es mit absoluter Gewißheit zu sagen.

Nan Madol

Üppig wuchert der Urwald auf der Insel Pohnpei, die zu den Föderierten Staaten von Mikronesien gehört und sich aus dem Pazifik erhebt. Haie und Rochen bevölkern die blauen Kanäle, deren Wasser an die Mauern der Ruinenstadt von Nan Madol schwappt. Das „verlassene Venedig des Pazifiks“, wie ein Forschungsreisender die Stadt nannte, besteht aus 90 kleinen Inseln, die von bis zu 9 m hohen Mauern eingefaßt sind. Diese Mauern wurden aus vieleckigen

Durch Mauern aus Basaltgestein schützten einst die Bewohner von Nan Madol die Pazifikinseln.

Basaltsäulen erbaut, die wie die Holzbalken eines Blockhauses kreuzweise übereinandergelegt und mit Korallenschutt zu widerstandsfähigen, dunkel schimmernden Gebilden zusammengefügt sind.

Nan Madol liegt im Südwesten von Pohnpei, und der erste ausführliche Bericht über die Stadt scheint 1853 verfaßt worden zu sein. Damals erforschte ein schiffbrüchiger Ire namens James O'Connell die „phantastischen Ruinen" gemeinsam mit einem verängstigten Inselbewohner, der glaubte, daß sie von Geistern verfolgt würden.

Heimischer Überlieferung zufolge hatten Götter und Dämonen Nan Madol durch Zauberei geschaffen. Außenstehende hingegen erkannten in den Ruinen unter anderem ein Fort spanischer Piraten, die Überreste des angeblich versunkenen Kontinents Lemuria oder die Hauptstadt eines vergessenen Inselreichs. Wo liegt die Wahrheit? Selbst wissenschaftliche Untersuchungen erbrachten nur unzureichende Ergebnisse. Aus dem Puzzle der dürftigen Spuren folgern Archäologen, daß Nan Madol vor etwa 600 Jahren wahrscheinlich als eine Art Kultstätte errichtet worden ist. Ganz sicher war dieser Bau ein bedeutsames Unterfangen, denn die Basaltsäulen mußten von einer 24 km entfernten Insel hertransportiert, auf Floßen vertäut und mühsam von der Küste ins Landesinnere verfrachtet werden. Das Bauverfahren jedoch war recht primitiv, und die Erbauer verzichteten auf Inschriften – nichts läßt auf das Wirken eines Volkes schließen, das weiter entwickelt war als die Mikronesier selbst.

Groß-Simbabwe im Herzen Afrikas: die Granitmauern (oben) und der konische Turm (rechts) sind Zeugnisse einer untergegangenen Bantu-Kultur.

Groß-Simbabwe

Wozu baut jemand einen 9 m hohen, massiven Granitturm ohne Türen, Fenster und Treppe? Die Ruinen von Groß-Simbabwe geben viele ungelöste Rätsel auf. Die antike Stätte, die sich über eine Fläche von etwa 40 ha erstreckt, erhebt sich aus dem grünen, fruchtbaren Land, das zwischen den Flüssen Sambesi und Limpopo liegt.

Im Jahr 1871 stieß der deutsche Geologe Karl Mauch auf die gewaltigen Steinmauern. Ihre Erhabenheit beeindruckte ihn so stark, daß er sie nicht für das Werk eines afrikanischen Volkes hielt. Seiner Ansicht nach handelte es sich um Nachbildungen der Paläste des Königs Salomon und der Königin von Saba, die Reisende aus dem Norden erbaut hatten. Möglicherweise, so wurde sogar vermutet, sei Simbabwe der Ort, wo sich König Salomons Goldminen befanden – jene Quelle phantastischer Reichtümer, die in der Bibel erwähnt wird. Schatzsucher strömten in Scharen in das Gebiet und sicherten sich zu Tausenden ihre Schürfrechte.

Doch die geduldige Detektivarbeit der Archäologen hat ein ganz anderes Bild von Groß-Simbabwe gezeichnet. Mit Hilfe der Radiocarbonmethode ließ sich eine erste Besiedlung der Hügelkuppe auf das 2. oder 3. Jahrhundert datieren. Das war lange vor der Errichtung der Türme, so daß sich jeder Zusammenhang mit dem Alten Testament als unhaltbar erwiesen hat. In Wirklichkeit sind die Mauern und Gebäude nicht ein paar tausend, sondern einige hundert Jahre alt. Sie scheinen das Werk der Mbire zu sein, eines Bantu-Volkes, dessen geschickte Bergleute, Handwerker und Händler zur Zeit des europäischen Mittelalters einem großen afrikanischen Reich angehörten.

Die umfangreichen Bauarbeiten in Groß-Simbabwe begannen um 1200, und zwei Gebäude ragen heraus, deren Mauern aus mörtellos aufeinandergeschichteten Granitsteinen bestehen. Diese wurden von den Bantu-Arbeitern so geschickt behauen, daß sie exakt zueinander paßten.

Das erste Bauwerk ist die sogenannte Akropolis, eine imposante Befestigungsanlage, die sich am Rand eines 27 m tiefen Abgrundes erhebt. Unterhalb der Akropolis befindet sich ein zweites bemerkenswertes Bauwerk, der „elliptische Tempel", dessen ovaler Mauerring 1,20 m dick und bis zu 11 m hoch ist. Das Innere der Anlage bildet einen Komplex aus vielen Durchgängen, Räumen und Plattformen, über deren genauen Zweck man nur spekulieren kann. Zu diesen Gebäudeteilen gehört auch der oben erwähnte rätselhafte Turm. Doch wenn dieser als Beobachtungsstand, Signalposten oder Observatorium für Sterngucker diente, warum hatte er dann keine Stufen?

Historiker haben Groß-Simbabwe als den Mittelpunkt eines florierenden Handelsnetzes gedeutet. Im Westen des Staates lagen die Goldminen von Matabeleland, im Osten die Handelshäfen am Indischen Ozean. Die von Mauern umfaßten Bereiche dienten möglicherweise zunächst als Pferche für Vieh – ein bedeutendes Tauschgut – und dehnten sich mit der Erweiterung der Handelstätigkeit aus. Die monumentale Größe der Gebäude sollte Handelspartner wohl von der Macht der einstmals über 3000 Bewohner überzeugen.

Als zu Beginn des 16. Jahrhunderts jedoch die Nahrungs- und Holzreserven erschöpft waren, setzte der Niedergang ein. Die Menschen zogen fort, und die Befestigungsanlage wurde zur Geisterstadt. Jahrhunderte später war sie für Einheimische ein ebenso großes Rätsel wie für die ersten Europäer, die über ihre von Kletterpflanzen überwucherten Ruinen stolperten.

Silbury Hill

In einer Talmulde, unweit des gewaltigen Steinkreises von Avebury in der Grafschaft Wiltshire, befindet sich eines der großen archäologischen Rätsel Englands. Silbury Hill ist ein kolossaler künstlicher Hügel, der sich auf einer Grundfläche von 2 ha erhebt und 40 m hoch ist.

Die Anfänge des Kegels mit der abgeflachten Kuppe, der einer umgedrehten Puddingschüssel ähnelt, liegen um das Jahr 2700 v. Chr., und er bleibt der größte von Menschenhand angelegte Hügel in Europa. An die 36 Mio. Körbe voll Lehm, Grassoden und Kalk, so schätzt man, hatten die Arbeitstrupps von jeweils 500 Mann in zehnjähriger, ununterbrochener Arbeit aufgehäuft. Ein immenser Aufwand wurde also für die Errichtung des Hügels betrieben. Dennoch haben die Archäologen bis heute keine Ahnung, warum man ihn gebaut hat.

Örtlicher Überlieferung zufolge ist er das Grab des legendären Königs Sil, der in seiner goldenen Rüstung auf einem Pferd sitzend bestattet wurde. Und auch die ersten Forscher, die 1776 einen Schacht aushoben, nahmen an, daß es sich um eine Art Grabhügel handelte, der möglicherweise einen Schatz enthalte. Doch obwohl sie vom Gipfel aus bis tief in den Hügel vordrangen, fanden sie nichts, was auf ein Skelett oder Grabbeigaben hindeutete.

Eine Tatsache freilich hat die Ausgrabung bewiesen: die prähistorischen Schöpfer des Silbury Hill sind mit ungewöhnlicher Sorgfalt zu Werke gegangen, um sicherzugehen, daß ihr Bauwerk nicht einstürzte. Ein innerer Hügel aus Lehm und Kieselsteinen

Noch immer rätseln die Gelehrten über den eigentlichen Zweck des Silbury Hill, des größten künstlich errichteten Erdhügels in ganz Europa.

wurde mit Grassoden bedeckt, dann umhäufte man ihn mit Schichten von Kalkschutt. Schließlich wurde der Hügel auf mehreren Ebenen mit Stützmauern aus Kalksteinen befestigt. Das Ergebnis war ein robustes Bauwerk, welches über vier Jahrtausende der natürlichen Erosion trotzte.

Als Erklärung für den Zweck des Hügels hat man viele Theorien vorgebracht, darunter auch jene, daß es sich um eine riesige astronomische Uhr oder um eine symbolische Darstellung der Erdmutter handele. Da Silbury Hill in unmittelbarer Nähe zu der Megalithanlage von Avebury errichtet ist, gab es vermutlich einen Zusammenhang zwischen dem Hügel und dem Steinkreis. Diente Silbury Hill als Plattform, auf der Priester oder Priesterinnen religiöse Handlungen abhielten? Niemand kann es sagen.

Das Hypogäum

Bauarbeiter, die 1902 in Paola auf Malta das Fundament eines Wohnhauses errichten wollten, staunten nicht schlecht, als sie im felsigen Untergrund plötzlich auf eine riesige unterirdische Anlage stießen. Später entdeckten Archäologen dort ein Labyrinth von Räumen, das drei Stockwerke umfaßte und bis in eine Tiefe von 10 m reichte. Diese Anlage bestand aus natürlichen und künstlich angelegten Höhlen mit Pfeilern, Nischen und Türstürzen, die mit Hilfe von Spitzhacken aus Geweihen oder Horn in den Kalkstein getrieben worden waren. Man gab der ungewöhnlichen Stätte die griechische Bezeichnung Hypogäum, was soviel wie „unter der Erde" bedeutet.

Tempelgebäude mit ähnlichen architektonischen Merkmalen findet man an mehreren Orten auf Malta. Sie wurden zwischen 3600 und 2500 v. Chr. von den jungsteinzeitlichen Bewohnern der Insel errichtet, in deren Kult eine füllige Frauengestalt als Erdmutter eine bedeutende Rolle spielte.

Eine der Besonderheiten des Hypogäums ist die sogenannte Orakelkammer. In diesem Raum befindet sich eine Nische, die für einen Menschen gerade groß genug ist. Wenn ein Mann darin sitzt und mit normaler Stimme spricht, kann man es in der ganzen Anlage hören, weil sich der Schall durch die besondere Akustik des Gewölbes in alle Räume überträgt. Man vermutet, daß an diesem Ort einst Orakel befragt wurden – die Antworten, die ein versteckter Priester gab, müssen gespenstisch und eindrucksvoll geklungen haben.

Andererseits deuten die Gebeine von 6000–7000 Menschen, die hier geborgen wurden, darauf hin, daß die unterirdische Anlage nicht nur ein Tempel, sondern auch eine Grabstätte gewesen ist.

Niemand weiß jedoch genau, welche Zeremonien im Hypogäum stattfanden, ob es ursprünglich als Grabstätte oder als Tempel geplant gewesen war. Bekannt ist nur, daß die heiligen Stätten Maltas um 2500 v. Chr. plötzlich verlassen wurden.

Das Hypogäum von Malta (oben) stellt eine unterirdische Tempel- und Grabanlage dar. Verehrten die steinzeitlichen Inselbewohner in dieser Kultstätte die Gestalt der Erdmutter (links) als Göttin?

Hatte Dürre, Hungersnot oder Krankheit die Bevölkerung von der Insel vertrieben? Ihre weitentwickelte jungsteinzeitliche Kultur, deren Zeugnisse heutigen Betrachtern Bewunderung abringen, geriet jedenfalls in Vergessenheit.

L'Anse aux Meadows

Eine Beinnadel und eine Spinnwirtel aus Speckstein mögen zunächst als relativ unbedeutende Funde erscheinen. Doch jene beiden Stücke, die aus einer Grabungsstätte in L'Anse aux Meadows in Neufundland stammen, erwiesen sich als norwegischen Ursprungs und lieferten den ersten konkreten

Beweis für die Überfahrt der Wikinger nach Nordamerika.

Erste Anhaltspunkte hierfür boten die nordischen Sagen. Diese zunächst mündlich überlieferten Geschichten wurden im 14. Jahrhundert schriftlich aufgezeichnet; in den Erzählungen heißt es, daß Wikinger von Grönland aus nach Westen segelten und ein fremdes Land entdeckten. Mit einer Besatzung von 35 Mann soll ein gewisser Leif Eriksson im Jahr 992 fruchtbares Land erreicht haben, wo es milde Winter gab, der Lachs größer war, als die Nordmänner ihn kannten, und wilde Trauben wuchsen. Nach diesen Reben nannte er das Land Vinland. Die Nordmänner errichteten dort Hütten und trieben Handel mit den Eingeborenen.

Lange Zeit haben Skeptiker die Vinlandsagen als Legenden abgetan. Doch die Ausgrabungen des norwegischen Archäologen Helge Ingstad in Neufundland zu Beginn der 60er Jahre machten auch die ärgsten Zweifler nachdenklich. Auf der weiten Ebene von L'Anse aux Meadows entdeckte er eine uralte Siedlung, die den kleinen norwegischen Gehöften ähnelte, wie man sie auch im Westen Grönlands findet. Acht Wohnhäuser aus der Zeit von 1005–1025 wurden ausgegraben, darunter eine Schmiede zum Schmelzen von Sumpferz – ein Verfahren, das den amerikanischen Ureinwohnern unbekannt war. Die Nadel und die Spinnwirtel aber gaben den Ausschlag. Sie deuteten darauf hin, daß die Nordmänner bei ihrer Fahrt in die Neue Welt sogar von Frauen begleitet wurden, zu deren Arbeiten das Spinnen zählte. Somit mußten sie die Besiedlung des Landes beabsichtigt haben.

Muscheln aus Vinland

Nicht nur in Amerika, sondern auch in Europa stießen Wissenschaftler auf Beweise für die Tatsache, daß die Wikinger einst in die Neue Welt gelangt waren. Weit über die Fachkreise hinaus erregten die eigentümlichen Muschelschalen Aufsehen, die 1993 an einem Strand in Dänemark gefunden wurden. Sie gehörten nämlich zu der nordamerikanischen Art *Mya arenaria* und stammten bereits aus dem Jahr 1245. Da Muscheln ausschließlich im Larvenstadium schwimmen, konnten sie nicht von den Meeresströmungen über den Atlantik getragen worden sein. Wahrscheinlich hatten norwegische Seefahrer sie als Proviant mitgenommen.

Doch L'Anse aux Meadows birgt noch immer Geheimnisse. Es liegt in Breiten, die für den Weinbau zu kühl sind. Wenn Vinland Trauben hervorbrachte, so meinen manche Experten, muß das Land weiter südlich gelegen haben, vielleicht in Maine oder New Hampshire. Einige Gelehrte glauben, Leif Erikssons Siedlung müsse erst noch entdeckt werden, und eine spätere Gruppe unter der Führung des Wikingers Thorfinn Karlsefni habe L'Anse aux Meadows gegründet. Doch möglicherweise enthielten die Sagen auch eine Verwechslung: Die „Trauben" könnten jene wilden Beeren gewesen sein, die in Neufundland in Hülle und Fülle wachsen. Sicher ist, daß die Wikinger aus den wilden Beeren, die bei ihren norwegischen Höfen wuchsen, eine Art Wein herstellten. Doch wie auch die Wahrheit aussehen mag, L'Anse aux Meadows bleibt ein faszinierender Ort, ein kleiner nordischer Fingerabdruck auf der Landkarte Amerikas, 400 Jahre, bevor Kolumbus in See stach.

Petra

Besucher, die sich der Ruinenstadt im südlichen Jordanien von Osten nähern, erreichen sie durch den düsteren *Siq*. Diese dunkle Schlucht, deren steile Wände bis in unglaubliche Höhen aufragen, windet sich über eine Strecke von mehr als 3 km durch die Berge und wird an manchen Stellen so eng, daß selbst die Felswände sich fast berühren und den Himmel verdecken. Am Ende der Schlucht aber bietet sich dem Betrachter plötzlich der Anblick gigantischer, in den Felsen eingemeißelter Fassaden, die in der grellen Mittagssonne blitzen und funkeln und bei Sonnenuntergang in prachtvollen Rottönen aufleuchten. Es ist Petra, „die rosenrote Stadt, halb so alt wie die Zeit", wie es der viktorianische Dichter John Burgon einst ausdrückte. Wer aber erbaute eine Stadt von solcher Schönheit an diesem so schwer zugänglichen Ort?

Hütten aus Grassoden dienten den Wikingersiedlern des 11. Jahrhunderts in Neufundland als Wohnstätten.

Einst war der Markt von Petra Schauplatz geschäftigen Handels. Bis in römische Zeiten hatte die Stadt eine beherrschende Stellung an den großen Handelswegen in Nordafrika inne. Mit dem Niedergang des Handels ging auch Petra zugrunde.

Die prachtvolle Fassade des El-Khasne in Petra gehört zu einem Tempel, der in den Felsen gehauen wurde.

Petra war die Hauptstadt des Reiches der Nabatäer, ursprünglicher Nomaden, die um 400 v. Chr. aus den Wüsten im Norden Arabiens hierhergekommen waren. Hundert Jahre später entwickelte sich ihre befestigte Siedlung zu einem wichtigen Handelsknotenpunkt; von Petra aus beherrschten die Nabatäer einen Großteil des Karawanenhandels, der über die staubigen Wüstenstraßen von der Südküste Arabiens bis zur Mittelmeerküste abgewickelt wurde. Auch das Wadi Musa, das größte Wasserversorgungsgebiet der Region, hatten sie unter ihrer Kontrolle, und die Berge ringsum boten gute Aussichtspunkte für die Wachen. Kaufleute, die ihre mit Weihrauch und Gewürzen beladenen Karawanen dort entlangführten, brauchten weder plötzliche Überfälle noch Durst zu fürchten.

Der Handel machte die Nabatäer reich und mächtig. Nach dem Tod Alexanders des Großen im Jahr 323 v. Chr. versuchte einer der Nachfolger des makedonischen Eroberers, Petra in Besitz zu nehmen. Der Angriff verlief jedoch nicht sonderlich erfolgreich, denn als die Diadochen-Armee mit zahlreichen Gefangenen und Beute aus der Stadt abzog, stürzten sich die Nabatäer aus der Wildnis auf sie und brachten den größten Teil der Streitmacht um.

Während der Ausbreitung des römischen Machtbereiches im Nahen Osten konnten sich die Nabatäer noch einige Zeit behaupten. Im Jahr 106 aber brach ihr Widerstand zusammen, und Petra wurde von Kaiser Trajan dem Römischen Reich einverleibt. Die Nabatäer erlebten noch etwa ein Jahrhundert lang eine Blütezeit, dann setzte der Niedergang ein. Die Kaufleute verlagerten ihre Handelswege, in Petra schrumpften allmählich die Märkte, und die Gasthäuser schlossen. Rund um die Stadt machte sich auf den vernachlässigten Feldern unaufhaltsam der Wüstensand breit.

In den nachfolgenden Jahrhunderten zogen christliche Mönche, moslemische Eindringlinge und Kreuzritter durch die verfallende Stadt. Ihre Bewohner verließen sie schließlich, und die Gebäude stürzten ein.

Lediglich die Felsgräber, ein Tempel, ein monumentales Tor, eine Kolonnadenstraße und ein Theater haben die Zeiten überdauert. Nur diese aus Sandstein gemeißelten Bauwerke erinnern noch an die glanzvolle Vergangenheit eines Wüstenvolkes.

Die Beringstraße

Mit der Beringstraße trennt ein vergleichsweise schmales Gewässer Asien vom amerikanischen Kontinent. An der engsten Stelle ist sie etwa 90 km breit. Ihren Namen verdankt die seichte Meeresstraße dem Dänen Vitus Bering, der sie 1728 im Auftrag des russischen Zaren Peter des Großen erkundete. Er entdeckte damals zugleich, daß Asien und Nordamerika zwei völlig verschiedene Kontinente sind.

Das aber war nicht immer so. Manches deutet darauf hin, daß der Meeresspiegel während der letzten Eiszeit gesunken war und eine Landverbindung zwischen den Kontinenten entstehen ließ. Über die Landbrücke von Beringia, wie man das Gebiet später nannte, kamen eiszeitliche Jäger aus Asien, die den amerikanischen Kontinent besiedelten. Wann geschah das? Es gibt etliche Hinweise darauf, daß gegen Ende der letzten Eiszeit vor 12000 Jahren Menschen nach Amerika gelangten. Doch ob der Kontinent schon vorher bewohnt gewesen war, ist eine der am heftigsten diskutierten Fragen. Einige amerikanische Archäologen argumentieren aufgrund von Knochenwerkzeugen, die an verschiedenen Fundorten im Yukon entdeckt worden waren, daß in Amerika bereits vor über 100000 Jahren Menschen gelebt haben müssen. Die Datierung der Fundstücke ist jedoch umstritten.

Manche Fachleute gehen davon aus, daß die ersten Siedler in drei verschiedenen Schüben kamen. Wahrscheinlich trieb sie die Suche nach Land an, denn große Gebiete der nördlichen Hemisphäre waren damals noch von Eis bedeckt. Die ersten, die um 9000 v. Chr. über Nord- und Mittelamerika an die Südspitze Südamerikas gelangten, gehörten möglicherweise derselben Menschenrasse an wie die Australiden, die heutigen Aborigines. Ihnen folgten in späteren Wanderungen die Mongoliden, die Rasse der amerikanischen Indianer und Inuit (Eskimos), welche ähnliche körperliche Merkmale aufweisen wie die Völker Zentralasiens und Nordchinas.

Vor 15000 Jahren erwärmte sich das Klima, das damals in etwa unsere heutigen Temperaturen erreichte, und die Gletscher begannen zu schmelzen. Überschwemmungen durch Schmelzwasser ließen die Landbrücke der Beringstraße unter Wasser verschwinden, und die prähistorischen Siedler saßen in der Neuen Welt fest. Schiffe scheint es noch nicht gegeben zu haben. So mußten sich die ersten Amerikaner – von den Stammkontinenten der Alten Welt isoliert – mit ihrem Schicksal abfinden.

Machu Picchu

Im 15. Jahrhundert errichteten Inkakrieger in Peru ein Reich, das etwa 10 Mio. Menschen Heimat gab. Ihr Herrschaftsgebiet erstreckte sich von der Südgrenze des heutigen Kolumbien bis weit in den Süden nach Zentralchile. Um 1500, zur Zeit der größten Ausdehnung, betrug die Entfernung von einem Ende zum anderen 4300 km. Durch das gesamte Inkareich zog sich ein Straßennetz, das im Herzen des gewaltigen Gebirgszuges der Anden Gebiete durchquerte, die zu den lebensfeindlichsten der Erde zählen. Doch trotz allen Glanzes währte die Kultur der Inka kaum länger als ein Jahrhundert. Bereits vom Bürgerkrieg erschüttert, wurde dieses Reich im 16. Jahrhundert von den Spaniern vollends vernichtet.

Die geheimnisumwittertste aller Inkastädte ist Machu Picchu. 1911 machte der amerikanische Archäologe Hiram Bingham die Welt auf die vergessene Festung aufmerksam, die sich auf einem Felsplateau inmitten der steil aufragenden Anden erhebt. In schwindelnder Höhe hatte er weiße Granitmauern und steinerne Terrassen entdeckt, deren Treppen und Wasserkanäle teilweise aus dem Felsen gehauen waren. Die gesamte Anlage schien organisch aus den Bergen gewachsen zu sein.

Das Mauerwerk der Gebäude weist die für Inkabauten typische erstaunliche Präzision auf. Riesige Steinblöcke wurden so genau ineinandergepaßt, daß sie ohne Mörtel unverrückbar festsitzen. Einige Häuser sind

Eiszeitliche Auswanderer aus Asien überqueren mit ihren Habseligkeiten die Landbrücke an der Beringstraße.

Mitten in den Anden legten die Erbauer von Machu Picchu (links) in gefahrvoller Höhe Terrassen an, auf denen sie ihre Festung errichteten. Auf einem Steinblock (oben) sind möglicherweise Tieropfer dargebracht worden.

mit schön gearbeiteten, trapezförmigen Türen und Fenstern geschmückt. Mit einem zentralen Platz, dem königlichen Palast und dem Sonnentempel ist Machu Picchu in gewisser Weise eine typische Inkastadt. Doch forderte die ungewöhnliche Lage auf einem Bergsattel das Geschick der Erbauer heraus. So stellt sich ganz unvermeidlich die Frage, warum die Stadt gerade dort gebaut wurde.

Hiram Bingham hielt die Stadt für einen Ort der Sonnenverehrung, der hoch in den Bergen errichtet wurde, weil die Erbauer dem himmlischen Glanz nahe sein wollten. Er glaubte, Vilcabamba gefunden zu haben, die letzte Zufluchtsstätte des Königs Manco Inka, in die er sich 1537, von den Spaniern besiegt, zurückgezogen hatte. Neuere Forschungen weisen jedoch darauf hin, daß Vilcabamba weit entfernt am Rand des amazonischen Regenwaldes lag. Außerdem war Machu Picchu für ein religiöses Zentrum nicht groß genug, obwohl es sicher einige Kultstätten in dieser Stadt gegeben hat. Statt dessen halten sie Experten heute für einen Standort mit strategischer Bedeutung, der das Flußtal des Urubamba beherrscht hatte.

113 km flußaufwärts lag die Inkahauptstadt Cuzco. Die Bergfestung war ein wichtiger Vorposten, von dem man heranrückende Feinde frühzeitig erkannte.

Die Spanier wußten nichts von Machu Picchu, und rätselhaft ist, daß die Stadt kurz vor dem Eintreffen der Eroberer verlassen wurde. Es gibt keinen Hinweis auf einen gewaltsamen Umsturz, obwohl man eine Massenflucht vor überlegenen Eindringlingen nicht ausschließen kann. Auch könnte die Bevölkerung einer Epidemie zum Opfer gefallen sein. Über den Grund lassen sich nur Mutmaßungen anstellen – vielleicht bleibt die Inkafestung Machu Picchu für immer ein ungelöstes Rätsel.

Hisarlik

Der Sage zufolge war die nach Troja entführte Helena von solcher Schönheit, daß tausend Kriegsschiffe zu ihrer Rettung in See stachen. König Agamemnon führte die griechischen Truppen an, und nach zehnjähriger Belagerung nahmen sie die Stadt durch eine List ein. Krieger verbargen sich im Bauch eines hölzernen Pferdes, das die Trojaner für eine Opfergabe der abrückenden Feinde hielten und in ihre Stadt zogen. Die Griechen zerstörten Troja und segelten heimwärts. Homer hat die Geschichte vom Trojanischen Krieg überliefert, und sie gehört zu den bekanntesten griechischen Legenden. Doch dahinter verbergen sich verblüffende historische Tatsachen.

In der Neuzeit erhielt die Vorstellung, daß es Troja wirklich gab, neue Nahrung. Zu denen, die daran glaubten, gehörte der deutsche Archäologe Heinrich Schliemann. Homer beschreibt eine Hügelfestung inmitten einer windigen Ebene. Schliemann vermutete darin Hisarlik, einen 50 m hohen Hügel in der Türkei, am Südende der Dardanellen. Unbeirrt vom Spott der Gelehrten, begann er 1870 mit seinen Ausgrabungen an einer Stelle, wo sich eine stattliche Ansammlung von Ruinen fand. Diese identifizierte man später als die Überreste von neun Städten, die nacheinander auf den Siedlungsresten der vorhergehenden errichtet worden waren.

Am 14. Juni 1873 wurde der Archäologe belohnt, als er einen Schatz von 8700 Gegenständen aus Gold fand – Trinkgefäße, Vasen, Armreife und Diademe. Schliemann schmückte seine junge Frau Sophia damit. „Du trägst den Schatz der Helena von Troja!" rief er, was sich jedoch als Irrtum erwies. Das Diadem war etwa 1000 Jahre älter.

Inzwischen wissen die Gelehrten weit mehr über die Frühgeschichte der Griechen und sind heute der Ansicht, daß die Sage vom Trojanischen Krieg auf einen tatsächlichen Konflikt zwischen den Griechen und den Trojanern im 13. Jahrhundert v. Chr. zurückgeht und daß der deutsche Altertumsforscher recht hatte – Hisarlik gilt heute als die Stätte des homerischen Troja.

Das Südtor in Hisarlik stammt aus der Zeit jenes Krieges, der wahrscheinlich die Anregung zu Homers Ilias gab. Schliemanns Frau Sophia (links) trug den Goldschmuck von Troja zur Schau.

Unter den neun Siedlungsschichten des Hügels hat man die legendäre Stadt als Schicht sechs (Troja VI) identifiziert. Sie stammt aus dem 13. Jahrhundert v. Chr., war von Mauern umgeben, und nahe dem Südtor erhob sich ein mächtiges Säulengebäude. Nach Ansicht der Gelehrten wurde die Stadt um 1250 v. Chr. von einem Erdbeben zerstört, geplündert und danach in Brand gesetzt. An einer Grabungsstätte barg man zahlreiche Waffen, darunter auch ein Messer des Typs, wie es die Griechen der Bronzezeit verwendeten.

Viele Belege stützten die Theorie, daß es sich bei Hisarlik um Homers Stadt handelte – ein Detail freilich sprach lange Zeit dagegen. Das Troja der Sage war eine mächtige Festung. Die Archäologen gruben dagegen eine eher bescheidene Siedlung aus, die zwar ummauert, doch von kaum mehr als

1000 Menschen bewohnt gewesen war. Hatten etwa Tausende von Trojanern in Holzhäusern außerhalb der Stadtmauern gelebt? Oder hatte Homer die Größe der Siedlung mit dichterischer Freiheit übertrieben?

Zumindest diese Frage scheint inzwischen geklärt zu sein, denn 1993 stießen Archäologen der Universität Tübingen auf die Überreste einer „Unterstadt", die vermutlich eine Fläche von 20 ha bedeckte.

Rennes-le-Château

Ein Standbild des Dämons Asmodi empfängt in Südfrankreich die Besucher der Dorfkirche von Rennes-le-Château; außerdem ist auf einem Fresko im Westteil des Gebäudes ein geheimnisvoller Geldsack zu sehen. Schon diese beiden Eigenheiten lassen Überlieferungen, die sich um den Ort ranken, glaubwürdig erscheinen: Der Geldsack kann als Hinweis auf Reichtum interpretiert werden, und Asmodi war der Legende nach der Hüter jenes Schatzes, der aus dem Tempel von Jerusalem geraubt wurde.

Bei Renovierungsarbeiten an der Kirche im Jahr 1891 entdeckte der Dorfpriester Saunière verschlüsselte Pergamente, die in einem hohlen Stützpfeiler des Altarsteines versteckt waren. Mit Hilfe von Geistlichen aus Paris wurden die Handschriften entziffert: Man fand Hinweise auf eine Reihe von markanten Punkten der dortigen Gegend sowie auf Zion (Judäa) und auf einen Schatz. Auch der fränkische Merowingerkönig Dagobert II., der im späten 7. Jahrhundert ermordet worden war, wurde erwähnt. Sein Sohn war später ins Languedoc geflohen und soll den Großteil der väterlichen Besitztümer mitgenommen haben.

Saunière, der den Hinweisen der Handschrift nachging, förderte tatsächlich lange vergrabene merowingische Überreste zutage. Und fünf Jahre nach der Entdeckung der Handschrift gab der Priester plötzlich Unmengen Geldes aus, kaufte Land und baute Häuser. Seinem Bischof erklärte er, das Geld sei ein Geschenk reicher Leute, deren Identität er nicht preisgeben könne.

Zwangsläufig wurden alle möglichen Vermutungen angestellt. Hatte der Priester einen verborgenen Schatz gefunden? War es vielleicht sogar der Tempelschatz von Jerusalem, den die Römer bei der Plünderung der Stadt im Jahr 70 geraubt hatten? Die in Rom aufbewahrten Schmuckstücke hatten sich 410 die Westgoten angeeignet, als sie in die Kaiserstadt einfielen. Anschließend hatten sie sich in Gallien niedergelassen, bis sie dort von den Franken vertrieben wurden.

Saunière starb 1917, ohne Licht in die Angelegenheit gebracht zu haben. Für die Restauration seiner Kirche aber hatte er beträchtliche Summen ausgegeben. Er war es, der die Figur des Hüters Asmodi an der Tür anbringen und das rätselhafte Fresko malen ließ. Waren es Hinweise für Forscher oder Streiche des Priesters? Rennes-le-Château, das seitdem unzählige Schatzsucher anlockt, hütet sorgsam sein Geheimnis.

Der Turmbau von Babel

„Ans Werk!" riefen die Nachkommen Noahs in der alttestamentarischen Geschichte vom Turmbau zu Babel. „Wir bauen uns eine Stadt mit einem Turm, der bis an den Himmel reicht!" Sie verwendeten Ziegelsteine für die Mauern und Asphalt als Mörtel und gingen mit einer derartigen Überheblichkeit ans Werk, daß der erzürnte Herr ihre Sprache verwirrte. Die Erbauer konnten sich nicht mehr verständigen, und der Turm wurde verlassen; das Volk wurde über die ganze Erde zerstreut, und es redete fortan in verschiedenen Sprachen.

Babel war in Wirklichkeit Babylon, eine Stadt am Euphrat, die von den Verfassern der Bibel als prächtig und schändlich zugleich geschildert wurde. Um 1700 v. Chr. war Babylon unter König Hammurabi das

Der Priester Saunière, bis 1917 Gemeindepfarrer von Rennes-le-Château, errichtete mit Reichtümern, an die er auf geheimnisvolle Weise gekommen war, die Statue des Dämons Asmodi.

König Nebukadnezar II. begann 604 v. Chr. mit der Restaurierung des Stufentempels in Babylon. Der ursprüngliche Bau war etliche Jahrhunderte zuvor entstanden und mag das Vorbild für den biblischen Turmbau von Babel gewesen sein. Der Stier aus Ziegelsteinen (oben) wurde aus Babylon geborgen.

Herz eines Reiches, das sich mit Ägypten messen konnte. Im 5. Jahrhundert v. Chr. beschrieb der griechische Historiker Herodot die gigantischen Stadtmauern, die bronzenen Tore, den Palast, den Tempel und den gewaltigen Turm. Babylon, so stellte er fest, „übertrifft jede Stadt der bekannten Welt an Pracht".

Überschwemmungen, Kriege, Aufstände und Invasionen verwüsteten Babylon immer wieder. Heute ist die Stadt ein ausgedehntes Ruinenfeld, das erstmals 1899 von einer deutschen Ausgrabungsmannschaft unter Leitung des Architekten Robert Koldewey untersucht wurde. Aus der Fülle von Funden – Überresten des großartigen Haupttores, Stieren und Löwen aus buntglasierten Ziegeln – haben nur wenige eine größere Faszination ausgeübt als die riesigen, quadratischen Fundamente des Bauwerks, das man als Turm von Babel kennt.

Der Bau stand neben dem Tempel des Marduk, des höchsten Gottes der Babylonier. Er hatte die Form einer hohen Zikkurat oder eines Stufentempels, welcher 90 m über die Stadt aufragte. Der Turm, den die Verfasser des Alten Testamentes erwähnen, war das Werk von Nebukadnezar II., der den Bau über einem Jahrhunderte zuvor begonnenen, aber verfallenen Gebäude errichtet hatte. Nebukadnezar war jener König, der Babylon nach Jahrhunderten der Fremdherrschaft zum früheren Glanz verhalf, die Ägypter besiegte, Jerusalem zerstörte und die Juden in die babylonische Gefangenschaft führte.

Der König begann 604 v. Chr. mit dem Wiederaufbau des Turmes und schuf ein siebenstöckiges Gebäude aus sonnengetrockneten Ziegeln, das über Treppen und Rampen zugänglich war. Gekrönt wurde es von einem Raum, dessen Zweck noch immer ein Rätsel ist. War es etwa ein Tempel oder ein Observatorium für die Sterndeuter unter den Priestern?

Herodot hielt den Raum für eine Schlafkammer, in der heilige Fruchtbarkeitsriten abgehalten wurden: Ein Gott verbrachte die Nacht mit einer Frau seiner Wahl. Bekannt ist, daß eine rituelle Hochzeit zwischen dem Stadtgott und der Stadtgöttin ein wesentlicher Bestandteil der babylonischen Religion war. Sie wurde jedes Jahr nachgespielt, wenn der König mit der Hohepriesterin schlief. Die Gelehrten bezweifeln freilich, daß die Turmspitze den geeigneten Ort für die Zeremonie darstellte. Das Rätsel der angeblichen Schlafkammer wird wohl nicht mehr gelöst, denn der Turm selbst ist verschwunden; nur sein Sockel erinnert noch an den himmelstürmenden Ehrgeiz der Erbauer.

Cadbury Castle

Als „das vieltürmige Camelot" beschrieb der englische Dichter Alfred Tennyson die Festung des Königs Artus. Allein der Name des Hofes beschwört Bilder von mittelalterlichen Türmen und Zinnen herauf. Tatsächlich wurden die Legenden von den Rittern der Tafelrunde im 12. Jahrhundert von dem englischen Chronisten Geoffrey von Monmouth festgehalten, und sie beziehen sich auf einen König, der einige Jahrhunderte früher gelebt hatte. Historiker halten Artus für einen Heerführer der keltischen Britannier, der vermutlich im späten 5. oder im frühen 6. Jahrhundert sein Volk zum Widerstand gegen die angelsächsischen Eindringlinge aufgerufen hatte.

Wo aber befand sich seine Festung Camelot? Trotz der Ansprüche verschiedener Orte in Wales, Schottland und Nordengland glauben die meisten Forscher, daß sie im Westen Englands gelegen hat, an einem verteidigungsstrategisch günstigen Ort. Auch Windsor wird von einem Chronisten des 14. Jahrhunderts genannt, doch kommt es von seiner geographischen Lage her weniger in Frage. Thomas Malory stellte im 15. Jahrhundert die Theorie auf, Winchester in Hampshire sei Camelot. Vielen aber erscheint eine Hügelfestung namens Cadbury in Somerset als der wahrscheinlichste Standort. Sie hatte eine günstige Lage zur Abwehr der Westsachsen, die von der Kanalküste aus angriffen, und der im 17. Jahrhundert lebende Schriftsteller John Selden war der erste, der sie als Camelot bezeichnete.

Cadbury, eine grasbedeckte Befestigungsanlage, die hinter Bäumen halb verborgen auf den Hügelflanken liegt, erstreckt sich auf einer Fläche von 7 ha und bietet eine weite Sicht in die umliegende Landschaft. Zu ihrem Schutz zogen sich vier, stellenweise auch fünf durch Gräben getrennte Wälle um den Gipfel. Ausgrabungen haben ergeben, daß die Hauptverteidigungsanlagen aus der Eisenzeit stammen, während um

500, zur Zeit des historischen Artus, größere Befestigungen aus Holz und mörtellos geschichteten Steinen hinzugefügt wurden. So entstand dort die eindrucksvollste Befestigungsanlage der damaligen Zeit. Auch Belege für das Vorhandensein einer großen Festhalle wurde zutage gefördert – war diese einst mit einer runden Tafel geschmückt?

Einen versteckten Hinweis auf den Königshof geben noch die Namen von zwei Nachbardörfern Cadburys, Queen Camel und West Camel. Niemand hat bislang bewiesen, daß Cadbury und das „vieltürmige Camelot" ein und derselbe Ort sind. Doch von allen Orten, die Anspruch darauf erheben, hat Cadbury die besten Aussichten.

Der Guatavitasee

In jeder Hinsicht geheimnisvoll ist der Guatavitasee in Kolumbien. Er liegt inmitten steiler, gestrüppbewachsener Hügel in den Anden, etwa 50 km nordöstlich von Bogotá, und weist eine makellos kreisrunde Form auf. Weder Asche noch Lava deuten auf seinen Ursprung als Vulkankrater hin. Es gibt auch keine Spuren von Eisen oder Nickel, die vermuten lassen, daß das Becken vom Einschlag eines Meteoriten gebildet wurde. Der See ist einfach ein vollkommen runder Spiegel des Himmels, und noch dazu zieht er Schatzsucher geradezu magnetisch an.

Der Guatavitasee gilt nämlich weithin als der Ort, auf dem die Legende vom sagenhaften Goldland Eldorado beruht. Gerüchte über dessen Existenz beschleunigten die Eroberung Südamerikas durch die Spanier, nachdem kriegerische Konquistadoren im 16. Jahrhundert eine Expedition zur Suche nach dem legendären Reich ausgerüstet hatten. Doch höchstwahrscheinlich war Eldorado kein Land, sondern vielmehr ein Mensch, und am See von Guatavita fanden Kulthandlungen statt.

Der Vergoldete herrschte über das Volk der Muisca und brachte, mit Goldstaub bedeckt, am Guatavitasee Opfer dar. Die Muisca waren geschickte Goldschmiede, die das kostbare Erz als heiliges Metall des Sonnengottes verehrten. Ein Augenzeugenbericht von 1636 beschreibt, wie der Thronerbe nackt ausgezogen und mit Harz gesalbt wurde, bevor man ihn mit Goldstaub bepuderte. Dann fuhr er mit seinen Häuptlingen auf einem Floß auf den See hinaus – alle waren reich mit Federn, Goldkronen und Zierat geschmückt. Weihrauch wurde verbrannt, und die Menschen am Ufer sangen zu den Klängen von Trompeten und Flöten. Als das Floß die Mitte des Sees erreicht hatte, warfen der Vergoldete und die Häuptlinge Unmengen schimmernden Goldes ins Wasser. Damit versuchten sie das Ungeheuer zu besänftigen, das angeblich in den Tiefen sein Unwesen trieb.

Die goldgierigen Spanier entrissen den Muisca große Mengen des Goldes, und einer aus ihren Reihen ließ 8000 Indianer einen tiefen Einschnitt in das Seeufer graben, damit das Wasser ablaufen konnte. Tatsäch-

Erdwälle umgeben Cadbury Castle, angeblich das ursprüngliche Camelot.

lich senkte sich der Wasserspiegel so weit, daß viele Smaragde und Goldscheiben vom Ufer aus geborgen werden konnten. Nachforschungen, die man im 20. Jahrhundert anstellte, haben weitere wertvolle Funde zutage gefördert.

Freilich gab es immer noch Skeptiker, die an der Zeremonie um den vergoldeten König zweifelten, doch dann kam ein weiterer Beweis zum Vorschein. Im Jahr 1969 entdeckten zwei Landarbeiter in einer Höhle bei Bogotá das fein gearbeitete Modell eines Floßes aus massivem Gold. Es zeigt acht Ruderer, hinter ihnen die Gestalt eines Herrschers; sicher handelt es sich um Eldorado, den Vergoldeten.

Suche nach Eldorado

Der englische Höfling und Abenteurer Sir Walter Raleigh rüstete 1595 und 1617 Expeditionen zur Suche nach dem sagenhaften Goldland aus. Beide Missionen verliefen erfolglos, und die zweite, die Raleigh an die Ufer des Orinoko führte, kostete ihn schließlich den Kopf: Nach dem neuerlichen Fehlschlag, der in blutigen Gemetzeln mit den spanischen Konkurrenten endete, war Raleigh bei seiner Heimkehr die Hinrichtung gewiß.

Timbuktu

Auch heute noch ist der Name Timbuktu für viele Menschen gleichbedeutend mit einem Ort am Ende der Welt. Den Angehörigen des viktorianischen Zeitalters war die Stadt gar so fern, daß der englische Dichter Alfred Tennyson sie mit einem Traum verglich, „so zerbrechlich wie aus uralter Zeit“. Wo aber liegt Timbuktu, und wie kam die Stadt zu ihrem rätselhaften Zauber?

Im 11. Jahrhundert wurde Timbuktu als Lager der Tuareg am Südrand der Sahara gegründet, und die Stadt entwickelte sich im Mittelalter zu einem Knotenpunkt der Karawanenstraßen durch die Wüste. Berühmtheit erlangte sie im 14. Jahrhundert als Markt für Gold, das aus den Urwäldern Westafrikas stammte. Das kostbare Metall, das an königliche Münzprägestätten in fast ganz Europa geliefert wurde, tauschte man – in gleichen Gewichtsmengen – gegen Salz. Uns mag das als schlechtes Geschäft erscheinen, doch zur damaligen Zeit war Salz ein hochgeschätztes Handelsgut. Es diente der Konservierung von Fleisch in den salzlosen tropischen Ländern und war daher lebenswichtig. Dem Handel folgte die Kultur, und im 16. Jahrhundert erlebte Timbuktu auch als bedeutendes Zentrum der islamischen Gelehrsamkeit eine Blütezeit.

Im Jahr 1550 verfaßte ein Maure namens Leo Africanus eine Schilderung der Stadt, welche die Phantasie der Europäer beflügelte: „Der reiche König von Timbuktu besitzt schwere Goldplatten und viele Zepter, und er unterhält einen gut eingerichteten und prachtvollen Hof … Wer immer mit dem König sprechen will, muß sich ihm zu Füßen werfen und Haupt und Schultern mit Staub bedecken.“

Der Handel auf den Karawanenwegen durch die Sahara aber wurde von Arabern der Küstenländer beherrscht, die Europäern den Zutritt zum Binnenland verwehrten. Deshalb blieb Timbuktu lange Zeit ein sagenumwobener, schattenhafter Ort. 1824 setzte die Geographische Gesellschaft von Paris für den ersten, der einen Augenzeugenbericht über die Stadt nach Europa mitbrachte, einen Preis von 10 000 Francs aus. Zwei Jahre später gelangte der schottische Offizier Gordon Laing zwar nach Timbuktu, auf dem Heimweg aber wurde er von Tuareg zerstückelt.

Der Preis fiel 1828 an René Caillié, einen mittellosen und ungebildeten französischen Abenteurer. Er hatte sich, als Araber verkleidet, in die Stadt geschmuggelt, und nach einer 3200 km langen Reise durch die Sahara war ihm die Heimkehr geglückt. Doch das Timbuktu, welches Caillié vorgefunden hatte, war eine große Enttäuschung. „Die Stadt war auf den ersten Blick nur eine Ansammlung unansehnlicher, aus Lehm gebauter Häuser“, berichtete er. Kriegerische Stammesfehden hatten den Niedergang Timbuktus herbeigeführt, und seine Goldfelder waren weitgehend erschöpft.

Vor den Augen seines Volkes wurde der Herrscher der Muisca in feierlicher Zeremonie mit Goldstaub bedeckt und auf den Guatavitasee hinausgefahren.

Diese Moschee ist ein Zeugnis für den einstigen sagenhaften Reichtum Timbuktus.

Viele, die dem Franzosen nacheiferten, starben durch die Hand der Tuareg oder an Krankheiten. Und obwohl der Reichtum und die Bedeutung Timbuktus seit langem erloschen sind, herrscht in seinen engen Gassen mit ihren stuckverzierten Moscheen, den Häusern aus hellem Stein und den halbzerfallenen Gebäuden aus Lehmziegeln noch immer eine faszinierende Atmosphäre. Das Gold mag verschwunden sein, das Geheimnisvolle aber bleibt.

Mohendscho Daro

Ruinen, die um 1920 in Pakistan ausgegraben wurden, versetzten die Archäologen in Erstaunen: Einheitliche Häuser an schnurgeraden Straßen, mit sanitären Einrichtungen wie einer Kanalisation und Sitztoiletten in vielen Häusern ... alles Merkmale, die an eine moderne städtische Siedlung erinnerten. Es handelte sich jedoch um Mohendscho Daro, eine der ältesten Städte der Welt, die etwa 2400 v.Chr. auf dem indischen Subkontinent entstanden war. Vieles deutete auf eine unglaublich fortschrittliche Stadtplanung hin. Diese ging auf Herrscher zurück, die offenbar große Arbeitsheere befehligten. Bis heute weiß noch niemand, wer diese Menschen waren.

Mohendscho Daro gehört zu den größten von fast 100 ähnlichen Städten, die rund um das Industal im heutigen Pakistan errichtet worden waren, und erstreckt sich auf einer Fläche von über 1 km^2. Die Städte waren alle nach dem gleichen Muster und sogar mit einer einheitlichen Ziegelart gebaut. Obwohl die Induskultur zur selben Zeit ihre Blüte erlebte wie Ägypten und Sumer, ist weitaus weniger über ihre Ursprünge bekannt. Ihr Geheimnis ist, daß sie sozusagen fix und fertig in Erscheinung trat – ohne lange Entwicklungszeit. Mit einem Umfang von fast 5 km galt Mohendscho Daro für die damalige Zeit als gigantische Metropole. Breite Straßen teilten die Wohnblocks schachbrettartig auf, und die Siedlung besaß auch eine Festung. Sie war auf einem künstlichen Hügel erbaut, wo die Archäologen Überreste eines großen Getreidespeichers und einer Versammlungshalle fanden.

Dort stand auch ein großes öffentliches Bad, das wahrscheinlich für Baderituale genutzt wurde. Die Bewohner waren in Sachen Hygiene offenbar sehr anspruchsvoll, denn abgesehen von der Tatsache, daß es in den

Wohnhäusern private Bäder und gemauerte Toiletten gab, verfügte die Stadt auch über ein Abwassersystem mit vielen Kanälen. Diese wiesen in regelmäßigen Abständen Einstiegsschächte auf, durch die Wartungstrupps Ablagerungen beseitigen konnten.

Kolossale Statuen oder Tempel gab es in Mohendscho Daro nicht. Ebensowenig fanden die Fachleute farbige Fresken vor, und auch an den Wohnhäusern entdeckte man keinerlei Verzierungen.

Die Historiker können nur vermuten, daß eine Art Elite über die Induskultur herrschte, denn bislang gibt es keinerlei Hinweise auf einen Gottkönig, der etwa dem ägyptischen Pharao entspricht. Das Volk unterhielt Handelsbeziehungen mit den Sumerern, und es ist denkbar, daß die Verbreitung der Schreibkunst und anderen Gedankengutes aus Mesopotamien das Modernisierungsprogramm der Herrscher auslöste. Das Indusvolk jedoch entwickelte eine eigene und einzigartige Schrift, die den Gelehrten keinen Anhaltspunkt bietet und auch nie entziffert worden ist.

Der Niedergang der Kultur vollzog sich plötzlich und dramatisch. Möglicherweise änderte der Indus seinen Lauf und verursachte katastrophale Überschwemmungen oder Mißernten, oder er verwandelte das Land in eine Wüste. Vielleicht beschworen die Einwohner selbst eine Krise herauf, weil sie in den umliegenden Wäldern zu viele Bäume abholzten; das Holz brauchten sie für das Brennen von Ziegeln. Was auch immer der wahre Grund für den Niedergang gewesen ist, der eigentliche Todesstoß wurde der Stadt um 1500 v. Chr. von Feinden versetzt. Skelette, die in den Straßen von Mohendscho Daro geborgen wurden, weisen am Kopf Spuren von Schwert- und Axthieben auf. Die Opfer des Massakers fielen wahrscheinlich Ariern in die Hände oder Bergstämmen, die von arischen Eindringlingen nach Süden abgedrängt worden waren. Die Lei-

Der Grundriß von Mohendscho Daro (unten) läßt kaum vermuten, daß es sich bei der Ruinenstadt um eine uralte Siedlung handelt. Die Inschrift (rechts) ist bis heute nicht entziffert worden.

chen ließ man an Ort und Stelle verwesen, unter einer Schicht aus Staub und Lehm. Dort überdauerten sie die späteren Jahrhunderte, in denen die Stadt in Vergessenheit geriet. Als die Archäologen die Ruinen freilegten, stießen sie auf eine Kultur, deren Existenz sie nicht einmal vermutet hatten.

Oak Island

Eine faszinierende Geschichte, die sich 1795 in Kanada zugetragen hat, könnte für ein Abenteuermagazin für Jungen erdacht worden sein. Drei Jugendliche, die die kleine Insel Oak Island in der Mahone Bay in Nova Scotia auskundschafteten, trafen auf eine kleebewachsene Bodensenke. Augenblicklich erwachte bei den Jungen der Verdacht, daß dort jemand etwas vergraben haben könnte. Nachdem sie Geräte und Helfer herbeigeholt hatten, stießen sie auf einen künstlichen Schacht, der in bestimmten Abständen mit Eichenbohlen abgedeckt war. Die Jugendlichen drangen 9 m tief in den Boden vor, bis sie ihre Suche wegen unzureichender Hilfsmittel aufgeben mußten.

Neun Jahre später nahm eine Gruppe mit geeigneter Ausrüstung den Schacht erneut in Angriff und legte in 27 m Tiefe einen flachen Stein mit einer Inschrift frei. Die entzifferte Botschaft lautete, daß in „10 Fuß Tiefe 2 Mio. Pfund vergraben" seien, und nach weiteren 8 Fuß stießen die Schatzsucher mit ihren Spitzhacken auf ein Hindernis, das sie für eine Truhe hielten. An jenem Abend gingen alle Beteiligten fröhlich nach Hause, doch am anderen Morgen stellten sie entsetzt fest, daß ihre „Geldgrube" fast 20 m hoch mit Wasser vollgelaufen war. Auch mit großem Pumpaufwand ließ sich der Wasserspiegel nicht absenken.

Daraufhin wurde parallel zum ersten ein neuer Schacht 34 m tief in die Erde getrieben. Doch kaum hatten die Schatzsucher einen Tunnel gegraben, der rechtwinklig auf den Grund der Grube stoßen sollte, schlug ihnen eine mächtige Flutwelle entgegen, so daß sie sich schleunigst an die Erdoberfläche zurückziehen mußten. Wer auch immer hier ein Schatzversteck angelegt hatte, er hatte es mit einer Falle versehen.

Später nahmen sich Spezialunternehmen mit Bohrgeräten, Bulldozern, Elektrowinden und Turbinenpumpen der Aufgabe an. Die Entdeckung von zwei durchbohrten Felsen und einem rätselhaften steinernen Dreieck ließ auf weitere Schatzverstecke schließen, und Oak Island wurde von Bohrlöchern, Schächten und Kratern durchsiebt. Nach 1950 kamen Jahr für Jahr Tausende von Touristen auf die Insel, und seit den 80er Jahren gibt es dort sogar zwei Museen, die von schatzsuchenden Konkurrenzbetrieben eröffnet worden sind. Bislang ist kein einziges Goldstück auf Oak Island geborgen worden, doch hat die Schatzsuche schon ganze Vermögen verschlungen.

Der eigenartige Schacht von Oak Island gibt Experten bis zum heutigen Tag Rätsel auf.

Hat ein Pirat dort einst seine Beute versteckt? Untersuchungen mit Hilfe der Radiocarbonmethode am Holz der Geldgrube haben ergeben, daß sie irgendwann zwischen 1525 und 1625 gebaut wurde. Doch die Forschungsmannschaften haben ihre Zweifel, ob Freibeuter wohl imstande waren, ein solches technisches Wunderwerk zu vollbringen. Die Suche auf der arg in Mitleidenschaft gezogenen kleinen Insel geht weiter.

Kumran

Zu einem der bedeutendsten Funde der Neuzeit kam es 1947, als ein Beduinenjunge namens Mohammed in Israel durch Zufall auf uralte Schriftrollen stieß, die in Leinentuch eingehüllt und in Tonkrügen aufbewahrt waren. Dem jungen Hirten und seinen Freunden erschienen die mit seltsamen Schriftzeichen versehenen Rollen wertlos. Doch als einige der rätselhaften Handschriften bei Antiquitätenhändlern auftauchten, sorgten sie für einen Meinungsstreit und großes Aufsehen. Trotz anfänglicher Zweifel an ihrer Echtheit stellten die Gelehrten nämlich fest, daß sie aus der Zeit Christi stammen. In den Texten wurde von einer Religionsgemeinschaft im Heiligen Land berichtet, deren Traditionen denen der ersten Christen ähnelten.

Im Jahr 1952 begannen französische und amerikanische Forscher, den Fundort der Schriftrollen zu untersuchen. Es handelte sich um eine Reihe von Karsthöhlen in den Felswänden nahe Kumran am Nordwestufer des Toten Meeres. In den engen Höhlen kamen die Archäologen vor Hitze fast um, die Ausbeute aber war beeindruckend: Aus elf Höhlen wurden die Fragmente von über 600 Handschriften aus der Zeit zwischen 250 v. Chr. und 70 n. Chr. geborgen.

Offenbar war man auf die Bibliothek der jüdischen Religionsgemeinschaft der Essener gestoßen, deren Kloster auf einem nahen Plateau gelegen hatte. Ihre strenge Lebensweise schilderte bereits der jüdische Geschichtsschreiber Josephus Flavius, der eine solche Bruderschaft besucht hatte. Die Brüder trugen demnach einen leinenen Lendenschurz und aßen maßvoll und in großer Stille. Die Essener hielten sich für eine Gemeinschaft von Auserwählten und erwarteten eine Apokalypse, von der sie

Die Felswände von Kumran dienten als Versteck für die Schriftrollen vom Toten Meer, Handschriften mit Belegen über eine Religionsgemeinschaft, die zeitgleich mit den Frühchristen existierte.

annahmen, daß nur sie sie überleben würden. Den Großteil ihrer Zeit verwendeten sie auf das Studium des biblischen Rechtes; die Schriftrollen vom Toten Meer enthalten alttestamentarische Texte, Kommentare, Gebete und Psalmen sowie Material über die Gemeinschaft und den bevorstehenden Tag des Jüngsten Gerichtes. Vermutlich waren die Handschriften während des jüdischen Aufstandes von 66–70, als die Römer Kumran in Schutt und Asche legten, in den Höhlen verborgen worden.

Bestand zwischen den ersten Christen und den Auserwählten von Kumran eine direkte Verbindung? Zwischen beiden Gruppen gab es deutliche Unterschiede; die Jünger Christi gingen hinaus in die Welt und predigten Juden wie Nichtjuden, während die Brüder von Kumran eine nach innen gekehrte Religionsgemeinschaft waren. Und doch finden sich in frühchristlichen Bräuchen Anklänge an das Essenertum. Beide Gruppen verzichteten auf irdischen Reichtum, und die Gläubigen von Kumran nahmen gemeinsam ein heiliges Mahl ein, das mit der christlichen Feier des Abendmahles gleichgesetzt werden kann. Ebenso kannten die Essener rituelle Waschungen, die mit der christlichen Taufe vergleichbar waren. Der Jordan, in dem Johannes der Täufer die Gläubigen taufte, liegt nicht weit von Kumran entfernt, und einiges deutet darauf hin, daß der Fluß ein Bindeglied zwischen den beiden Gruppen darstellt. Johannes sprach von einem kommenden Messias, und einige Schriftrollen spielen ebenfalls auf messianische Gestalten an, welche die Apokalypse ankündigen. Im Jahr 1991 ergaben neuerliche Untersuchungen Hinweise auf einen „sterbenden Messias“; auch von „Durchbohrungen“ und „Wunden“ ist die Rede.

Christus selbst mag kein Essener gewesen sein, wie manche Kommentatoren mutmaßten, doch gewähren die Schriften von Kumran faszinierende Einblicke in jene Zeit, in der das Christentum seinen Anfang nahm.

Der Hauslabjoch-Gletscher

Im Jahr 1991 horchte die Welt auf, als über eine vorgeschichtliche Eisleiche, „Ötzi“ genannt, berichtet wurde, die man in einem

Gletscher in den Ötztaler Alpen, an der Grenze zwischen Österreich und Italien, entdeckt hatte. In den Berichten wird die gut erhaltene Eisleiche als ein Mann beschrieben, der ein Beil mit einem Kupferblatt in der Hand hielt und dessen zerschlissenes Lederschuhwerk mit Heu ausgestopft war. Verschiedene Tests ergaben, daß er offenbar 35–40 Jahre alt gewesen und vor rund 5300 Jahren gestorben war.

Die Ausrüstung, die er bei sich trug, erlaubte faszinierende Rückschlüsse auf das Alltagsleben in der späten Steinzeit. Neben einer Gürteltasche und einem Lederköcher, in dem Pfeile mit Feuersteinspitzen steckten, fand man ein Steinmesser, und auf dem Rücken hatte Ötzi ein ledernes Traggestell mit einem U-förmigen Rahmen aus Haselruten. Ein Behälter aus Birkenrinde enthielt Gras und Ahornblätter, die um verkohlte Asche gehüllt waren. Das Feuermachen war für Jäger und Sammler eine zeitraubende Angelegenheit. Deshalb nahmen sie aus der Feuerstelle ihres letzten Lagers stets glühende Kohlestücke mit, wie es die Nomaden noch heute tun. Obwohl der Mann nackt schien, hatten sich noch Spuren seiner Kleidung erhalten, darunter Überreste eines Lendenschurzes, der Beinkleidung und der Kopfbedeckung. Reste von verfilztem Gras ließen darauf schließen, daß er als Wetterschutz eine Art Strohmantel getragen hatte. Seine Füße waren mit Leder umwickelt, das zum Wärmen ebenfalls mit Heu ausgestopft war, und diese Fußbekleidung erinnert an das Schuhwerk der heutigen Lappen.

Den Körper des Mannes bedeckten Tätowierungen, die wahrscheinlich mit einer Beinnadel und Holzkohle angebracht worden waren. Sie erscheinen als schmale Reihen paralleler Linien auf seinem Rücken, an den Handgelenken und Fußknöcheln; in der rechten Kniekehle und neben der linken Achillessehne befinden sich kreuzförmige Muster. Die medizinische Untersuchung ergab Degenerationserscheinungen in den Knochen von Rücken, Knie und Fußgelenken: Möglicherweise litt „Ötzi" unter Schmerzen, und die Tätowierungen hatten

DIE RADIOCARBONMETHODE

Die Datierung mit Hilfe der Radiocarbonmethode hat viele uralte Geheimnisse gelüftet. Den Archäologen dient sie zur Altersbestimmung organischer Überreste wie Holz, Pflanzen und Knochen. Von dem amerikanischen Physiker W. F. Libby 1955 entwickelt, basiert die Methode darauf, daß alle lebenden Organismen aus der Luft – durch Atmung oder Assimilation – kleine Mengen des radioaktiven Kohlenstoffes C 14 aufnehmen und im Körper (z. B. in Knochen oder im Holz) speichern. Im Lauf der Zeit jedoch zerfallen die instabilen radioaktiven Kohlenstoffatome. Stirbt ein Organismus, endet die Aufnahme von C 14, der Zerfall schreitet aber fort, und die Menge des radioaktiven Kohlenstoffs verringert sich daher ständig. Da die Zerfallsgeschwindigkeit bekannt ist, läßt sich durch die Messung des verlorengegangenen C-14-Anteiles das Alter eines Gegenstandes annähernd bestimmen.

Bei Datierungen, die mehr als 30 000 Jahre zurückreichen, ist die Radiocarbonmethode nicht sehr zuverlässig, doch eine neue Entwicklung, die sogenannte Massenspektrometrie, die mit Geschwindigkeitsfokussierung arbeitet, erhellt sogar dieses dunkle Zeitalter. Sie beruht auf dem Nachweis und der Trennung von Atomteilchen unterschiedlicher Massen und kann selbst Gegenstände datieren, die mehr als 70 000 Jahre alt sind. Die dafür erforderliche Probe kann zudem 1000mal kleiner sein als bei der Radiocarbonmethode. Schon ein einziges Samenkorn z. B. reicht nun für die Datierung aus.

Die neuen Techniken lassen beispielsweise die eiszeitlichen Lebensgemeinschaften und die prähistorischen Siedlungen in Amerika in einem ganz anderen Licht erscheinen. Doch kann man mit diesen Methoden lediglich feststellen, wie alt ein Fundstück ist, nicht jedoch, zu welcher Zeit es sich der Mensch zunutze gemacht hat.

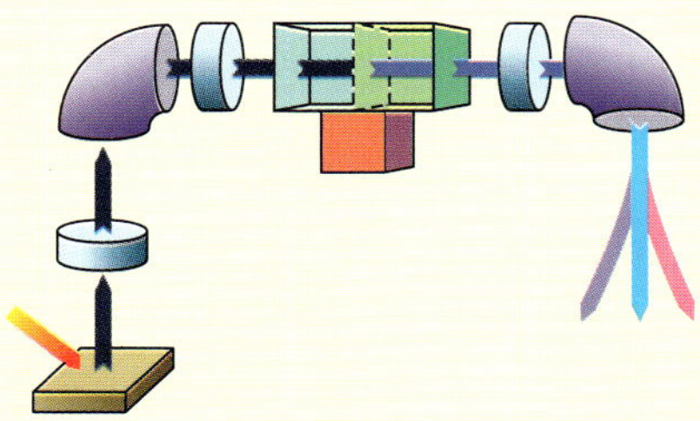

Atomteilchen werden mit Hilfe von Hochspannungsstrom durch ein Massenspektrometer geschickt. Dann wandern sie durch ein Magnetfeld, wobei C-14-Atome abgetrennt werden.

Vom Eis mumifiziert: „Ötzi", ein Jäger aus der Jungsteinzeit, wurde 1991 aus einem Gletscher in Italien geborgen.

therapeutische Gründe – in der volkstümlichen Heilkunde ist das Anbringen von Brandmalen und Perforationen oftmals ein Teil der Behandlung.

Was führte Ötzi so hoch hinauf in die eisigen Alpen? Ein Kupferbeil war in der Jungsteinzeit ein hochgeschätzter Artikel, und man hat vermutet, daß der Mann ein fachkundiger Metallsucher auf der Suche nach Erzlagerstätten war. Andere hielten ihn für einen Priester, der sich für eine gewisse Zeit in die Berge zurückgezogen hatte. Eine einleuchtendere Erklärung ist, daß er ein Jäger oder Hirte auf der Wanderschaft war, der oftmals das hochgelegene Weideland oberhalb der Baumgrenze aufsuchte. Vielleicht hatte sich aber auch in seinem Dorf eine Katastrophe ereignet – etwa eine Familienfehde oder der Angriff kriegerischer Nachbarn –, die ihn veranlaßte, in den unwirtlichen Höhen Zuflucht zu suchen.

Um jede Erinnerung an den Pharao Echnaton auszulöschen, wurden alle Bilder, die ihn oder die Königin Nofretete (links) zeigten, zerstört oder vergraben.

Amarna

Es war eines der merkwürdigsten Ereignisse in der Weltgeschichte. Kurz nach seiner Thronbesteigung wandte sich der Pharao Amenophis IV. von den althergebrachten ägyptischen Göttern ab – von Osiris, der gehörnten Isis, dem falkenköpfigen Horus, dem schakalköpfigen Anubis und allen anderen – und führte eine einzige Gottheit ein, die Sonne oder, genauer gesagt, Aton, die Sonnenscheibe. Der revolutionäre Glaube des Herrschers feierte die allgemeine Liebe und die Schönheit der Natur, und als Zeichen der Hochachtung vor seinem neuen Glauben änderte der Pharao seinen Namen in Echnaton („dem Aton wohlgefällig"). Er verließ die alten Kultstätten Ägyptens und begann um 1360 v. Chr. mit der Errichtung einer neuen Hauptstadt in der Wüste, die er Achet-Aton („Horizont des Aton") nannte.

Bis vor kurzem war kaum etwas über diese Ereignisse bekannt, denn aus Empörung über den Frevel hatten die Hohepriester und andere Anhänger des überlieferten Glaubens nach dem Tod Echnatons alle Spuren zu beseitigen gesucht, die an den „Ketzer" erinnerten. Die alten Götter wurden in ihre Nischen zurückgebracht, die Statuen Echnatons zertrümmert, und sein Name wurde aus allen Inschriften getilgt. Wenn ein Hinweis auf seine Regierungszeit erfolgte, sprach man von der „Epoche des Rebellen". Seine Hauptstadt wurde zerstört, die Trümmer wurden verstreut, und die Fundamente der Tempel unter einer Zementschicht begraben. Von Wüstensand bedeckt, blieben die Ruinen bis zu ihrer Entdeckung durch europäische Ägyptologen mehr als 3000 Jahre später unberührt.

Die Stätte liegt auf einer sandigen Ebene in der Nähe des heutigen Tell el-Amarna, etwa 320 km südlich von Kairo. Etwas an dieser Gegend muß den Pharao tief beeindruckt haben, denn ihre Lage auf unfruchtbarem Land in einiger Entfernung von den Ufern des Nils wies kaum naturbedingte Vorzüge auf. Echnaton jedoch spürte ihre Heiligkeit und gelobte in einer in die Felsen gemeißelten Inschrift, den heiligen Boden niemals zu verlassen.

Im 19. Jahrhundert begannen Archäologen die Ruinen freizulegen, die sich als Tempel, Paläste, Villen und Werkstätten entpuppten. Darunter kamen einige spektakuläre Funde ans Tageslicht: Bei Ausgrabungen in einer Bildhauerwerkstatt entdeckten deutsche Archäologen die inzwischen berühmte Büste der Nofretete, der königlichen Gemahlin Echnatons. Von traditionellen Zwängen befreit, verliehen die Künstler der Amarnazeit in ihren Werken einem neuen Naturalismus Ausdruck. In Stein gemeißelte Darstellungen zeigen häusliche Szenen aus dem täglichen Leben der königlichen Familie. Auf vielen Bildern wiegt das Königspaar liebevoll seine Kinder auf den Knien. Unverkennbar ist auch das eigenartige Äußere des Pharaos, der stets mit breiten Hüften, vorgewölbtem Bauch, abfallenden Schultern und einem verlängerten Gesicht dargestellt ist. Ärzte haben vermutet, daß Echnaton am Fröhlich-Syndrom, einer Störung der Hirnanhangdrüse, litt.

War er ein Heiliger oder ein Verrückter? Oder war er, wie einige Ägyptologen glauben, ein Reaktionär, der einen traditionellen Sonnenkult ausnutzte, um die Macht der Priesterschaft zu brechen und die autokratische Königsherrschaft wiederherzustellen? Die Steine von Amarna wahren ihr jahrhundertelanges Schweigen.

Cocos Island

„Weder mit Ochsen noch mit Wagenseilen brächte man mich auf diese verfluchte Insel zurück, und in meinen allerschlimmsten Träumen höre ich die Brandung an die Küste donnern, oder ich schieße im Bett hoch und habe noch die scharfe Stimme Captain Flints im Ohr: ‚Stücker acht ...'." So lauten die letzten Zeilen der *Schatzinsel* von Robert Louis Stevenson. Angeregt zu seiner Erzählung hatte ihn angeblich das Geheimnis von Cocos Island, einer kleinen Insel im Pazifik, etwa 480 km südwestlich von Costa Rica.

Die verhängnisvolle Geschichte nahm 1821 ihren Lauf, als sich südamerikanische Rebellen gegen ihre spanischen Herren erhoben, welche die peruanische Hauptstadt Lima belagerten. Um ihren Wohlstand und um die Reichtümer der Kathedrale besorgt, hatten die Adeligen ihre Schätze an Bord der Brigg *Mary Dear* verladen. Es war ein englisches Schiff, und Kapitän Thompson galt als ehrlicher Geschäftsmann. Mit einer Ladung aus Gold, juwelenbesetzten Schatullen, Schatztruhen aus Zedernholz, heiligen Reliquien und kostbarem Zierat setzte das Schatzschiff im Hafen von Callao Segel. Auch sechs Soldaten befanden sich an Bord, doch innerhalb weniger Tage hatte die habgierige Mannschaft die Wachen ermordet, ihre Leichen den Haien vorgeworfen und die Route nach Cocos Island eingeschlagen. Dort verbargen sie den Großteil der Beute in einer Höhle, darunter eine prachtvolle Statue Unserer Lieben Frau von Lima, ein überlebensgroßes, aus massivem Gold gearbeitetes Standbild der Jungfrau Maria.

Die meuternde Besatzung wurde in Panama festgenommen. Nur Kapitän Thompson und sein Erster Offizier Forbes entgingen der Hinrichtung, weil sie versprachen, die Spanier zu dem Schatz zu führen. Bei der Rückkehr nach Cocos Island jedoch entkamen sie ihren Bewachern und versteckten sich im Urwald. Sie lebten ein Jahr lang auf der Insel und wurden schließlich von der Besatzung eines vorbeifahrenden Schiffes gerettet. Weder Thompson noch Forbes kehrten je auf die Insel zurück, doch gab der Kapitän eine Karte mit Anweisungen zum Auffinden der Höhle weiter. Viele Versuche wurden unternommen, den Schatz von Lima zu bergen. Sogar gefälschte Karten waren im Umlauf, mit denen Rivalen in die Irre geführt werden sollten.

Ein neufundländischer Seemann namens John Keating soll die Höhle entdeckt haben. Angeblich fand er Gold im Wert von rund 110 000 $ sowie Teile des Schatzes, die er an einen neuen Ort auf der Insel brachte. Andere Schatzgräber waren weniger erfolgreich. Der Deutsche August Gissler suchte 20 Jahre lang vergebens, der britische Admiral Henry Palliser rückte mit 300 Marinesoldaten an, die auf der Insel das unterste zuoberst kehrten und nichts erreichten. 1989 begab sich die britische Schauspielerin Moira Lister auf die Suche nach einem legendären Silberschatz, den angeblich ein Pirat namens Bonito auf der Insel versteckt hatte. Doch trotz einer hochmodernen Ausrüstung verlief auch diese Suche ergebnislos.

Verschleiert wird das Geheimnis um Cocos Island dadurch, daß sie vulkanischen Ursprungs ist. Immer wieder wird die Insel von Erdbeben erschüttert, die markante Landschaftspunkte vernichten und Felsstürze verursachen, welche die Höhlen blockieren. Außerdem tauchten merkwürdige Dokumente auf, Sterbende verrieten Geheimnisse, und absichtliche Täuschungsmanöver stifteten noch mehr Verwirrung. Die Brandung tost weiterhin an die Küsten der Insel – und nach mehr als 170 Jahren wartet Unsere Liebe Frau von Lima noch immer auf ihre Entdeckung.

Dieser frühe Druck zeigt Cocos Island vor der Pazifikküste Costa Ricas. Viele glauben, daß dort der berühmte Schatz von Lima versteckt ist.

GROSSARTIGES STONEHENGE

Von den gewaltigen Steinpfeilern, die sich im südenglischen Stonehenge am Horizont abzeichnen, bilden etwa 80 Basaltsteine in der Mitte des Monumentes zwei heute unvollständige Kreise. Diese sogenannten Blausteine, die bis zu 7 t wiegen, sind vulkanischen Ursprungs, und man weiß, daß sie aus den Prescellybergen im südwestlichen Wales, einem ca. 320 km entfernten Gebiet, herbeigeschafft worden waren. Das geschah, wie Experten meinen, wohl größtenteils auf dem Wasserweg. Zunächst wurden die Steinblöcke auf Flößen um die südwalisische Küste, dann auf dem Fluß Avon und über kleinere Flußläufe transportiert, bis nur noch eine kurze Strecke auf dem Landweg zum Standort in Stonehenge zurückzulegen war.

Eine plausibel erscheinende Theorie – aber trifft sie auch zu? Unter der Vielzahl der sogenannten Megalithbauten in Westeuropa gibt es keinen einzigen Fall, in dem derart große Steinblöcke mehr als 5 km weit transportiert worden sind. Einige Wissenschaftler bezweifeln daher, daß die Steine in Stonehenge überhaupt von Menschenhand bewegt worden sind. So stellte der Geologe Richard Thorpe 1991 die These auf, die Blausteine seien aus „Findlingen" entstanden – Felstrümmern, die beim Rückzug gewaltiger Gletscher im Pleistozän auf der Ebene von Salisbury zurückgeblieben waren. Die Frage ist noch immer strittig und zeigt deutlich, wie wenig man über die großartigste und besterhaltene Megalithanlage Europas weiß.

Die imposanten Steinkreise, die sich auf der kahlen Ebene erheben, haben bereits im Mittelalter für Erstaunen gesorgt, als die Sachsen ihnen den Namen gaben. Stonehenge bedeutet „hängende Steine". Der Chronist Henry of Huntingdon zählte die Anlage im 12. Jahrhundert zu den Wundern Britanniens, ein Zeitgenosse bezeichnete sie als „Tanzplatz der Riesen". Eine frühe Legende erklärt die Steinkreise als Werk des Zauberers Merlin, spätere Theorien sahen darin die Überreste eines Druidentempels, einen Königspalast, einen Kampfring, ein umfriedetes Land, einen überdachten Marktplatz, einen Ufo-Landeplatz, eine Begräbnisstätte oder ein Heiligtum der Bewohner von Atlantis. Im 17. Jahrhundert kam der Architekt Inigo Jones, der Stonehenge im Auftrag des englischen Königs Jakob I. untersuchte, zu dem Schluß, die Steine seien die Ruinen eines römischen Tempels.

Warum und von wem wurde Stonehenge erbaut? Neue Forschungen haben ergeben, daß das Denkmal in rund 1500jähriger Bauzeit in drei Phasen entstanden ist. Die Arbeiten begannen um 3000 v. Chr., d. h. noch vor dem Bau der Cheopspyramide in Ägypten. Damals legte ein Volk der Jungsteinzeit einen Ringgraben um einen Erdwall an, der 56 gleichmäßig im Boden verteilte Gruben aufwies. Diese werden nach dem Archäologen John Aubrey, der

Fünf Trilithen, durch Decksteine verbundene Steinpfeiler, bildeten einst den Kern der Anlage in Stonehenge.

Erst aus der Vogelperspektive läßt sich die gesamte Megalithanlage überblicken.

sie als erster entdeckte, Aubreylöcher genannt. In den Aubreylöchern gefundene Grabreste lassen vermuten, daß hier Bestattungsrituale stattgefunden haben. Vielleicht aber symbolisierten sie auch Stellen, an denen man Zugang zur Unterwelt haben sollte. In diesem ersten Bauabschnitt wurde ferner der sogenannte Heelstein am Eingang der Anlage aufgestellt.

Die zweite Bauphase setzte 2550 v. Chr. ein und war das Werk der Glockenbecherleute. Sie verdanken ihren Namen der Tatsache, daß sie ihre Toten mit Tonbechern als Grabbeigaben bestatteten. In Stonehenge errichteten sie die beiden konzentrischen Kreise aus Blausteinen in der Mitte des Erdwalles und bauten auch eine Straße, welche nach Nordosten zum Avon führte.

Der letzte Teil des Werkes wurde von Menschen der frühen Bronzezeit ausgeführt. Um 1600 v. Chr. versetzten sie die Blausteine innerhalb der gewaltigen Anlage und errichteten an ihrer Statt Sandsteinblöcke von bis zu 26 t Gewicht. Mächtige Steinquader von etwa 5 m Höhe verbanden quergelegte, aneinanderstoßende Steinblökke, wobei die Decksteine und die aufrecht stehenden Steinpfeiler durch sorgfältig gearbeitete Zapfen und Zapfenlöcher zusammengefügt waren.

Die sogenannten Trilithen sind mit den größten Steinen errichtet worden. Dabei handelt es sich um je zwei aufrecht stehende, oben mit einem querliegenden Steinblock verbundene Quader, die im Inneren der Steinkreise hufeisenförmig angeordnet waren. Bei einem Gewicht von ca. 50 t je Quader mußten wohl an die 800 Mann helfen, die Trilithen aufzustellen.

Die Landschaft rund um Stonehenge im Herzen Südenglands ist reich an Menhiren, Hügelgräbern und anderen prähistorischen Denkmälern. Stonehenge jedoch ist das gewaltigste Bauwerk, und die meisten Archäologen sind sich heute einig, daß der Ort religiösen und wahrscheinlich auch astronomischen Zwecken diente. Es scheint ein Zusammenhang mit der Beobachtung der Himmelskörper bestanden zu haben, denn schon vor langer Zeit wurde festgestellt, daß man am Tag der Sommersonnenwende vom Zentrum der Steinkreise aus sehen kann, wie die Sonne ziemlich genau über dem Heelstein aufgeht.

Mit Hilfe eines Computers hat der amerikanische Astronom Gerald Hawkins zudem Visierlinien für den Aufgang und Untergang von Sonne und Mond im gesamten Kalenderjahr ermittelt. Gewiß dienten sie auch anderen komplizierten astronomischen Berechnungen, zu denen die Bewegung der Sternbilder und die Vorhersage von Sonnen- und Mondfinsternissen gehören.

Die Ergebnisse bleiben freilich umstritten, und über die Kulthandlungen, die einst dort stattfanden, ist nicht das geringste bekannt. Obwohl Stonehenge teilweise verfallen ist, besticht es nach wie vor durch seine grandiose Schönheit. Allerdings gewährt es auch weiterhin nur einen kurzen Blick auf die Geheimnisse seiner Vergangenheit.

Der Sonnenaufgang über dem inneren Steinkreis in Stonehenge ist ein überwältigender Anblick.

MERKWÜRDIGE RELIKTE

Mit Hebeln, Seilen, Schlitten und Rampen richteten Menschen alter Zeiten kolossale Megalithen auf, erbauten sie Pyramiden und Statuen, die bis heute weltweit Erstaunen und Verwunderung hervorrufen. Selbst kleinere Überreste vergangener Kulturen werfen noch ungelöste Fragen auf.

Orte wie das Tollundmoor in Dänemark verdanken ihre Aura des Geheimnisvollen den dort geborgenen menschlichen Überresten und dem detektivischen Geduldspiel, das diese Funde nach sich ziehen. Wer waren die Opfer und was sagen die Überreste über ihr Leben aus?

Andere Orte scheinen nur deshalb geheimnisumwittert, weil man ihren eigentlichen Zweck nicht mehr kennt. Das trifft beispielsweise auf Mystery Hill zu, einen Hügel in den USA. Dort wurden einige Steinbauten, die Anhänger der New-Age-Bewegung zum magischen Ort hochstilisiert hatten, von den Archäologen als neuzeitliche Farmgebäude identifiziert. Wieder andere Orte beschwören uralte Rätsel der Menschheit herauf, wie etwa Kultstätten, die Menschen vergangener Zeiten als Verbindung zum Universum schufen. So war die Große Pyramide von Gise mehr als ein Denkmal für einen Pharao – ihre astronomische Ausrichtung läßt erkennen, wie stark bei den Ägyptern das Gefühl vorherrschte, ihr Geschick sei mit dem Kosmos verwoben, und sie erinnert an ihren Glauben an ein Leben nach dem Tod. Eine Ausrichtung auf die Himmelskörper hat man auch bei den Pyramiden in Mexiko sowie in Stonehenge und bei zahlreichen anderen Megalithanlagen Europas entdeckt.

Die astronomischen Kenntnisse und die erstaunlichen Bauleistungen unserer Vorfahren haben einige Autoren so verblüfft, daß sie diese nur als das Werk von Außerirdischen deuten konnten. Astronauten aus dem Weltraum, hieß es, brachten esoterisches Wissen mit und verhalfen Kulturen auf der Erde zu einem Blitzstart. Mit dieser

Theorie erklärte man das Auftreten gewaltiger Pyramiden beiderseits des Atlantiks, ungeachtet der Tatsache, daß nichts über einen Kontakt zwischen der Alten und der Neuen Welt bekannt ist.

Streng wissenschaftlich arbeitende Archäologen lehnten derart gewagte Behauptungen ab. Sie verwiesen darauf, daß sich die Pyramiden in Ägypten und Mexiko hinsichtlich ihrer Form und Zweckbestimmung deutlich unterscheiden. Bewiesen ist bislang nur, daß alte Völker überall auf der Erde von den Bewegungen der Gestirne fasziniert waren, oftmals Botschaften der Götter in ihnen sahen und gewaltige Monumente nach den Himmelskörpern ausrichteten.

Die Osterinsel

Riesige Steinfiguren erheben sich auf der Osterinsel, einem winzigen, von Kratern erloschener Vulkane übersäten Flecken Erde. Einsam liegt die Insel, die zu Chile gehört, im Südpazifik. Die Entfernung zur nächsten Insel beträgt 2000 km, und bis an die südamerikanische Küste ist es mit 3700 km fast doppelt so weit. Dennoch bildet der Ort die Kulisse für einige der gigantischsten von Menschenhand geschaffenen Skulpturen.

Über den Ursprung der geheimnisvollen Statuen entbrannte einst ein heftiger Streit. Der norwegische Forscher Thor Heyerdahl vertrat die Ansicht, polynesische Siedler hätten sie unter Aufsicht einer südamerikanischen Herrscherkaste errichtet. Auf einer 97 Tage dauernden Expedition ließ er sich 1947 mit seinem Floß *Kon-Tiki* von der peruanischen Westküste aus 4050 km bis nach Tahiti treiben, um zu beweisen, daß eine solche Überfahrt möglich war. Historische Belege jedoch lassen glaubhaft erscheinen, daß die ersten Bewohner der Osterinsel Polynesier von den Marquesas waren. Diese Seefahrer legten schon seit der Steinzeit auf dem unerforschten Ozean weite Strecken zurück, um die Pazifikinseln von Westen her zu kolonisieren. Bereits vor 400 erreichten sie mit der Osterinsel den östlichsten Punkt ihrer Reise. Dort entwickelten sie in den folgenden Jahrhunderten ein beträchtliches Geschick als Bildhauer und erbauten aus hervorragend bearbeitetem Vulkangestein ihre Begräbnisplattformen, die sogenannten Ahus. Seevögel, Wind und Wetter verwandelten den dort aufgebahrten Leichnam in ein Skelett, die Knochen wurden in einer Gruft im Inneren des Ahu beigesetzt.

In der Zeit von 1150–1500 fertigten die Siedler außerdem Hunderte riesiger Statuen aus schwarzem Tuffgestein an: stilisierte männliche Gestalten mit länglichem Kopf und vorspringendem Kinn, von denen manche eine Art Zylinder aus rotem Tuff tragen. Diese Skulpturen stellte man wohl zur Verehrung der Ahnen auf den Plattformen auf, nachdem sie – vermutlich auf Schlitten – aus den Steinbrüchen herbeigeschleppt und mit langen Baumstämmen als Hebel an Ort und Stelle aufgerichtet worden waren. Die größte auf der Osterinsel gefundene Statue mißt 20 m und wiegt fast 30 t. Sie ließ sich aber wohl nicht transportieren und blieb daher zusammen mit anderen halbfertigen Exemplaren im Steinbruch zurück.

Welche Bedeutung hatten die Figuren? James Cook, der die Insel im 18. Jahrhundert besuchte, erfuhr von den Bewohnern, daß jede Statue einen Namen trug – oftmals in Verbindung mit dem Titel „Ariki", Häuptling. So kann man wohl davon ausgehen, daß die Riesenskulpturen verstorbene Stammesführer darstellen.

Mit dem Anwachsen der Bevölkerung wurden die Wälder abgeholzt, um die landwirtschaftliche Nutzfläche zu vergrößern. Das Verschwinden der Bäume aber führte zu Bodenerosion und Mißernten und somit verbreitet zu Hungersnöten. Überfälle, Gewalt und Zerstörung verursachten nach 1500 den Zusammenbruch der Kultur der Osterinsel. Zurück blieben die rätselhaften Kolosse als stumme Zeugen einstiger Größe.

In Reih und Glied stehen die riesigen Statuen der Osterinsel, den Blick auf den fernen Horizont gerichtet.

Mystery Hill

Auf einer bewaldeten Anhöhe hinter North Salem im US-Bundesstaat New Hampshire, dem Mystery Hill, trifft man auf eine Gruppe von 22 kleinen, mörtellos errichteten Steinbauten. Sie bestehen aus übereinandergeschichteten grauen Felsbrocken, manche sind mit Steinen gedeckt, andere haben Kraggewölbe. Ihre Entdeckung löste eine heftige Kontroverse unter den Forschern

Gebilde wie dieser 60 t schwere Felsblock in North Salem sind, trotz einer gewissen Ähnlichkeit zu Stonehenge, möglicherweise nur die Überreste von Vorratskammern des 18. oder 19. Jahrhunderts.

aus, die sie zum Teil keltischen Monumenten oder Megalithanlagen in Europa gleichsetzten. Ganz sicher haben sie keine Ähnlichkeit mit Bauwerken der amerikanischen Ureinwohner. Wozu dienten sie? Und was war der Zweck einer Steinplatte, die auf Steinstützen ruhte und in der Oberfläche eine Rinne zum Ablaufen von Flüssigkeit hatte? Ein Forscher interpretierte sie in den 70er Jahren als „unheimlichen Altar mit für Menschenopfer geeigneten Proportionen".

Auf den ersten Blick scheint Mystery Hill ein schlagender Beweis dafür zu sein, daß bereits vor den Wikingern und vor Kolumbus Europäer in die Neue Welt gelangt waren, denn ähnliche Bauten finden sich auch in Massachusetts und Vermont. Einige weisen nach Süden und Osten ausgerichtete Eingänge auf, die an keltische Bräuche zu erinnern scheinen. Merkwürdige Zeichen auf den Steinen hat man als Botschaften in Ogham, einer altkeltischen Schrift aus dem 4. Jahrhundert, gedeutet. Mußten die Geschichtsbücher umgeschrieben werden?

Die traditionelle Archäologie ist nicht dieser Ansicht. Im Verlauf einer Ausgrabung in Mystery Hill kamen etwa 7000 Artefakte ans Tageslicht, doch kein einziger war keltischen Ursprungs. Teils handelte es sich um prähistorische Gebrauchsgegenstände der amerikanischen Ureinwohner, teils um Bruchstücke von Töpferwaren, Ziegeln, Nägeln und Gips, die von europäischen Siedlern des letzten Jahrhunderts stammten.

Nach Meinung der Skeptiker gehören die Steinkammern in Mystery Hill und andernorts in Wirklichkeit zu Farmen aus dem 18. oder 19. Jahrhundert, und sie dienten einem ganz banalen Zweck: Sie waren Vorratskammern für die Lagerung von Obst und Gemüse. Ein Forscher fand sogar zeitgenössische Veröffentlichungen, die Ratschläge für ihren Bau enthielten.

Daß die Bauwerke keltisch anmuten, ist wohl darauf zurückzuführen, daß die Erbauer schottische oder irische Auswanderer waren. Sie bedienten sich kleinbäuerlicher Bauverfahren, die aus der Zeit der Kelten stammten, in Europa jedoch noch bis in das 20. Jahrhundert hinein Anwendung fanden. Die „Ogham-Inschriften" waren demnach grobe Striche für das Registrieren der Vorräte. Der „Opferaltar" aber ähnelt auffallend jenen Laugensteinen, mit denen man in England durch das Auslaugen von Holzasche Seife herstellte.

Noch immer pilgern New-Age-Anhänger zum Mystery Hill. Archäologen aber geben sich mit der Erklärung zufrieden, daß die Gebäude aus dem 19. Jahrhundert stammen. Einig sind sich alle darin, daß die Bauwerke historische Kuriositäten darstellen. Darüber hinaus gibt es jedoch unter den Experten kaum Übereinstimmung.

Die Pyramiden von Gise

In Ägypten liegt die berühmteste Begräbnisstätte der Welt. 8 km westlich des Nils, etwas außerhalb der Vororte von Kairo, erheben sich die Pyramiden von Gise, die vor mehr als 4000 Jahren als Grabstätten dreier Pharaonen erbaut worden waren. Die erste ist zugleich die größte und wird daher die Große Pyramide genannt. Sie wurde für Pharao Cheops errichtet, der 2567 v. Chr. starb, und sie besteht aus etwa 2,5 Mio. Kalksteinblöcken von jeweils etwa 2,6 t Gewicht; einige wiegen auch beträchtlich mehr. Über der Grabkammer des Cheops, tief im Inne-

Vater, Sohn und Enkel wurden in den Pyramiden von Gise bestattet, deren Ausrichtung den Toten den Übergang in den Himmel erleichtern sollte.

ren der Pyramide, liegen mächtige, ca. 30 t schwere Granitplatten. Die Grundfläche der Pyramide beträgt etwa 5 ha, und ihre Spitze erhebt sich 137 m über den Wüstensand.

Dieses gigantische geometrische Gebilde war einstmals mit glattem, schimmerndem Kalkstein verkleidet und muß den Eindruck blendender Pracht vermittelt haben. Ganz in der Nähe ragt die kaum weniger imposante Pyramide des Königs Chephren auf, des Sohnes des Cheops; die dritte Pyramide ist die Grabstätte des Königs Mykerinos, Chephrens Sohn. Mit der Sphinx als Wächter gehören diese Pyramiden zu den großartigsten Errungenschaften der Menschheit.

Ihr Bau erforderte einen gewaltigen Einsatz menschlicher Arbeitskraft. Man schätzt, daß allein an der Großen Pyramide etwa 4000 Arbeiter 20–30 Jahre lang beschäftigt waren. Besonders bemerkenswert ist auch ihre genau berechnete Konstruktion, die den Architekten umfangreiche mathematische sowie vermessungstechnische Kenntnisse abverlangte. Die Grundfläche der Großen Pyramide ist bis auf eine Abweichung von 2,5 cm völlig eben, und die ca. 230 m langen Seiten differieren nur geringfügig. Besondere Aufmerksamkeit galt der Ausrichtung der Pyramide: Ihre Seiten weisen nach Norden, Süden, Osten und Westen.

Die große französische Mauer

In der kriegerischen Auseinandersetzung, die als Schlacht bei den Pyramiden in die Geschichte einging, trug Napoleon 1798 den Sieg davon. Nicht nur der französische Kaiser, auch seine Offiziere waren von der Erhabenheit der majestätischen Bauwerke überaus beeindruckt. Nach den Berechnungen der Armeevermesser hätten die Steine der Pyramiden von Gise ausgereicht, um eine 3 m hohe und 1 m dicke Mauer um ganz Frankreich zu bauen.

Die ägyptischen Astronomen richteten die Lage der Großen Pyramide wahrscheinlich nach einem auffälligen Stern aus, vielleicht nach dem Alpha Draconis im Sternbild des Drachen, der seinerzeit in der Nähe des Himmelspoles stand. Warum aber suchten die Erbauer überhaupt einen Bezugspunkt am Himmel? Die Antwort liegt wohl in den Vorstellungen der Ägypter vom Tod. Sie glaubten an ein Leben im Jenseits und betrachteten jede Grabstätte als Haus für die Körperseele des Bewohners, den „Ka". Wichtig für das Überleben des Ka war die Einbalsamierung des Leibes, der mit materiellen Gütern wie Nahrungsmitteln, Mobiliar und anderen Gerätschaften des täglichen Lebens zur Ruhe gebettet wurde. Den Pharaonen legten die Ägypter phantastische Beigaben ins Grab, denn man hielt sie für Gottkönige, deren eigentliche Wohnstatt im Himmel vermutet wurde. Einige Experten glauben, die Pyramiden seien einzig und allein zu dem Zweck errichtet worden, daß der Ka des Pharaos nach Belieben in den Himmel aufsteigen, in das Grab zurückkehren, die geopferten Speisen zu sich nehmen und wieder aufsteigen konnte. In der Großen Pyramide scheinen dies zwei schmale Schächte zu bestätigen, die schräg nach oben verlaufen und an der Nord- und Südseite münden. Sie könnten Ein- und Ausgänge für den königlichen Ka gewesen sein.

Oder sind die Verbindungen zum Himmel doch komplizierter? Forscher fragen sich schon lange, warum die Pyramiden von Gise nicht in einer Linie angeordnet sind, denn die des Mykerinos scheint etwas abzuweichen. Eine neue Theorie aus dem Jahr 1994 besagt, daß die Anordnung der drei Pyramiden der Position von drei Sternen im Gürtel des Orions entspricht, die ebenfalls nicht in einer Linie liegen. Ob diese These zutrifft oder nicht, fest steht, daß die Pyramiden mehr waren als reine Grabstätten. Sie waren kolossale Steingebilde, die den königlichen Bewohnern zur Erlangung der Unsterblichkeit dienten.

In eigenwilligen Formen windet sich der Great Serpent Mound über die weite Landschaft von Ohio.

Der Great Serpent Mound

Ein unheimliches, aus Erdwällen geformtes Reptil schlängelt sich im US-Bundesstaat Ohio oberhalb des Bush Creek über eine bewaldete Hügelkuppe. Der Great Serpent Mound ist von der eingerollten Schwanzspitze bis zum weit aufgerissenen Maul des Tieres über 400 m lang. Das Muster legten die Erbauer zunächst in Steinen an, dann wurde Lehm aus dem tiefer gelegenen Tal hüfthoch darüber aufgehäuft, bis das gewünschte Relief entstand.

Die Besucher können das schlangenartige Gebilde von einem Turm in der Nähe des Schwanzes aus betrachten. Doch dieser Blick auf das Bauwerk enthüllt nicht dessen komplette Gestalt; erst aus beträchtlicher Höhe ist die exakte Form des merkwürdigen Reptils zu erkennen. Anhänger paranormaler Phänomene schlossen daraus, daß seine Schöpfer die Fähigkeit zu schweben besaßen oder die der geistigen Projektion, welche eine Betrachtung aus der Ferne zuließ.

Über den genauen Zweck der Tiergestalt läßt sich nur spekulieren, und auch über die

Ursprünge ist sich die Fachwelt uneins. So haben die Archäologen lange Zeit gemeint, daß die Schlange etwa im 1. Jahrhundert v. Chr. von dem Volk der Adena erbaut wurde, amerikanischen Ureinwohnern, die bereits um 700 v. Chr. am Ohio ansässig waren. Die Adena errichteten dort an verschiedenen Stellen Kreise, Quadrate, Fünfecke und andere Formen aus Erdwällen. Diese Orte waren offenbar heilige Stätten und hatten bis zu 100 m Durchmesser. Doch ein zweites Werk, welches in Größe und Ausführung mit dem Serpent Mound vergleichbar ist, wurde nicht gefunden. Und das führte einige Experten zu der Annahme, daß der Hügel das Werk der fortgeschritteneren Hopewell-Indianer sei. Dieser Stamm trat um 100 v. Chr. in Ohio in Erscheinung und erbaute größere und komplizierte Erdwälle, in denen die Toten bestattet wurden. Weil aber im Serpent Mound weder Spuren von Skeletten noch Grabbeigaben entdeckt wurden, sprach lange Zeit einiges dafür, daß das Bauwerk eher ein heiliges Symbol als eine Begräbnisstätte gewesen war.

Vor wenigen Jahren brachte eine Untersuchung mittels der Radiocarbonmethode Licht in das Dunkel um den Great Serpent Mound. Das Bauwerk erwies sich als wesentlich jünger und wurde jetzt auf etwa 1070 datiert. Daraus wurde die Theorie entwickelt, daß die vermeintliche Schlange in Wirklichkeit eine Darstellung des Halleyschen Kometen sei. Dieser regelmäßig wiederkehrende Komet wird vermutlich schon seit dem Altertum beobachtet, und er hatte sich, wie man weiß, auch im Jahr 1066 gezeigt.

Filitosa

In der Nähe der Straße, die von Propriano nordwärts nach Ajaccio führt, liegt die berühmteste Megalithanlage Korsikas. Dolmen (Ganggräber) und Menhire erinnern in Filitosa an die prähistorische Vergangenheit der Insel. Sie sind rund 3000 Jahre alt und entstammen derselben europäischen Kultur, die derartige Steine hoch im Norden, in Skandinavien und auf den Orkney-Inseln vor der Nordküste Schottlands, hervorbrachte. In Korsika jedoch nahm die Anfertigung der Monumente eine besondere Wendung, denn hier wurden die Menhire „lebendig". Aus den Steinstelen treten die Gesichter finsterer Krieger mit gemeißelten Waffen und Gewändern hervor. Sie wirken wie Wachsoldaten bedrohlich, aber zugleich beeindruckend, und zählen zu den ersten bekannten Statuen der europäischen Kunst.

Die steinernen Monumente in Filitosa liegen auf einem Felsvorsprung über einem Tal mit alten Steineichen und Olivenbäumen. 1989 entdeckten Forscher dort beim Roden der Macchie auch den Granitsteinbruch, aus dem die Bewohner der Ansiedlung ihre Steinblöcke geholt hatten. Wer waren die Erbauer der Anlage? Die vorhandenen Spuren lassen darauf schließen, daß es sich um friedliche Bauern und Hirten der Steinzeit gehandelt hatte, die um das Jahr 1400 v. Chr. von Kriegern mit Metallwaffen überrannt worden waren. Diese blieben bis nach 800 v. Chr. als Besatzungsmacht, und die Statuen scheinen Porträts der Eindringlinge zu sein: Eine Gestalt trägt ein Langschwert und einen Dolch in der Scheide, eine andere ist mit Brustharnisch, Schwertkoppel und gehörntem Helm ausgerüstet.

Eine der vorgeschichtlichen Steinskulpturen von Filitosa: Grimmig blickt der Krieger den Betrachter an.

Bis heute ist nicht mit letzter Sicherheit bekannt, wer die Eroberer waren. Wahrscheinlich kamen sie aus dem östlichen Mittelmeerraum, wo es ähnliche Waffen und Rüstungen gab. Die Gelehrten haben sie als Turm-Kultur bezeichnet, und dieser Name rührt von turmähnlichen Befestigungsanlagen her, die das Volk auf den Hügelkuppen anderer Mittelmeerinseln errichtete. In Filitosa bauten sie Verteidigungswälle aus massiven Steinblöcken sowie einen Tempel, auf dessen Lehmboden Feuer brannten. Auf einem Altar, der mit einer Ablaufrinne versehen war, wurden Opfer dargebracht.

Überall auf den Hügeln ringsum finden sich Bauten aus Steinplatten, deren Ursprung – ob aus der Megalith- oder der Turm-Kultur – schwer zu deuten ist. Und die Geisteraugen der figürlichen Menhire lassen die Stätte, einen der eindrucksvollsten Orte Europas, noch geheimnisvoller wirken.

Carnac

Im Norden und Osten des bretonischen Badeortes Carnac in Frankreich liegt das Gebiet mit der größten Ansammlung von Megalithen in Europa. Etwa 3000 hohe Steine stehen dort in Reihen, die über die Heide

und durch Pinienwälder verlaufen. Einer Legende zufolge waren sie einst römische Legionäre, die den heiligen Cornelius, einen aus Rom geflüchteten Papst, in seiner bretonischen Heimat aufspürten. Der Heilige segnete sie, und die Häscher verwandelten sich auf der Stelle in Stein.

1099 dieser Steine stehen in 12 fast parallelen Reihen östlich des Dorfes Le Ménec. Die Steinreihen verlaufen allerdings nicht vollkommen gerade, sondern beschreiben eine leichte Kurve und enden ca. 800 m vom Ausgangspunkt entfernt. Die Steine selbst sind der Größe nach geordnet: Bei Le Ménec findet man mit 3,70 m die höchsten, am östlichen Ende der Reihen ragen sie gerade noch etwa 0,90 m aus dem Boden. Ähnliche Steinreihen sind auch in den Orten Kermario, Kerlescan und Le Petit Ménec angelegt, und früher nahm man an, daß die vier Monumente in einem übergeordneten Zusammenhang stünden.

Einzelnen Menhiren wird auch eine Bedeutung bei Fruchtbarkeitsriten zugeschrieben. Bis vor kurzem gab es den Brauch, daß junge Ehepaare, die sich Kinder wünschten, bei Mondschein einen Menhir namens Le Vaisseau in Carnac aufsuchten, wo sie unter den Augen der Eltern nackt um den Stein tanzten. Ähnliche Riten wurden bei anderen Menhiren in der Bretagne vollzogen. Dies läßt darauf schließen, daß eine tiefverwurzelte Verbindung zwischen den Steinen und einem Fruchtbarkeitskult besteht. Die Steinreihen aber sind nicht so einfach zu erklären. Was war also ihr Zweck?

Man hat vermutet, daß es sich um große jungsteinzeitliche Versammlungsorte handelte oder um zeremonielle Wege für Leichenzüge. In den 70er Jahren vermaß Prof. Alexander Thom die Megalithen von Carnac und kam zu dem Schluß, daß der gesamte Komplex als astronomisches Observatorium, vor allem zur Sonnen- und Mondbeobachtung, konstruiert war. Die Anordnung der Steine in Reihen interpretierte er als ein „megalithisches Millimeterpapier", auf dem die Astronomen der Jungsteinzeit Beobachtungen über Auf- und Untergang von Sonne und Mond zu verschiedenen Jahreszeiten aufzeichneten. Andere Forscher überzeugte dies nicht. Alles in Carnac deutet auf eine große schöpferische Leistung von visionärer Kraft hin. Offenbar verfügten die Erbauer über eine gewaltige Arbeiterschaft, die die Pläne präzise in die Wirklichkeit umsetzte. Deren Bedeutung bleibt schwer faßbar – vielleicht wird man sie nie verstehen.

Nach einer Legende sind die Megalithen in Carnac eine Heerschar versteinerter römischer Soldaten.

White Horse Hill

Auf einem Hügel in England unterhalb der aus der Eisenzeit stammenden Festung von Uffington Castle erkennt der aufmerksame Betrachter aus einiger Distanz ein pferdeähnliches Tierbild. Dessen Schöpfer hatten die Grasnarbe und den Humus weggestochen, so daß der darunterliegende weiße Kalkstein zum Vorschein kam. Auf diese Weise entstand keine naturalistische, sondern eine stilisierte Abbildung, in der sich die Energie des Tieres ausdrückt. Doch das Maul erinnert eher an einen Schnabel, und zwei Beine sind wie abgetrennt. Soll es wohl ein Pferd sein? Das Wesen schaut auf den sogenannten Drachenhügel hinab, wo der heilige Georg angeblich den Drachen erschlagen hat. Einer Forschermeinung zufolge stellt es den Drachen selbst dar.

Aus weißem Kalkstein besteht die Figur des Pferdes, das scheinbar über den Abhang des White Horse Hill galoppiert.

Vom Gipfel des White Horse Hill, der sich 261 m hoch in den Berkshire Downs erhebt, genießt man einen Panoramablick über das alte Herzland Englands und kann der Phantasie freien Lauf lassen. Uffington Castle wurde am prähistorischen Ridgeway-Pfad errichtet, und ein Spaziergang auf dem Weg führt zu Wayland's Smithy, einer jungsteinzeitlichen Grabkammer unter hohen Buchen. In Wantage, westlich davon, wurde König Alfred geboren, der das Weiße Pferd einer alten Überlieferung zufolge zum Gedenken an seinen großen Sieg über die Dänen 878 aus dem Kalkstein freilegen ließ.

Die meisten Archäologen glauben jedoch, das Bild sei lange vor der Geburt König Alfreds entstanden. Bisher war man überwiegend der Ansicht, daß es das Werk der Dobunni sei, eines Keltenstammes der Eisenzeit, der auch Uffington Castle erbaut hatte. Auf dem Gelände wurde nämlich eine ihrer Münzen entdeckt, auf keltischen Artefakten fanden sich stilisierte Pferde, der Gestalt von Uffington Castle nicht unähnlich, und in der keltischen Tradition wurde eine Pferdegöttin namens Epona verehrt.

Die neueste Datierung mit Hilfe einer Methode, die optisch stimulierte Lumineszenz genannt wird, verweist die Pferdegestalt jedoch in den Zeitraum zwischen 1400 und 600 v. Chr. und damit in die Bronzezeit.

Wie aber wurde das Muster angelegt? Zu den Rätseln des Weißen Pferdes gehört, daß die Figur zum Himmel gewandt ist. Den besten Blick darauf hat man aus der Luft. Vom Fuß des Hügels aus wirkt das Bild perspektivisch verzerrt, und beim Aufstieg an den grasbedeckten Hängen wird es gänzlich unkenntlich. Vom Boden aus bietet sich der beste Blick aus einigen Kilometern Entfernung. Stand der Künstler etwa dort und dirigierte die Steinmetzarbeit mit Hilfe einer Art von Nachrichtenübertragung?

Auch dies ist bis heute eines der Geheimnisse des White Horse Hill, der bereits im 14. Jahrhundert als eines der Wunder Britanniens Berühmtheit genoß. Im Volksglauben ist die Figur so stark verankert, daß sie fast als ein Totem der Vorfahren angesehen wird. Den englischen Schriftsteller Gilbert Keath Chesterton inspirierte sie zu den Zeilen: „Bevor die Götter, welche die Götter erschufen, den Aufgang der Sonne erlebten, wurde das Weiße Pferd im Tal des Weißen Pferdes aus dem Gras geschnitten."

Newgrange

Wälle, Menhire und Ganggräber findet man in auffälliger Dichte auf einem Hügel über dem Fluß Boyne, der im irischen Verwaltungsbezirk Meath rund 45 km nördlich von Dublin liegt. Zu der Bend-of-the-Boyne-Fundstätte, einem der größten prähistorischen Friedhöfe, gehören auch die Ganggräber von Knowth, Dowth und Newgrange.

Als eindrucksvollstes unter etwa 50000 über ganz Europa verstreuten Megalithgräbern hat Newgrange die Form eines großen, ovalen Hügels, der aus Lehmbrocken und Flußkieseln aufgeschichtet und von insgesamt 97 Randsteinen umgeben ist. Ein 18 m langer Gang führt in die kreuzförmige Grabkammer im Zentrum. Während viele prähistorische Gräber einfach mit einer Steinplatte abgedeckt wurden, die quer auf Steinpfeilern ruhte, besitzt das innere Heiligtum in Newgrange ein 6 m hohes Kraggewölbe, ein Dach, das von Hunderten perfekt ausbalancierter Steine gehalten wird, die auch ohne Mörtel festsitzen.

In ihrer Bauweise war die im 4. Jahrtausend v. Chr. errichtete Grabkammer in Newgrange auf ein Naturschauspiel abgestimmt, das sich jeweils am dunkelsten Tag des Jahres ereignete. Bei Tagesanbruch der Wintersonnenwende ließ die aufgehende Sonne durch eine über dem Eingang gelegene Öffnung einen Lichtstrahl in das Grab fallen. Der zunächst bleistiftdünne Strahl wurde breiter, tauchte das Grab in goldenes Licht und erhellte die reichverzierten Steine im Zentrum des inneren Heiligtums. Allmählich verschwand dann der Lichtstrahl wieder. Nach 15–20 Minuten war er erloschen.

Der Vorgang war ein einzigartiges Sinnbild für die Hoffnung der Menschen auf kommendes neues Leben und auf das Gedeihen des Viehs und der Feldfrüchte. Vielleicht sollte es auch die Verstorbenen ehren, deren eingeäscherte Gebeine einst die Kammer füllten. Waren es die sterblichen Überreste großer Häuptlinge oder hochgeachteter Stammesältester? Newgrange bewahrt seine Geheimnisse. Doch man kann mit Recht sagen, daß das Bauwerk für ein Volk, das nur über Kenntnisse in der Verarbeitung von Stein und Holz verfügte, eine technische Meisterleistung darstellt.

Viele Steine in Newgrange weisen Zickzackmuster, Spiralen und Kreise auf. Die Verzierungen haben möglicherweise symbolischen Gehalt, der sich auf astronomische oder magische Erscheinungen bezieht. Sicher hatte das Gebiet einst hohe rituelle Bedeutung, wie die große Zahl prähistorischer Grabstätten und Menhire verrät. Einem irischen Mythos zufolge war der Hügel die unterirdische Festung der „dreimal fünfzig Söhne von Königen", nach einem anderen die Wohnstatt des keltischen Gottes Dagda Mor. Es ist eine von uralten Rätseln geprägte Landschaft – ein Ort, der Träume heraufbeschwört.

Der Kuppelbau von Newgrange (links) birgt eine gewölbte Grabkammer, in die ein langer, ummauerter Gang führt (oben).

Die Nazca-Scharrbilder

Über die Wüstenlandschaft nahe Nazca in Südperu erstreckt sich das gigantische Bild einer 44 m langen Spinne. Auch Darstellungen von Affen, Eidechsen, Lamas, Walen, Schlangen, Kolibris und Kondoren sind dort zwischen geometrischen Mustern aus sich kreuzenden Linien, Zickzackmustern, Trapezen und Spiralen zu erkennen. Insgesamt ist das Gebiet, das von einem Netz aus Hunderten gerader Linien überzogen wird, etwa 500 km^2 groß und liegt zwischen den Anden und der Pazifikküste.

Wie diese Bilder zustande kamen, ist schnell erklärt. Die Schöpfer legten die Muster und Linien auf den Wüstenebenen an, indem sie die Deckschicht aus rötlichbraunem Geröll entfernten, unter welcher der hellere, sandige Untergrund zum Vorschein kam. Die langen, vollkommen geraden Linien konnten ohne große Mühe mit Hilfe von hölzernen Pfosten vermessen werden, zwischen denen man vermutlich Stricke spannte. Die Muster freilich sind so riesig, daß man sie nur aus der Luft richtig erkennen kann, und das hat zu den abenteuerlichsten Spekulationen geführt. So behauptete etwa der Schriftsteller Erich von Däniken in seinem Bestseller *Erinnerungen an die Zukunft* (1968), die Markierungen sähen aus wie Landebahnen für die Raumschiffe außerirdischer Besucher.

Skeptiker suchen nach einer plausibleren Erklärung. Wenngleich vieles an den Scharrbildern noch immer rätselhaft ist, kann man sie zumindest in einen historischen Zusammenhang bringen. Kaum ein Zweifel besteht daran, daß sie das Werk der Nazca-Indianer sind, deren Kultur von etwa 370 v. Chr. bis 450 n. Chr. ihre Blütezeit erlebte. An verschiedenen Grabstätten wurden größere Mengen ihrer Töpferwaren gefunden, deren Verzierungen eine auffallende Ähnlichkeit mit den Darstellungen in der Wüstenlandschaft aufweisen. Solche Tonscherben wurden auch auf der Pampa Colorado gefunden, einer 48 km langen Hochebene mit der größten Anzahl von Scharrbildern. Da dieses Gebiet für eine Besiedlung zu lebensfeindlich ist, sind die Bruchstücke wohl von Arbeitern zurückgelassen worden, welche die Muster angelegt haben, oder von Pilgern, die aus kultischen Gründen hierherkamen.

Vermutlich waren die Bilder den Göttern oder den Seelen der Vorfahren geweiht. Wären sie für Menschenaugen bestimmt gewesen, hätte man sie sicher so gestaltet, daß sie auch vom Boden aus erkennbar gewesen wären. Eine Theorie besagt, das Liniennetz stelle heilige, rituelle Pfade dar, doch gibt es keine überzeugenden Beweise dafür. Andere Forscher vermuten, die Linien seien auf bestimmte Sterne oder auf die Sonne ausgerichtet. Aber selbst Computeruntersuchungen geben keinen Aufschluß darüber, ob eine mehr als zufällige Beziehung zu den Himmelskörpern besteht.

Die Scharrbilder bleiben ein großes Rätsel, und auch die Urheber selbst haben keine Hinweise auf ihren Sinn hinterlassen. Die Nazca waren ein Bauernvolk, das keine

EIN BALLON DER VORZEIT?

Eine ganze Reihe uralter Symbole wie der Great Serpent Mound in Ohio gibt Anlaß zu Spekulationen, weil sie am besten aus der Luft zu sehen sind. Doch wie gelang es den Schöpfern, eine Position einzunehmen, von der aus sie Anweisungen für ihre Werke geben konnten?

Im Fall der Scharrbilder der Nazca in Peru wurde ernsthaft behauptet, daß die Bauleiter fliegen konnten. Um 1970 stellte der Amerikaner Bill Spohrer fest, daß einige der in Nazca-Gräbern erhaltenen Stoffe aus einem dichteren Gewebe bestanden als der heute für Fallschirme oder Heißluftballone verwendete Stoff. Auf Keramikwaren der Nazca fanden sich Objekte dargestellt, die man als Flugdrachen oder Ballone deuten konnte. Und schließlich wurden an den Endpunkten vieler der geraden Linien, die über die Ebenen von Nazca verliefen, runde „Feuergruben" mit geschwärzten Steinen entdeckt. Wurden dort einst Feuer für den Start von Heißluftfahrzeugen entzündet?

1975 startete Spohrers Freund Jim Woodman ein Luftschiff, das nur aus Materialien gebaut war, die auch den Nazca zur Verfügung standen. Mit einem Kopiloten saß er darunter in einer Gondel aus Schilf. Obwohl die Männer kurz nach dem Start abspringen mußten, blieb der Ballon 20 Minuten lang in der Luft. Theoretisch also war das Fliegen in vorgeschichtlicher Zeit möglich. Doch gibt es keine Belege dafür, daß dies wirklich geschah.

Mit dem Bau des Ballons Condor I *wollte man herausfinden, ob den Nazca das Fliegen möglich war.*

Erst aus der Vogelperspektive enthüllen sich die Zusammenhänge dieses komplizierten Musters in der Wüste von Nazca.

In den Rocky Mountains wurde im Jahr 1990 dieses Skelett eines Tyrannosaurus rex *entdeckt.*

Schrift kannte, und nur wenige größere Gebäude sind ihr Werk. Im Lauf der Zeit gingen sie in die Huari-Kultur über, die sich von einer weiter nördlich gelegenen Bergstadt ausbreitete. Ihren großen „Skizzenblock" in der Wüste überließen die Nazca-Zeichner den Elementen.

Hell Creek

Erinnerungen an urzeitliche Lebensformen werden in den Schluchten von Hell Creek im US-Bundesstaat Montana wach. In diesem rauhen Landstrich berichteten schon vor 100 Jahren Cowboys und Schafhirten von seltsamen Knochenfunden. Hier trifft man auf dicke graue Sedimentschichten, Ablagerungen von Flüssen aus vorgeschichtlicher Zeit. In diesen fossilienführenden Schichten haben sich die Überreste unzähliger Lebewesen erhalten, von Fischen, Fröschen und Eidechsen bis hin zu riesenhaften Dinosauriern. Das erste Skelett eines *Tyrannosaurus rex* wurde 1902 in Hell Creek gefunden, und seither lockt der Ort Fossiliensucher aus aller Welt an.

Was sie fasziniert, ist das Graben in Gesteinsschichten, die etwa 65 Mio. Jahre alt sind und aus jener Zeit stammen, als die Dinosaurier zusammen mit einigen anderen Tierarten von der Erde verschwanden. Dieser Zeitraum vom Ende der Kreidezeit bis zum Anfang des Tertiärs stellt die Nachwelt vor eines der größten Rätsel in der Geschichte unseres Planeten. Vor dieser von den Fossilien markierten Grenze gibt es eine Fülle von Dinosaurierüberresten, danach fast keine mehr.

Was verursachte das Massensterben? In den 80er Jahren glaubten einige Geologen, die Antwort gefunden zu haben. Sie stellten fest, daß Gesteine, die vor rund 65 Mio. Jahren entstanden waren, überall auf der Welt Iridium in hohen Konzentrationen enthielten. Dieses Element kommt in Meteoriten reichlich vor, und eine Theorie besagt, daß das Auftreffen eines gigantischen Meteoriten oder eines anderen Himmelskörpers auf die Erde einst eine weltweite Katastrophe auslöste. Mit Staubwolken, welche die Sonne verdüsterten und eisige Temperaturen sowie das Absterben der Vegetation zur Folge hatten, glich sie dem gefürchteten „nuklearen Winter". Selbst wenn der Aufschlag nicht unmittelbar die Katastrophe verursacht hatte, riß er womöglich die Erdkruste auf und löste so verheerende Vulkanausbrüche mit vergleichbaren Auswirkungen aus, denn Iridium kommt auch im Erdkern vor und kann durch Vulkane freigesetzt werden.

Inzwischen ist sich die Fachwelt einig, daß damals ein Himmelskörper auf der Erde aufschlug. Doch war er wirklich für das Sterben der Dinosaurier verantwortlich? Die Flußbettschichten in Hell Creek lassen diesen Schluß nicht zu. Bei ihrer Untersuchung haben Experten erwartungsgemäß eine Iridiumschicht entdeckt. Zugleich haben sie jedoch Anhaltspunkte dafür gefunden, daß das Aussterben der Dinosaurier bereits eingesetzt hatte, bevor diese Schicht entstand.

Einer ungewöhnlichen Technik bediente sich der Forscher J. K. Rigby, um den Niedergang der Dinosaurier nachzuvollziehen: Er zählte die fossilen Dinosaurierzähne je Tonne Gestein und entdeckte, daß lange vor dem Ende der Kreidezeit etwa 200 Zähne pro Tonne vorkamen. Dann gingen die Zahlen dramatisch zurück, und in der Zeit unmittelbar vor dem Einschlag waren es nur noch 30–35 Zähne pro Tonne. Folglich hatte sich die Zahl der Dinosaurier bereits vor der Explosion verringert. Andererseits enthielt Gestein, das nach der Kreidezeit entstand, noch immer 18 Dinosaurierzähne je Tonne. Diese Ergebnisse zeigen also, daß einige Arten die Katastrophe überlebt hatten.

Die Forscher glauben heute, daß die Blütezeit der Dinosaurier vor etwa 100 Mio. Jahren lag. Der Niedergang setzte wohl ein, als sinkende Temperaturen und andere Umwelteinflüsse ihren Lebensraum vor allem hinsichtlich des Nahrungsangebotes veränderten. Der Einschlag hat ihre Situation gewiß in keiner Weise gebessert, aber ein entscheidender Faktor für ihr Verschwinden war er offenbar nicht.

Das Medizinrad von Bighorn

Die Nomadenstämme der Great Plains in Nordamerika lebten auf ständiger Wanderschaft und waren mit wenig Ausrüstung unterwegs, wenn sie den Büffelherden nachzogen. Bis auf ringförmige Vertiefungen, die

Hoch über den Great Plains formen Steinbrocken ein riesiges Rad.

ihr Zelt, das Tipi, hinterließ, blieb kaum ein Beweis für ihre Durchreise zurück. Doch zwischen Wyoming und Alberta stößt man immer wieder auf rätselhafte Steinkreise, die für die Indianer offenbar rituelle Bedeutung hatten. Über 80 „Medizinräder" hat man in Nordamerika gefunden, das größte davon auf einer Höhe von 3000 m in den Bighorn Mountains von Wyoming. Es ist ein atemberaubender Ort mit einer weiten Sicht bis in die Prärie. Die Medizinmänner der Indianerstämme müssen sich dort dem Himmel sehr nahe gefühlt und die ehrfurchtgebietende Macht des großen Manitu deutlich gespürt haben. Das als Nationaldenkmal geschützte Medizinrad von Bighorn wird noch heute von den einheimischen Arapaho verehrt.

Angelegt ist es als ein Kreis aus Steinbrocken mit einem Steinhaufen als Nabe. Es ähnelt einem Rad mit 28 Speichen, hat einen Durchmesser von 24 m und ist von sechs Steinhaufen umgeben. Welchen Zweck mag es gehabt haben? Die Archäologen halten das Rad für ein Symbol der Sonne. Eine Linie weist einen Bezug zur Sommersonnenwende auf: Sie markiert am Horizont genau die Stelle, wo am längsten Tag des Jahres die Sonne aufgeht. Dieser Tag galt in zahlreichen alten Gesellschaften, in denen sich die Zeiten für Saat und Ernte nach dem Rhythmus der jahreszeitlichen Veränderungen richteten, als wichtiges Ereignis im Ablauf des Kalenderjahres.

Forscher haben festgestellt, daß die Art ihrer Anlage den Sonnentanzhütten der Plains-Indianer ähnelt: Das sind offene Bauwerke aus Holzpfosten, deren Eingang oft der aufgehenden Sonne zugewandt war. Zur Sommersonnenwende wurde im Inneren ein ritueller Tanz aufgeführt, und zweifelsohne wurden auch im Medizinrad Riten vollzogen, die mit der Sonne zu tun hatten.

Das Rad besaß noch eine weitere kosmologische Bedeutung, denn es enthält Linien, die auf jene Punkte am Firmament hindeuten, an denen die drei hellen Sterne Aldebaran, Rigel und Sirius aufgehen. Offenbar handelte es sich also um ein recht kompliziertes Observatorium. Dies läßt den Schluß zu, daß die Plains-Indianer mehr über den Himmel wußten, als gemeinhin angenommen wird. Doch auf welche Weise das Medizinrad verwendet wurde, welche Bedeutung man den Ereignissen am Himmel beimaß und welche Zeremonien dort stattfanden, bleibt unbekannt. Auch eine genaue Datierung des Monumentes ist bislang nicht möglich. Die Stammesältesten der Gegend glauben, daß sich an dem Ort Geister aufhalten, die man nicht stören sollte. Das Medizinrad, hoch oben auf seinem windumtosten Gipfel, bleibt ein Symbol für die vielen Geheimnisse der Welt.

Das Tollundmoor

Von Zeit zu Zeit stoßen die Torfstecher im Nordwesten Europas auf Leichen, die in Mooren die Jahrhunderte überdauert haben. Auf diese Weise sind in Großbritannien, Irland, Deutschland, Holland sowie in Dänemark mehrere hundert Tote zum Vorschein gekommen. Meist waren es gruselige Überreste von Menschen, deformiert von einer sich zersetzenden Pflanzenschicht, die

Die friedliche Miene der Leiche aus der Eisenzeit, die Torfstecher aus dem Tollundmoor geborgen hatten, läßt kaum vermuten, daß der Mann erdrosselt worden war.

auf ihnen lastete. In manchen Fällen waren die Knochen entkalkt, erhalten blieben nur die verschrumpelte Haut und die Organe. Andere wieder waren ungewöhnlich gut konserviert, Kälte, mangelnde Luftzufuhr und die Säure im Moorwasser hatten das Wirken von Mikroorganismen verhindert. Die Verwesung war aufgehalten worden – die Gesichter und das Gewebe waren so wirkungsvoll einbalsamiert, daß man die Leichen bisweilen fälschlich für Mordopfer aus jüngerer Zeit hielt. Viele der Leichen stammen aus der Eisenzeit, und bei überraschend vielen finden sich Hinweise auf einen gewaltsamen Tod. Den Opfern waren die Kehlen durchgeschnitten worden, oder man hatte sie erschlagen, enthauptet, erhängt oder erdrosselt.

In Dänemark wurde eine beachtliche Anzahl derartiger Funde gemacht, vor allem in Nord- und Mitteljütland. Auf den berühmtesten Fund stieß man 1950 im Tollundmoor. Dort wurde die Leiche eines auf der rechten Seite liegenden Mannes gefunden, der bis auf einen Gürtel und eine Haube aus Schafleder nackt war. Seine rund 2000 Jahre alten Gesichtszüge waren erstaunlich gut erhalten. „Auf dem Gesicht", schrieb der dänische Forscher Peter V. Glob, „lag ein sanfter Ausdruck – die Lippen waren leicht geschürzt, wie in stillem Gebet." Dies war verwunderlich angesichts der Tatsache, daß der Mann einen geflochtenen Lederstrick um den Hals trug, der bezeugte, daß man ihn erdrosselt hatte. Im selben Gebiet fand man noch weitere Opfer beiderlei Geschlechts. Offenbar handelte es sich um eine Hinrichtungsstätte der Eisenzeit.

Manche der Opfer waren vermutlich Verbrecher, andere Funde aber weisen auf rituelle Elemente hin. Viele Leichen waren teilweise entkleidet wie der Mann von Tollund oder auch ganz nackt. Andere wurden von Pfählen im Moor festgehalten. Professor Glob und andere vermuten, daß es sich bei den Opfern um Menschen handelte, die bei Winterritualen der Fruchtbarkeitsgöttin geopfert wurden. Dadurch sollte das Nahen des Frühlings beschleunigt werden. Die Untersuchung des Mageninhaltes des Mannes von Tollund ergab, daß er kurz vor seinem Tod eine Grütze aus Gerste, Leinsamen und Sauerampfer zu sich genommen hatte. Daß Sommer- und Herbstfrüchte fehlten, ließ auf einen Tod im Winter oder im zeitigen Frühjahr schließen.

Der römische Geschichtsschreiber Tacitus schilderte in der Zeit um 100, daß nordeuropäische Völker den Göttern Menschenopfer darbrachten. Doch er schrieb auch: „Verräter und Deserteure werden an Bäumen aufgehängt; Feiglinge, Drückeberger und Sodomiten werden dagegen unter einem Gitter aus Flechtwerk in den schleimigen Schlamm eines Moores gedrückt."

Die Höhlendecken in Lascaux enthüllen dem Betrachter prachtvolle Abbildungen steinzeitlicher Tiere.

War der Mann von Tollund das Opfer eines Fruchtbarkeitsrituals oder einer Hinrichtung als Verbrecher? Die Hinweise aus dem gespenstischen Moor sind nicht überzeugend; der Gesichtsausdruck des Mannes jedenfalls ist heiter und verschwiegen.

Lascaux

Im Jahr 1940 zwängten sich vier Jungen, die in Lascaux im südfranzösischen Departement Dordogne eine Höhle entdeckt hatten, durch einen engen Schacht und purzelten zu ihrem Erstaunen in eine bemalte Galerie. An den Wänden und Decken traten ihnen prachtvolle Abbildungen von Urrindern, Wildpferden, Wisenten, Steinböcken, Wildkatzen und Hirschen entgegen. Seither beeindruckten nicht nur die Vielzahl und die lebendige Farbigkeit der Szenen die Besucher, sondern auch das Gespür für Bewegung, das darin zum Ausdruck kommt.

Die Höhle von Lascaux, deren Felsmalereien vor mehr als 15 000 Jahren entstanden sind, erlangte als das weltweit großartigste Beispiel vorgeschichtlicher Kunst rasch Berühmtheit. Weil die Felsmalereien durch die veränderte Luftfeuchtigkeit infolge der Besucherströme litten, wurde die Höhle 1965 vorläufig geschlossen. Heute wird Lascaux mit außergewöhnlicher Sorgfalt geschützt: Höchstens fünf Besuchern am Tag öffnet die Höhle ihre Pforten. Instrumente überwachen ständig Temperatur und Feuchtigkeit, und der Zutritt erfolgt nun durch eine ganze Reihe von Luftschleusen.

Doch einzigartig ist die Höhle nicht. Im Südwesten Frankreichs und im Nordwesten Spaniens findet man mehr als 100 Höhlen mit Felsbildern, die das Leben und das Denken der Menschen der Altsteinzeit veranschaulichen. Es ist eine Kalksteinlandschaft voller Grotten und Vorsprünge, die unseren Vorfahren im Verlauf von vielen tausend Jahren natürlichen Unterschlupf boten. Das Klima war damals kälter als heute, und die Menschen verwendeten Waffen aus Feuerstein, Geweihen und Knochen zum Töten von Rentieren, Mammuts und Wollnashörnern. Auf vielen Bildern sind Details der Tiere auffallend genau dargestellt und zeugen so von der geduldigen Beobachtung durch den Maler. Im Gegensatz dazu ähneln menschliche Gestalten Strichmännchen.

Über die Entstehung der Höhlenmalereien von Lascaux ist inzwischen vieles bekannt. Die Künstler arbeiteten im Licht von Lampen aus ausgehöhltem Stein mit Moosdochten, die in Tierfett schwammen. Zum Auftragen der Farbe benutzten sie Federn oder eine Art Pinsel aus Zweigen und Tierhaaren, die Farben wurden aus natürlichen Pigmenten wie Eisenoxid sowie rotem und gelbem Ocker gemischt. Holzkohle lieferte die schwarze Farbe. Die Mineralien zerrieben die Künstler mit Mörser und Stößel und mischten sie auf Steinpaletten. Die Farbe versetzten sie anscheinend mit Fett, um sie wasserfest zu machen. In Lascaux gibt es außerdem Hinweise darauf, daß zum Bemalen der Decke Gerüste eingesetzt wurden.

Was war der Zweck der Bilder? Man vermutet, daß die Malereien eine Art magische Bedeutung für das Jagdritual besaßen. Die Höhlenbewohner glaubten wohl, die Tierdarstellungen würden ihren Jagderfolg sicherstellen. Die bedeutsamste Rolle scheint in den Bildern dem Vorgang des Tötens zuzukommen. Die abgebildeten Tiere sind im wesentlichen die Steppentiere, auf welche die Steinzeitmenschen zur Nahrungsgewinnung angewiesen waren, und viele Bilder zeigen entweder verwundete Tiere oder solche, die in Fallen stürzen. Eine Szene in Lascaux stellt eine Herde von Pferden dar, die über einen Felsvorsprung getrieben wird – eine gängige Methode zum Erlegen dieser bevorzugten Beute. Es ist durchaus denkbar, daß Lascaux und andere Höhlen Initiationsritualen dienten, mit denen junge Stammesmitglieder in die Geheimnisse der Jagd eingeweiht wurden. Welche genaue Funktion die Bilder auch haben mochten, nur zum Ausschmücken der Höhlen malten die Künstler sie sicher nicht. Dieser Ort war vielmehr ein Schauplatz steinzeitlicher Magie – eine der Jagdbeute geweihte Kathedrale.

Ein unbekanntes altes Volk verwandte offenbar große Sorgfalt auf den Bau des Pulemelei Mound in Samoa – trotzdem ist kein Zeugnis über den Zweck der künstlichen Hügel erhalten.

Pulemelei Mound

Auf den Inseln von Westsamoa, die Teil einer Vulkankette im Südpazifik sind, findet man mehrere eigenartige Plattformen mit Steinvorsprüngen, die strahlenförmig vom Sockel ausgehen. Die Archäologen, die sich über den Sinn der künstlichen Hügel keineswegs im klaren sind, haben ihnen die Bezeichnung „Sternhügel“ gegeben.

Die Bewohner von Westsamoa sind Polynesier, deren seefahrende Urahnen gegen 1500 v. Chr. die Inseln von Asien aus besiedelt haben sollen. Einer samoanischen Sage zufolge ist das Land die „Wiege Polynesiens“, die der große Gott Tagaloa am Tag der Schöpfung geschaffen hat. Doch trotz einer reichen Kultur, die auf jahrhundertealten Bräuchen beruht, findet sich in samoanischen Überlieferungen keine Erklärung für die Hügel. Grabstätten gibt es dort nicht. Zwar vermuten Forscher, daß sie religiösen Riten dienten, doch liegen keine Belege zur Untermauerung dieser Hypothese vor. Weit verbreitet ist dagegen die Erklärung, daß die Hügel als Plattformen für den Sport des Taubenfangens gebaut wurden.

Auf Savai'i, einer der beiden Hauptinseln Westsamoas, steht das interessanteste dieser Monumente. Unweit der malerischen Olemoe-Fälle, allerdings halb verborgen hinter

Sowjetische Forscher fanden Spuren radioaktiver Strahlung im Boden der Tunguska.

Urwaldbäumen, erhebt sich der Pulemelei Mound, das größte antike Bauwerk im gesamten Pazifikraum. Stattliche 61 mal 50 m mißt die zweistufige Pyramide an ihrer Basis; Seitenrampen führen zu einer 12 m hohen Terrasse, wo man Vertiefungen für Pfosten sowie Steinhaufen gefunden hat. Die Kanten der Pyramiden folgen den Himmelsrichtungen. Ein steinerner Fußpfad führt nach Norden zu einer kleineren Plattform, wo noch weitere Hügel und Plattformen in andere Richtungen weisen. In der samoanischen Überlieferung werden die Hügel nicht erwähnt, und auch die Gelehrten sind mit Mutmaßungen über ihren Zweck sehr zurückhaltend.

Die Tunguska

Am 30. Juni 1908, kurz nach 7.15 Uhr Ortszeit, erschütterte eine gewaltige Explosion das Mittelsibirische Bergland. Die sengende Hitze verwüstete ein Gebiet von der Größe St. Petersburgs und ließ den Himmel unheimlich hell aufleuchten. Durch den Einschlag gelangte Staub in der Atmosphäre in so große Höhen, daß die Schicht noch lange nach Sonnenuntergang von der Sonne beschienen wurde. So herrschte in dieser einen Nacht Tageshelle, und noch in 6440 km Entfernung konnte man daher in England zu nächtlicher Stunde Cricket spielen und die Zeitung lesen.

In der Nähe des Epizentrums, des Mittelpunktes der Explosion, wurden im Tal der Tunguska die Wälder verwüstet, Rentierherden verbrannten, und im Umkreis von ein paar hundert Kilometern erhoben sich gewaltige Windböen. Zeitungen berichteten, daß Bauern einen Feuerball gesehen hätten, der heller gewesen sei als die Sonne. Er habe eine riesige schwarze Rauchwolke hinter sich hergezogen, außerdem sei ein mächtiger Knall zu hören gewesen.

Eine Irkutsker Zeitung schilderte, wie damals 320 km vom Schauplatz der Explosion entfernt Dorfbewohner in Panik auf die Straße liefen. „Die alten Frauen weinten, und alle dachten, das Ende der Welt sei gekommen." In der Nähe der Stadt Tunguska fühlte ein Bauer, der auf seiner Veranda stand, wie ihm das Hemd durch den plötzlichen Lichtblitz förmlich vom Leib gebrannt wurde. „Später wurde es dunkel, und gleichzeitig spürte ich eine Explosion, durch die ich ein Stück von der Veranda weggeschleudert wurde. Ich war ein paar Augenblicke bewußtlos, und als ich wieder zu mir kam, hörte ich einen Knall, der das ganze Haus erschütterte und es fast von seinen Fundamenten riß."

Was war geschehen? Die Region, in der sich die Katastrophe ereignete, gehört zu den unzugänglichsten Gebieten der Erde. Erst 1927 gelang es einer Expedition unter Leitung des sowjetischen Mineralogen Leonid Kulik, den Ort der Explosion zu untersuchen. Die Forschergruppe stellte fest, daß die Wälder im Umkreis von 65 km um das Zentrum der Zerstörung niedergewalzt waren, und Hinweise auf Erdbeben fanden sich noch in etwa 110 km Entfernung. Kulik hatte erwartet, einen Meteoriten zu finden; es gab jedoch keinen Krater, wie ihn normalerweise ein Meteoriteneinschlag hinterläßt. Der Boden wies hier und da Vertiefungen auf, genau im Epizentrum fand man jedoch einen gefrorenen Sumpf und eine Baumgruppe, die unversehrt geblieben waren. Was auch immer die Explosion verursacht hatte, es war nicht bis in den Boden gelangt.

1930 äußerte ein englischer Meteorologe die Vermutung, ein kleiner Komet sei in die Erdatmosphäre eingetreten und in der Luft zerborsten. Doch niemand hatte vor dem plötzlichen Auftreten des Feuerballes einen Kometen am Himmel gesehen. Noch abenteuerlicher klang jener Erklärungsversuch, nach dem sich die Explosion von Tunguska

SONARBILDER – AKUSTISCHE PEILUNG

Die Erforschung von Geheimnissen des Meeresbodens wurde in den letzten Jahren durch den Einsatz immer höher entwickelter Sonarsysteme revolutioniert. Der deutsche Techniker A. Behm erfand 1913 das Echolotgerät, mit dem man senkrechte Schallwellen auf den Meeresboden aussenden konnte. Durch das Messen der Zeit bis zum Eintreffen des Echos ließ sich die Wassertiefe ermitteln. Auf dem gleichen Prinzip beruht das Sonar *(Sound Navigation and Ranging)*. Ein modernes Sonargerät sendet einen elektronisch erzeugten Ultraschallimpuls aus, der selbst Störungen korrigiert, etwa wenn ein Signal von Ozeanströmungen verzerrt oder von Wasserschichten mit unterschiedlichem Salzgehalt oder unterschiedlicher Temperatur verdeckt wird. Im Gegensatz zu einem einfachen Echopeilgerät senden die modernsten Systeme Impulse aus, die sich fächerförmig über eine Fläche von 60 km ausbreiten können. Die Echos erzeugen ein akustisches Bild, das einer Fotografie des Meeresbodens ähnlich ist.

Seit 1960 wurden mit Hilfe des Sonars viele Rätsel der Tiefe gelöst. So konnte man die Wracks der *Titanic* und der *Lusitania* sowie Galleonen der spanischen Armada und Schatzschiffe orten. 1981 wurden Goldbarren im Wert von annähernd 100 Mio. DM aus dem Wrack des englischen Schiffes *Edinburgh* aus dem Zweiten Weltkrieg geborgen, das man vor der Küste der Sowjetunion nahe Murmansk entdeckt hatte. 1985 holte der amerikanische Schatzsucher Mel Fisher einen Schatz von Silberbarren und -münzen im Wert von rund 300 Mio. DM aus dem Wrack der *Atocha.* Und 1993 hat man angeblich 3 Mio. Münzen und 2000 t Silberbarren aus dem amerikanischen Militärfrachter *John Barry* geborgen, der 1944 200 km vor der Küste Saudi-Arabiens von einem deutschen U-Boot versenkt worden war. Die Silberbarren waren eine Kriegsanleihe der Briten von den USA, die Münzen ein Geschenk für die saudische Regierung. Den Gesamtwert des Fundes schätzte man auf 440 Mio. DM.

Mit Hilfe des Sonars konnte man auch eine Kartierung des Meeresbodens mit seinen phantastischen Landschaften aus Bergrücken, Cañons, Gräben und Kratern vornehmen. Den Anhängern von Mythen und Legenden jedoch blieben Enttäuschungen nicht erspart: Eindeutige Hinweise auf die untergegangenen Kontinente Atlantis oder Lemuria waren nicht aufzufinden.

Mit Hilfe eines Sonars kann man gesunkene Schiffe orten.

infolge einer Atomexplosion an Bord eines außerirdischen Raumschiffes ereignet habe – eine Mutmaßung, die allerdings mehr auf Phantasie als auf Forschung beruht.

Die meisten Wissenschaftler halten die Kometentheorie für die wahrscheinlichste Erklärung. Obwohl an der Explosionsstelle nichts gefunden wurde, was einem Meteoriten ähnlich sah, haben Forscher Spuren kosmischen Staubes entdeckt, welche die verdampften Überreste eines Kometenkopfes sein könnten. Dessen Näherkommen blieb vermutlich unbemerkt, weil er aus der Richtung der aufgehenden Sonne heranschoß und daher schwer zu entdecken war.

Könnte sich eine ähnliche Explosion morgen erneut ereignen, vielleicht sogar über einer großen Stadt? Von der Hand weisen läßt sich diese Möglichkeit nicht, und der Gedanke daran stimmt unbehaglich. Tröstlich aber sind wissenschaftliche Berechnungen, nach denen die Kollision eines Kometen mit der Erde nur einmal in 40 Mio. Jahren auftritt.

1985 spürte eine Suchmannschaft in der Tiefe des Atlantiks das Wrack der Titanic *auf. Mit einer ferngesteuerten Kamera entstanden diese großartigen Aufnahmen von der bewachsenen Brüstung und dem unversehrten Porzellangeschirr.*

Das Wrack der *Titanic*

Von Robert Ballard, dem Leiter jener französisch-amerikanischen Expedition, die das Wrack der *Titanic* im Atlantischen Ozean ausfindig machte, stammen die Worte: „Da war ich nun auf dem Grund des Ozeans und blickte auf erkennbare, von Menschenhand gefertigte Gegenstände, die für eine andere Welt gestaltet und gebaut waren. Ich blickte durch Fenster, aus denen einst Menschen geschaut hatten, auf Decks, wo sie einst umherspaziert waren, in Räume, in denen sie geschlafen, gescherzt und geliebt hatten. Es war wie eine Landung auf dem Mars, wo man die Überreste einer uralten, uns ähnlichen Kultur vorfindet."

Die Geschichte vom Untergang des gigantischen Schnelldampfers ist fast schon zum Volksgut geworden. Die *Titanic*, der Stolz der White-Star-Flotte, war das größte und luxuriöseste Schiff, das man je gebaut hatte. Schwimmbad, Tennisplatz und Gymnastikraum gehörten ebenso zum Komfort des berühmten Luxusdampfers wie zwei Palmenterrassen, wo Orchester zwischen exotischen Pflanzen spielten.

Was nun die Sicherheit betraf, so glaubte man, der mit 16 wasserdichten Schotten unterteilte, dicke Stahlrumpf mache das Linienschiff unsinkbar. Dennoch sank es auf seiner Jungfernfahrt in den Morgenstunden des 15. April 1912. Etwa 720 km südlich von Neufundland stieß das Schiff mit einem Eisberg zusammen und ging mit 1503 Menschen an Bord unter.

Die Idee, das Wrack in den Weiten des Nordatlantiks zu suchen, schien lange Zeit ein allzu abenteuerliches Unterfangen. Und doch wurde die Meisterleistung von Ballard und seiner Mannschaft am 1. September 1985 vollbracht, als sie mit Hilfe modernster technischer Unterwassersuchgeräte den verrosteten Schiffsrumpf in 3600 m Tiefe auf dem Meeresgrund entdeckten. Mit einem Tiefsee-Sonargerät hatten die Wissenschaftler den exakten Standort des Wracks aufgespürt, und später machten sie mit einem Roboter von dem Tauchboot *Alvin* aus Nahaufnahmen. Das Boot legte am Bug und auf der Brücke an, während die Roboterkamera *Jason Junior* den Treppenaufgang und die Passagierkabinen erkundete. Die erstaunlichen Bilder aus der undurchdringlichen Tiefe des Atlantiks gingen um die ganze Welt. Endlich konnte man einen Blick auf das erlesene Silberbesteck werfen und auf den Kronleuchter, der noch immer an der Decke des Speisesaals hing.

Bis heute ruht die *Titanic* auf dem Meeresgrund. Die Rückseite ist mittschiffs gebrochen, der Rumpf zweigeteilt. Der Fundort des Wracks ähnelt einer geheimnisvollen Geisterstadt im Meer, beseelt von den Schatten der Männer, Frauen und Kinder, deren Schicksal besiegelt war, als sie 1912 an Bord des stählernen Kolosses gingen.

Altamira

„Sieh mal, Papa, da sind Stiere aufgemalt!" rief die Tochter des Antiquitätenhändlers Marcelino Sanz de Sautuola. Das war im Jahr 1879, als die beiden eine Höhle in Altamira, etwa 27 km südwestlich von Santander in Nordspanien, besichtigten. Ein Einheimischer hatte die Höhle zehn Jahre zuvor entdeckt. Doch erst die Tochter des Antiquitätenhändlers, die gelangweilt ihre Laterne hin- und hergeschwenkt hatte, bemerkte die alten Felsmalereien. Ein prachtvoller Zug von Wisenten fällt besonders ins Auge, der in lebhaften Rottönen geradezu impressionistisch dargestellt ist. Mitunter nutzte der Künstler Erhebungen in der Felsoberfläche, um seine Werke plastischer zu gestalten.

In anderen Höhlen bei Altamira fand man weitere Bilder von einer Pracht und Lebendigkeit, daß viele sie als Fälschungen abtaten. 1902 jedoch erkannte der große französische Archäologe Henri Breuil ihre Echtheit an, und bald darauf wurden Dutzende ähnlicher Höhlen entdeckt. Doch Altamira bleibt die spektakulärste dieser Höhlen, und außer den Meisterwerken von Lascaux kommt keine andere ihr an Pracht gleich.

Die Bilder stammen aus der Zeit um 12 000 v. Chr. Es sind 150 Tierdarstellungen,

Ein prächtiger Rothirsch gehört zu den eindrucksvollen Tierbildern, welche die vorgeschichtlichen Höhlen von Altamira in Spanien schmücken.

darunter solche von Stieren und Wildschweinen. Der Wisent jedoch ist das Hauptmotiv – mit ockerroter Farbe gemalt, während Mähne, Schwanz und Hufe mit schwarzer Manganerde gezeichnet sind. Man vermutet, daß die Malereien wie diejenigen von Lascaux Zeugnisse eines Jagdzaubers sind. Doch der sexuelle Symbolgehalt mancher Bilder deutet nach Ansicht einiger Forscher darauf hin, daß die Höhle als Heiligtum für Fruchtbarkeitsriten diente.

Ihr genauer Zweck läßt sich wohl kaum noch ergründen, und auch die herrliche Frische der Malereien ist wahrscheinlich nie wieder ganz zu rekonstruieren. Seit ihrer Entdekkung waren die Wandmalereien ähnlich wie in Lascaux durch die hohe Luftfeuchtigkeit gefährdet, die Tausende von Besuchern mit ihrer Atemluft verursacht haben. Altamira wurde daher 1977 geschlossen, 1982 aber für eine begrenzte Zahl von Besuchern am Tag wieder geöffnet.

Talati de Dalt

Die Balearen vor der Ostküste Spaniens sind heute vor allem wegen ihrer weiten Touristenstrände bekannt. In römischer Zeit jedoch kannte man sie als die Heimat von Söldnern, die als „Steinschleuderer" oder „Balearii" – daher der Name der Inseln – berühmt waren. In noch früherer Zeit waren die Inseln von Menschen besiedelt, die zahlreiche megalithische Überreste zurückließen, und die mächtigste dieser Anlagen befindet sich in Talati de Dalt auf Menorca.

Dort liegen auf einem mit Olivenbäumen bewachsenen Hügel die Überreste einer Siedlung, die wohl von der Turm-Kultur, einem Volk von Seefahrern, erbaut worden war. Die geheimnisvollen Eindringlinge, auf die vermutlich auch die Monumente in Filitosa zurückgehen, waren gegen 1500 v. Chr. nach Menorca gekommen. In Talati de Dalt hatten sie eine Anlage aus fünf Türmen, einigen Steinkreisen, unterirdischen Kammern und Rundhäusern mit überdachten Säulenhöfen errichtet.

Die kegelförmigen Ruinen des Hauptturmes stehen auf der Hügelkuppe, und man kann sich die Anlage gut als Wachturm und Zufluchtsort für die Bewohner vorstellen.

Menhire

Der größte erhaltene Menhir (oder aufrecht stehende Stein) aus dem prähistorischen Europa ist der 385 t schwere Grand Menhir Brisé von Locmariaquer in der Bretagne. Ursprünglich war dieser Stein mehr als 20 m hoch, doch inzwischen ist er in vier Teile auseinandergebrochen. Vielleicht fiel er einem Erdbeben oder einem Blitzschlag zum Opfer, vielleicht stürzte er aber auch bereits auf den Boden, als seine Erbauer ihn aufzurichten versuchten. Der größte Menhir, der heute noch steht, befindet sich ebenfalls in der Bretagne, und zwar in Kerloas. Seine Höhe beträgt jedoch nur 12 m.

Andere Überreste sind schwieriger zu deuten: Ein durchbohrter Menhir erhebt sich am südlichen Rand des Geländes, an anderer Stelle ergeben die in Form eines Bootes angeordneten Steine ein seltsames Muster.

Am verwirrendsten ist ein großer, T-förmiger Megalith, ein sogenannter Taula (katalanisch für „Tisch"). Der Taula, ein riesiger aufrecht stehender Stein, auf dem waagrecht ein kleinerer Stein liegt, war für die Turm-Kultur typisch und stellte den Mittelpunkt der rituellen Heiligtümer dar. Es gibt keinen Hinweis darauf, daß er einem astronomischen Zweck diente. Andererseits ist der Deckstein viel zu hoch, um ihn als Opferaltar geeignet erscheinen zu lassen.

An den Deckstein des T-förmigen Megalithen in Talati de Dalt ist eine Steinplatte gelehnt, deren Funktion nicht geklärt werden konnte.

Da man an verschiedenen Orten Bronzestiere fand, stellten einige Wissenschaftler Mutmaßungen über einen Stierkult in der Turm-Kultur an: Die T-Form könnte die stilisierte Darstellung eines gehörnten Stierkopfes sein. Das Exemplar in Talati aber weist einen zusätzlichen diagonalen Stein auf, der gegen das eine Ende des Decksteines gelehnt ist und so die schlichte T-Form aus einem unerklärlichen Grund verändert; als Stütze dient der zusätzliche Stein nicht. Das Heiligtum in Talati, eine feierliche, fast überwältigende Erscheinung inmitten uralter Bäume, stellt hohe Anforderungen an die Vorstellungskraft der Gelehrten.

Tassili n' Ajjer

Mitten in der Sahara, der größten Wüste der Welt, herrscht eine unmenschliche Hitze. Im ausgedehnten Sandsteinmassiv des Tassili-Berglandes in Algerien können die Temperaturen auf 70 °C ansteigen. Die Erosion hat eine Landschaft geprägt, aus der von Wind- und Sandschliff geformte, säulenartige Felsblöcke emporragen und sich wie Türme oder Schlote zum Himmel erheben. Es ist kaum vorstellbar, daß dieser ausgedörrte Landstrich einst üppig grün war. Genau dies aber geht aus einer Untersuchung des Weltklimas hervor. Aussagekräftige Beweise hierzu liefert auch das reiche Erbe an vorgeschichtlichen Kunstwerken, das man in diesen Bergen gefunden hat.

Tausende uralter Malereien und Gravierungen schmücken Klippen und Höhlen. Die Darstellungen, die der Franzose Henri Lhote in den 50er Jahren der staunenden Fachwelt enthüllte, zeigen Dunkelhäutige auf der Jagd nach wilden Schafen, Elefanten, Büffeln und Flußpferden. Auch ein paar riesenhafte, rundköpfige Wesen sind zu sehen, die man als Götter oder Wesen aus der Mythologie gedeutet hat. Einen Meinungsstreit entfachte 1961 der sowjetische Physiker Agrest. Er äußerte die Vermutung, bei den Abgebildeten handle es sich um Besucher aus dem Weltraum, Außerirdische, die die Entwicklung der Zivilisation in Ägypten und Kleinasien ausgelöst hätten.

Die Jagdszenen stammen wohl aus der Zeit von 6000–4000 v. Chr. Das war viele Jahrhunderte, bevor die Ägypter ihre Wandmalereien mit ähnlichen Themen schufen. Bilder einer späteren Phase zeigen gewaltige Rinderherden, welche gehütet werden, während Frauen und Kinder neben den Hütten arbeiten. Sie weisen auf den Übergang zum Hirtenleben hin. In den jüngsten Malereien sind Soldaten mit Rüstung und Streitwagen abgebildet. Bei diesen könnte es sich um Ägypter, um ihre Hilfstruppen oder um Feinde handeln. Trieben sie Handel mit den Viehhirten, oder eroberten sie die Gegend? Genaues ist bis heute nicht bekannt.

Fest steht dagegen, daß die Sahara etwa ab 4000 v. Chr. durch eine allmählich einsetzende Trockenperiode nach und nach austrocknete, bis sie zur Zeit der Römer den heutigen Zustand erreichte.

Welches Geschick auch immer die Künstler erlitten, die Wüste holte sich ihr Massiv zurück – an den Felsen der Tassili-Berge wurden keine weiteren Bilder geschaffen.

Die vorgeschichtlichen Malereien in Tassili n' Ajjer beweisen, daß es in der Sahara einst von Leben wimmelte. Die Felsritzzeichnung (oben) zeigt einen kunstvoll geschmückten Rinderkopf.

2 Heilige Stätten

Phantastische Steinreliefs zieren die Tempelwände von Angkor in Kambodscha.

Am 6. Februar 1989 versammelten sich etwa 15 Millionen Menschen in der indischen Stadt Allahabad, um an einem religiösen Fest der Hindus teilzunehmen. Es war vermutlich die größte Menschenmenge, die je aus einem gemeinsamen Grund zusammengeströmt ist, und zugleich ein Beweis, daß die Religion bis in unsere Tage zu den stärksten Kräften im menschlichen Dasein zählt. Obwohl der Glaube in der Vergangenheit oft Anlaß für grausame Kriege und Verfolgungen war, hat er doch auch den Anstoß zu hervorragenden Leistungen in Architektur und Kunst gegeben. Die geheimnisvollen Ruinen antiker Tempel und die weltweite Verehrung heiliger Orte sind beredte Zeugnisse für die alle Zeiten überdauernde Vorstellung von einer Welt jenseits der unsrigen.

Palenque ist eine der eindrucksvollsten Mayastätten.

ZU EHREN DER GÖTTER

Tempelruinen, Grabstätten und von Schätzen überhäufte Gebeine nähren die Spekulationen um die letzten Geheimnisse der Götter und der Menschheit. Bedeutungsschwere Rätsel knüpfen sich an solche Orte, und manche lassen ahnen, daß der Glaube auch eine Schattenseite besitzt.

Als der französische Forscher Henri Mouhot im Jahr 1860 die kambodschanische Tempelstadt Angkor entdeckte, bestand diese aus Ruinen, die der Dschungel überwuchert hatte. Die zugewachsenen Höfe waren von schattigen Galerien umgeben, wo Scharen von Fledermäusen von den bröckelnden Dächern hingen. Der Anblick der atemberaubenden Architektur mit ihrer Fülle gemeißelter Reliefs ließ den Reisenden, wie er später schrieb, alle Strapazen vergessen. „Mir schien, als wäre ich plötzlich wie von Zauberhand aus der Barbarei in die Zivilisation versetzt worden, aus tiefster Dunkelheit ins Licht." Die Kambodschaner konnten ihm keine schlüssige Erklärung für die alte Stadt liefern. „Sie ist von Riesen erbaut worden", sagten sie auf Mouhots Fragen. „Sie ist von selbst entstanden", hieß es, oder „sie ist das Werk Pra-Euns, des Königs der Engel."

Abu Simbel, Borobudur, Palenque, Ellora – die Tempelruinen und Grabstätten untergegangener Kulturen versetzen die Menschen in Erstaunen. In diese Empfindung mischt sich ein Hauch der spirituellen Geheimnisse jenes Glaubens, der die einstigen Schöpfer zu ihren Werken inspirierte. Es ist, als befände sich der Besucher auf einer Reise in die Vergan-

Vier gigantische Statuen des Pharaos Ramses II. bewachen den Eingang des Großen Tempels in Abu Simbel.

genheit zu jenen Menschen, welche die Gebäude errichtet hatten. Dort steht er den Statuen vergessener Gottheiten gegenüber, die schweigend und unnahbar auf ihn herabschauen und ihn einladen, über den ewigen Wechsel von Ruhm und Vergänglichkeit nachzusinnen.

Wenngleich die großen Ruinen heiliger Stätten den Geist für die Ewigkeit empfänglich zu machen vermögen, so hat ihre Erforschung doch auch beunruhigende Spuren zutage gefördert: Opferaltäre etwa, an denen Blut strömte, und makabre Überreste von Bestattungen. Einer der bemerkenswertesten Pioniere der Archäologie war der Italiener Giovanni Belzoni. Er wurde international bekannt, weil er nicht einmal vor Sprengungen zurückschreckte, um die Gräber des alten Ägypten zu öffnen. Im Jahr 1820 schrieb er über seine Arbeit, er könne sich manchmal kaum bewegen, ohne daß sein Gesicht mit einem Leichnam in Berührung komme. „Oft konnte ich es nicht vermeiden, daß Knochen, Arme, Beine und Köpfe von oben auf mich herabrollten. So gelangte ich von einem Gewölbe zum nächsten, alle waren voller Mumien, die aufrecht bestattet waren, lagen oder auf dem Kopf standen." Die stets aufschlußreiche und bisweilen aufregende Untersuchung von Gräbern war nie eine Aufgabe für Zartbesaitete.

Abu Simbel

Pharao Ramses II. von Ägypten erwarb sich den Beinamen „der Große" durch seine hochfliegenden Pläne. Ob es um die Kriegführung oder die Zeugung von Kindern ging – Ramses rühmte sich der Vaterschaft von mehr als 200 Kindern –, der Pharao erledigte alles in großem Stil. Das gleiche galt für seine Bautätigkeit. So ließ er bei Abu Simbel, einem Ort am Nil nahe der Grenze zum heutigen Sudan, zwei Felsentempel aus dem Sandstein herausmeißeln, die vom Selbstbewußtsein ihres Schöpfers zeugen. Vier Kolossalstatuen des Ramses beherrschen die Fassade des Großen Tempels; der Kleine Tempel ist mit vier Statuen des Königs und zwei der Königin Nofretari ausgestattet. Das Königspaar hatte sich damit unsterblich gemacht, und das Volk vergaß keinen Augenblick, wer Ägypten regierte.

Die Grabsteine im einstigen Heiligtum von Karthago erinnern an die schrecklichen Rituale, die dort vollzogen wurden.

Ramses II. herrschte im 13. Jahrhundert v. Chr. 66 Jahre lang über Ägypten. Seine Tempel baute er im einstigen Nubien, das in einiger Entfernung von seinem Regierungssitz im Süden des Landes lag. Dies kam fast einer Provokation gleich, denn die Nubier, die über viel Gold verfügten, waren kampfeslustige Krieger und hatten sich schon oft gegen die ägyptische Oberherrschaft aufgelehnt. Um die Tempelkammern zu bauen, trieben die Arbeiter einen tiefen Gang in den Felsen, und sie meißelten prachtvolle Fassaden aus dem Gestein. Jede der vier Statuen des Ramses vor dem Großen Tempel ist 20 m hoch – und als Sitzfigur gestaltet. Den Betrachter beschleicht das Gefühl, die riesenhaften Pharaonen würden die Sonne verdunkeln, wenn sie aufstünden.

Diese mächtigen Bauwerke dienten nicht nur politischen Propagandazwecken. Der Große Tempel war drei Gottheiten geweiht: Amun von Theben, Re von Heliopolis und Ptah von Memphis. In der Vorstellung der Ägypter bestand ein enger Zusammenhang zwischen der Macht des Pharaos und der Größe der Götter, und so ist im Inneren des Tempels der Pharao selbst als Osiris, der Gott des Todes und der Wiedergeburt, dargestellt. In dem Felsentempel wurden den Göttern bei Lampenschein rituelle Opfer dargebracht. Er war so ausgerichtet, daß die Strahlen der aufgehenden Sonne zu bestimmten Jahreszeiten durch den Eingang fielen und das innere Heiligtum in goldenes Licht tauchten.

In den 60er Jahren unseres Jahrhunderts drohte Abu Simbel in den Fluten des Nassersees zu versinken, der durch den Bau des Assuanstaudamms entstanden war. Um die Tempel vor der Überflutung zu bewahren, wurde die gesamte Anlage in einer internationalen Rettungsaktion in sorgfältig numerierte Blöcke zersägt und rund 65 m oberhalb des alten Standortes wieder zusammengesetzt. Das Vorhaben war unglaublich kompliziert, doch es gelang. Sogar die Ausrichtung blieb unverändert, so daß die aufgehende Sonne noch immer in den Großen Tempel einfällt, wie es die Architekten vorgesehen hatten. Dieses Projekt mit seinen gewaltigen Dimensionen war seines großen Bauherrn Ramses II. würdig.

Das Tophet von Karthago

Diodor, ein aus Sizilien gebürtiger griechischer Historiker des 1. Jahrhunderts v. Chr., zitierte einen Augenzeugenbericht, als er schilderte, wie Eltern in der nordafrikanischen Stadt Karthago nachts ihre Kinder opferten. Begleitet von maskierten Tänzern und den Klängen lauter Musik, wurde das meist zwischen zwei und drei Jahre alte Kind zu einer großen Bronzestatue des Gottes Baal Hammon geführt. In einem bestimmten Stadium der kultischen Handlung trug ein Priester das Kind fort und schnitt ihm die Kehle durch. Dann wurde der kleine Körper auf die ausgestreckten Arme der Statue gelegt und rollte von dort in die Flammen eines Opferfeuers.

Unser Bild von der karthagischen Gesellschaft entstammt den Schriften griechischer und römischer Zeitgenossen. Von der alten Stadt, die einst Rom an Pracht gleichkam, ist nicht viel erhalten. Die Römer hatten die Metropole nach der Niederlage der Karthager 146 v. Chr. dem Erdboden gleichgemacht. Auf den Trümmern errichteten sie eine eigene Stadt, die später durch die Araber zerstört wurde.

Karthago war ursprünglich eine Gründung phönizischer Kaufleute, und auch in späterer Zeit blieben die Bewohner der phönizischen Religion treu. Baal, der „Herr“, war der Fruchtbarkeitsgott der Phönizier, und wie zahlreiche andere Gottheiten nährte man ihn mit Opfergaben und Menschenopfern. Diese waren auch in den biblischen Ländern keine Seltenheit; eine deutliche Anspielung darauf findet sich in der alttestamentarischen Geschichte von Abraham, der bereit ist, Gott seinen Sohn Isaak zu opfern. Doch warum das archaische Ritual in dem sonst fortschrittlichen Karthago erhalten blieb, ist nach wie vor ein Rätsel.

Eindeutige Belege für den Fortbestand des Kultes liefern die sogenannten Tophets, ummauerte Heiligtümer mit gemeißelten Grabsteinen und Urnen, welche die Asche toter Kinder enthielten. Allein im Tophet von Karthago wurden die Überreste von Tausenden geopferter Kinder gefunden, die alle aus Familien der wohlhabenderen Schichten stammten. Offenbar wurde nur

Steinerne Krieger krönen die Pyramide von Tula. Der in Stein gemeißelte Jaguar (oben) labt sich an Menschenherzen.

hochgeborenen Karthagern die Ehre zuteil, Baal auf diese Weise ein Kind zu weihen. Diodor berichtete, daß die leidgeprüften Eltern ohne Tränen zusehen mußten, wie die Priester das grausame Opfer vollzogen.

Vor allem in den Jahrhunderten der Kriege gegen Rom scheint Baal nach frisch vergossenem Blut gedürstet zu haben. Archäologische Untersuchungen und die Funde im Tophet lassen darauf schließen, daß gegen Mitte des 2. Jahrhunderts v. Chr. etwa 500 rituelle Tötungen im Jahr vorgenommen wurden. Die heute von Unkraut überwucherten, teils zerbrochenen und teils umgestürzten Steine des Tophets von Karthago sind stumme Zeugen des Blutbades.

Tula

Gewaltige Steinfiguren aus schwarzem Basalt erheben sich über der Morgensternpyramide in der mexikanischen Stadt Tula. Die vier steinernen Krieger trugen einst das

Dach des Priestertempels auf dem Gipfel der Pyramide. Nun schauen sie über die Ruinen einer Stadt hinweg, in der einst 30000 Menschen gewohnt hatten. Man glaubt, daß es sich bei Tula um Tollán handelt, die ehemalige Hauptstadt der Tolteken, deren Kultur vom 10. bis 12. Jahrhundert ihre Blütezeit erlebt hatte. Ihre Überreste sind Zeugen der grausamen Rituale um den Regengott Tlaloc, der sich an den Herzen frisch geopferter Menschen gütlich tat.

Die Tolteken sind historisch schwer einzuordnen, denn dieses Volk war bereits lange vor der Eroberung Mexikos durch die Konquistadoren verschwunden. Von einheimischen Indianern erfuhren die spanischen Chronisten, daß die ältere Toltekenkultur die Kunst, Architektur und Religion der Azteken stark beeinflußt hatte.

Legenden über Tollán tauchen in der mexikanischen Überlieferung immer wieder auf, doch erst 1940 fand man die Toltekenhauptstadt in dem Dorf Tula de Allende, 80 km nördlich von Mexico City. Dort gruben Archäologen Pyramidentempel und Reliefs der gefiederten Schlange aus. Sie ist das Symbol des Priesterfürsten Quetzalcoatl, des Gründers von Tula, der auch von den früheren Bewohnern Teotihuacáns und von den Azteken verehrt wurde. *Quetzal* ist der Name eines buntgefiederten Vogels des Regenwaldes, *coatl* heißt Schlange.

Auch in Tula stieß man auf grausige Spuren: Tempelreliefs zeigen Darstellungen von Adlern und Jaguaren, die menschliche Herzen verschlingen. Noch unheimlicher sind die Steinbilder des Regengottes Tlaloc, der sich zurücklehnt und die Herzen der frisch Geopferten entgegennimmt, die ihm die Priester in einer Schale brachten. Derartige Opferaltäre gab es auch an den Stätten der Maya. Dort nennt man sie Chac-Mools, nach Chac, dem Regengott der Maya, der Tlaloc entsprach und der Kinderopfer verlangte, obwohl die Maya weniger zu Menschenopfern neigten als die blutrünstigen Tolteken. Diese waren ein kriegerisches Volk, dessen Soldaten in die älteren Kultstätten der Maya einfielen und von ihnen Götter und Zeremonien übernahmen. Die Toltekengötter verlangten nach Menschenopfern, und ihre Krieger sorgten für reichen Nachschub. In Tula entdeckten Archäologen sogar ein Gestell, auf dem die Schädel der Opfer zur Schau gestellt wurden.

Ein göttlicher Schatten

In der Pyramide von El Castillo in der alten mexikanischen Stadt Chichén Itzá bietet sich Jahr für Jahr während der Tagundnachtgleiche im Frühling und im Herbst ein faszinierendes Schauspiel. Durch die besondere Bauweise und Position der Pyramide wandert ein Schatten – angeblich ist es der des Quetzalcoatl – eine Treppe auf und ab und folgt so, ohne zu verschwinden, dem Lauf der auf- und untergehenden Sonne.

Leshan

Nach Leshan, einer Kleinstadt in der Provinz Sichuan in Zentralchina, kommen die Besucher vor allem, um die größte Buddhaskulptur der Welt zu sehen. Der sitzende Buddha, der am gegenüberliegenden Flußufer aus einem steil aufragenden Felsen geschlagen wurde, hat eine Höhe von rund 70 m; seine Ohren sind 7 m lang, und auf dem Nagel seines großen Zehs könnte man bequem ein Picknick veranstalten.

Die ungeheure Größe dieses heiligen Bildes läßt sich mit Zahlen allein nicht veranschaulichen. Unter der Vielzahl der Bauwerke, die im Lauf von Jahrhunderten in der Nachbarschaft entstanden, ist die Buddhafigur das größte Prunkstück. Die am Zusammenfluß der Flüsse Dadu, Quingyi und Minjiang thronende Statue ist das Werk eines buddhistischen Mönches namens Haitong, der mit ihrer Errichtung im Jahr 713 begann, um die Schiffer vor den wirbelnden Wassern der Flüsse zu beschützen. Es war nicht nur der gelassene Blick Buddhas, der Schutz verhieß. Gesteinsabbruch, der beim Meißeln der Statue entstand, nutzte man, um Vertiefungen im Flußbett zu füllen. So wurden die gefährlichsten Strudel beseitigt.

Es dauerte 90 Jahre, bis die Statue vollendet war. Sie enthält ein Entwässerungssystem, das die Erosion verhindern soll. Besonders wirkungsvoll arbeitet die Anlage allerdings nicht, denn in feuchten Winkeln sprießt grünes Blattwerk, Farne wuchern auf dem Kopf des Buddha, und auf seinen großen Händen blühen Blumen. Trotz der einsetzenden Verwitterung hat die Statue aber die Zeiten als Anziehungspunkt für Pilger und Touristen überdauert. Zu Hunderten kommen diese täglich mit dem Passagierschiff von Leshan, um vom Deck aus einen Blick auf den riesigen Buddha zu werfen.

Seit mehr als 1000 Jahren meditiert der Buddha von Leshan über die Ewigkeit.

Teotihuacán

Auf dem Höhepunkt der Macht um das Jahr 600 war die alte Metropole Teotihuacán im heutigen Mexiko größer noch als Rom. Die Stadt, die sich auf einem Hochplateau erhob und schachbrettartig angelegt war, erstreckte sich über eine Fläche von ca. 20 km² und hatte mehr als 150000 Einwohner. Früher hielt man die Stadt für ein Werk der Azteken; in Wirklichkeit war sie jedoch von einem viel früheren Volk errichtet worden, über das wenig bekannt ist. Die Azteken aber kannten die Ruinen, die ihnen heilig waren: Teotihuacán ist ein aztekisches Wort und bedeutet „die große Stadt, wo Menschen zu Göttern wurden".

Plätze und Paläste prägten das Zeremonialzentrum der Stadt, die vor allem ein bedeutender religiöser Mittelpunkt war. Ihre Silhouette beherrschte die 64 m hohe Sonnenpyramide, deren Sockelumfang dem der Cheopspyramide in Äygpten entspricht. Die kleinere Mondpyramide befand sich, rund 3 km entfernt, am Nordende der „Straße der Toten". Die Bezeichnung dieser Allee stammt von den Azteken, denn sie hielten die kleinen Plattformen, welche die offenen Höfe entlang der Straße säumten, fälschlicherweise für Gräber. Heute weiß man jedoch, daß die Einwohner von Teotihuacán ihre Toten verbrannten und die Überreste, in Tücher eingewickelt, im Boden unter den Wohnhäusern beisetzten.

Die „Straße der Toten" war die Hauptallee der Stadt, ein heiliger Weg mit mehr als 100 kultischen Bauwerken. Eines davon ist der Tempel des Quetzalcoatl, der in einer ummauerten Anlage, der sogenannten Zitadelle, steht. Er ist mit kunstvollen Reliefs der gefiederten Schlange und des Regengottes Tlaloc geschmückt. Beide Gottheiten waren für die frühen Völker Mittelamerikas von großer Bedeutung und erschienen später wieder in den Göttertempeln der Tolteken und der Azteken.

Östlich der „Straße der Toten" in Teotihuacán erhebt sich die Sonnenpyramide (unten). Den Tempel der gefiederten Schlange schmückt ein ehrfurchtgebietendes Relief des Quetzalcoatl (rechts).

Teotihuacán erlebte als die erste Metropole der amerikanischen Kontinente seine Blütezeit von etwa 100–600. Ihre geheimnisvollen Herrscher und Priester waren sich ihrer Macht allem Anschein nach so sicher, daß sie keine großartigen Verteidigungsanlagen errichteten. Dieser Verzicht erwies sich jedoch später als Fehler, der mit zum Zusammenbruch der Stadt beitrug. Ihr Niedergang setzte offenbar ein, als die jährlichen Niederschläge plötzlich spärlicher ausfielen, was den Ackerbau in diesem Gebiet beeinträchtigte. Die Bevölkerungszahl sank, und schließlich fiel die verhältnismäßig ungeschützte Stadt um das Jahr 750 unbekannten Eindringlingen zum Opfer. Diese plünderten die Häuser und legten Teotihuacán in Schutt und Asche.

Die römischen Katakomben

Im alten Rom war es üblich, daß sich die wohlhabenden Bürger eine Grabstätte sicherten, während die Masse der römischen Bevölkerung ihre Toten einäschern ließ. Die frühen Christen jedoch glaubten an die Auferstehung des Leibes und dachten, die Verbrennung eines Leichnams würde dessen Seele gefährden. Zugleich lehnten sie derlei Unterschiede bei der Bestattung ab – den Armen sollte die gleiche Beachtung zuteil werden wie den Reichen.

Innerhalb Roms waren Bestattungen ohnehin gesetzlich verboten. Daher legten die ersten Christen vor den Toren der Stadt ein weitläufiges System unterirdischer Gänge und Grabstätten an. Auf diese Weise entstand ein geheimes Reich der Toten, das schließlich über 240 km um die ursprüngliche Stadtgrenze herum führte.

In den Katakomben Roms, die vorwiegend aus der Zeit zwischen dem 2. und dem 4. Jahrhundert stammen, sind etwa 75 000 Menschen begraben. Viele der unterirdischen Gänge wurden in verlassenen Steinbrüchen ausgehöhlt, wo römische Maurer ein weiches vulkanisches Gestein, den Tuff, abgebaut hatten. Einige wurden von Brunnen aus gegraben, andere von brachliegenden Grundstücken, und wieder andere gingen von vorhandenen Grabstätten aus. Besonders begehrt waren die Plätze nahe den Gräbern christlicher Märtyrer. Die einfachsten Ruhestätten bestanden aus Nischen, in die man den in Leinen gehüllten Leichnam legte, doch wurden auch kunstvollere Gräber für Familien und ganze Generationen aus dem Gestein gehauen.

Keine Belege gibt es für die oft geäußerte Vermutung, daß sich die frühen Christen in Zeiten der Verfolgung in den Katakomben versteckt hätten. Allerdings begaben sie sich regelmäßig dorthin, um die Gräber von Märtyrern und Familienangehörigen zu besuchen. Der Kirchenvater Hieronymus (um 347–420) schilderte, wie er in seiner Kindheit sonntags die von Leichnamen gesäumten Grüfte besuchte, wo „alles so dunkel ist, daß es scheint, als erfüllten sich die Worte des Psalmisten: ‚Laß sie lebendig in die Hölle fahren.' Nur selten dringt von oben ein Licht herein, das die Schrecken der Finsternis mildert. Auch ist es weniger ein Fenster, durch welches das Licht fällt, sondern vielmehr ein Loch. Und wer schließlich wieder vorsichtig weiterschreitet, den umgibt die dunkelste Nacht …"

Die Katakomben Roms mit ihren zahllosen Bestattungskammern waren das unterirdische Totenreich der Frühchristen.

Im Mittelalter schenkten die Rompilger dem großen Grablabyrinth, das teilweise bis sechs Stockwerke tief unter der heiligen Stadt lag, kaum Beachtung. Im 17. Jahrhundert jedoch wurden die „monströsen, ungesunden und stinkenden Orte“, wie ein bischöflicher Besucher sich ausdrückte, von immer mehr Menschen erforscht. Reliquiensammler plünderten die Katakomben, und erst im 19. Jahrhundert begann man, sie wissenschaftlich zu untersuchen.

Die Katakomben erwiesen sich als wahre Fundgruben für die Forscher, denn die dort entdeckten Wand- und Deckenmalereien sind die nahezu einzigen Formen christlicher Kunst aus den ersten Jahren der Verfolgung. In den letzten 80 Jahren wurden immer wieder neue Katakomben entdeckt. Diese unterirdische Geisterstadt, die verborgene Metropole unterhalb von Rom, wirft ein unschätzbares Licht auf den aufkeimenden Glauben.

Auf den Hügeln vor der iranischen Stadt Yazd erhebt sich einer der eindrucksvollsten Türme des Schweigens.

Yazd

Die Stadt Yazd am Rand der iranischen Wüste, etwa 52 km südlich der Hauptstadt Teheran, hat sich vor allem durch den Handel mit Seidenstoffen und Perserteppichen einen Namen gemacht. In der Antike war sie als religiöses Zentrum der Zoroastrier bekannt, einer Glaubensgemeinschaft, die der persische Prophet Zarathustra im 6. Jahrhundert v. Chr. begründet hatte. Zarathustra, der bei den Griechen Zoroaster hieß, war ein Priester des arischen Glaubens und verehrte das Feuer als Element des großen Gottes Ahura Masda. Etwa acht Jahrhunderte nach dem Tod des Propheten wurde seine Religion in Persien zur Staatsreligion erklärt, und überall im Lande, in Tempeln wie im Freien, errichtete man Feueraltäre, auf denen ständig Flammen loderten.

Neben dem Feuer waren den Zoroastriern noch zwei weitere Elemente heilig, nämlich Erde und Wasser. Die Verunreinigung dieser Elemente hielt man für einen Akt der Entweihung. Problematisch wurde diese Einstellung, wenn es um die Bestattung der Toten ging, denn einen Leichnam konnte man nicht begraben, ohne die Erde zu entweihen, und nicht verbrennen, ohne das Feuer zu verunreinigen.

So wurden die sogenannten Dakhmas, die Türme des Schweigens, errichtet. Das waren mächtige runde Steinbauten, die nur den Leichenträgern zugänglich waren, welche die entkleideten Toten auf eine von drei kreisförmig angeordneten Plattformen legten: die Frauen auf die innere, die Kinder auf die mittlere und die Männer auf die äußere Plattform. Geier und Adler zerfleischten die unter freiem Himmel liegenden Körper, und einige Monate später wurden die von der Sonne getrockneten und gebleichten Knochen in einen Schacht des Turmes geworfen.

Die Parsen, wie die heutigen Nachfahren der Zoroastrier heißen, haben diese uralten Bestattungsbräuche beibehalten. Alljährlich feiern sie ein großes Fest zu Ehren des Farvadin, des Gottes, der über die Seelen der Verstorbenen wacht. An diesem Tag versammelt sich das Volk auf den Hügeln um die Türme und betet für die Verstorbenen.

Angkor

Einem Abbild des Kosmos der hinduistischen Mythologie gleicht die Ruinenstadt Angkor im kambodschanischen Dschungel, die einst mit einer Fläche von fast 100 km² die Hauptstadt des Khmerreiches gewesen ist. Wassergräben und Kanäle glitzerten wie die kosmischen Ozeane des Mythos, Terrassen und Galerien verkörperten die Kontinente der Erde, und riesige Tempel waren Symbole des Berges Meru, der im Hinduglauben die Heimstatt der Götter ist. Generationen von Herrschern errichteten all diese Bauwerke zur Verherrlichung ihrer Hauptstadt und der eigenen Göttlichkeit.

Über die Existenz dieser Ruinenstadt gab es nur Gerüchte, bis im Jahr 1860 der französische Naturforscher Henri Mouhot auf die baulichen Überreste der früheren Residenz- und Tempelstadt stieß. Damals waren die Ruinen von Kletterpflanzen und den Luftwurzeln der Banyanbäume überwuchert, und im 20. Jahrhundert bedrohten die über Jahrzehnte andauernden Kriegshandlungen erneut die zerfallende Metropole. Und doch steht Angkor noch heute und gibt mit seiner für Südostasien einzigartigen Stadtarchitektur viele Rätsel auf.

Das Volk der Khmer erlebte zwischen dem 9. und 15. Jahrhundert seine Blütezeit, und sein Reich erstreckte sich damals vom Gebiet des heutigen Kambodscha bis in den

Süden Vietnams, nach Laos und Thailand hinein. Ihren Wohlstand verdankten die Khmer dem Reis, den sie durch ein weitverzweigtes Bewässerungssystem in großem Stil anbauen konnten. Das System speiste sich vom Wasser des Mekong und regulierte zugleich die während der Monsunregen anfallenden Wassermassen. So wurde auch in Angkor für die Reisfelder eine geometrisch angelegte Bewässerungsanlage aus künstlichen Seen, Dämmen und Gräben geschaffen, welche die Tempelberge, Paläste und Wohngebiete umschloß. 3–4 Reisernten pro Jahr verhalfen den Herrschern zu großem Reichtum und machten sie zu Gottkönigen, die in unvergleichlicher Pracht lebten.

Die Tempel Angkors wurden zu Ehren der Gottkönige und ihres hinduistischen Glaubens errichtet. Das prunkvollste Gebäude ist die Tempelanlage Angkor Wat, die Surjawarman II. zu Beginn des 12. Jahrhunderts erbauen ließ. Mit rund 2,6 km² Fläche ist sie der wohl größte Sakralbau der Welt. Sie erhebt sich stufenförmig über Terrassen, die mit Galerien und Pavillons geschmückt sind, und gipfelt in einer von fünf Türmen gekrönten Pyramide, deren höchster Turm 65 m emporragt. Die Anlage war dem Gott Wischnu geweiht und wurde zugleich zur Grabstätte ihres Erbauers. Angkor Wat ist daher nach Westen, zum Land der Toten hin, ausgerichtet.

Wie einige andere Anlagen ganz in der Nähe war Angkor Wat von Wassergräben

Obwohl der Dschungel von der alten Hauptstadt des Khmerreiches mehr und mehr Besitz ergreift, hat die Tempelanlage Angkor Wat nichts von ihrer ursprünglichen Faszination verloren.

umgeben, in denen Krokodile schwammen. Große Tore gestatteten den königlichen Elefanten mühelosen Zutritt. Die Tempelwände zieren zahllose Steinreliefs mit Darstellungen heiliger Tänzerinnen, sogenannter Apsaras, sowie Schlachtenbilder und Szenen aus Hindu-Epen. Zu den ungewöhnlichsten Bildnissen gehören die gigantischen Steingesichter des Buddha, die der letzte große König Dschajawarman VII., der im Gegensatz zu seinen Vorgängern ein frommer Buddhist war, um 1200 errichtet hatte.

Der Übertritt der Khmer vom Hinduismus zum Buddhismus ist möglicherweise eine Ursache für ihren Niedergang. Die buddhistische Sekte, die an die Macht gelangte, verachtete den Materialismus und verkündete eine Lehre der Enthaltsamkeit und der Selbstverleugnung, die im krassen Widerspruch zu den auf Gewinn bedachten Traditionen der tyrannischen Gottkönige stand. 1431 wurde Angkor von den benachbarten Thai geplündert. Die großen Bewässerungsanlagen waren mit dem Zusammenbruch des Reiches dem Verfall preisgegeben, und die Hauptstadt, die einmal mehr als eine halbe Million Einwohner beherbergte, wurde vom Dschungel überwuchert.

Palenque

Ein Flachrelief auf einem Sarkophagdeckel in Palenque, einer Mayastadt im heutigen Mexiko, diente dem Schriftsteller Erich von Däniken neben anderen archäologischen Funden zur Bestätigung einer Theorie, die er 1968 in seinem Bestseller *Erinnerungen an die Zukunft* veröffentlichte. Darin behauptete er, Außerirdische aus einer fernen Galaxie hätten den Menschen geschaffen und seien wegen ihrer technischen Überlegenheit von den frühen Völkern als Götter verehrt worden. In der Gestalt auf dem Sarkophag erkannte von Däniken einen Astronauten aus alter Zeit. „Da sitzt ein menschliches Wesen, mit dem Oberkörper vorgeneigt, in Rennfahrerpose vor uns; sein Fahrzeug wird heute jedes Kind als Rakete identifizieren."

Tempelinschriften, die in den 70er Jahren entziffert wurden, identifizierten die Figur jedoch als den Mayakönig Pacal, der 683 starb. Seine „Rakete" ist nichts anderes als der Lebensbaum, der nach dem Glauben der Maya die obere (Himmel), die mittlere (Erde) und die untere Welt (Unterwelt) miteinander verbindet. Diese Darstellung zeigt also, wie der König am Lebensbaum ins Jenseits geht.

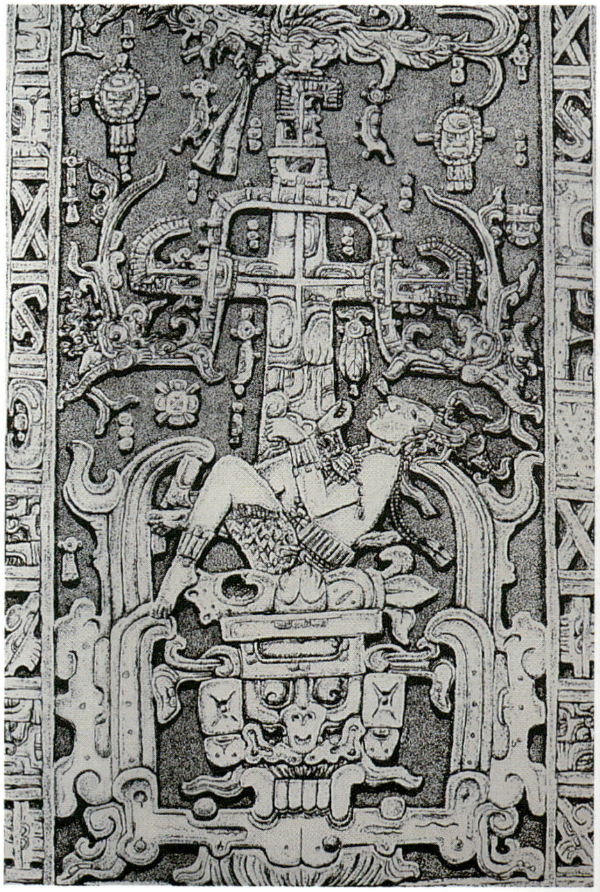

Gottkönig oder Außerirdischer mit Raumschiff? Die Experten sind sich nicht einig, doch die meisten erkennen in dem Bildnis oben einen Mayaherrscher vor dem Lebensbaum. Das Flachrelief stammt von einem steinernen Sarkophag in der Krypta des Tempels der Inschriften (rechts) in Palenque.

Die Maya waren ein geheimnisvolles Volk, das im Urwald Mittelamerikas Städte baute und umfassende Kenntnisse in Naturwissenschaft, Mathematik und Astronomie besaß. Auf dem Höhepunkt ihrer Kultur um das Jahr 800 jedoch endete ihre Zivilisation. Die herrschende Elite verschwand, viele Tempel blieben unvollendet, und die Städte wurden verlassen.

Palenque liegt am Rand des Regenwaldes, an den Ausläufern der Usumacintaberge, und ist wohl die schönste aller Mayastädte. Den Maya diente sie als Kultzentrum mit

DIE HEILIGEN FELDER FÜR DIE BALLSPIELE DER MAYA

Die alten Völker Zentralamerikas waren begeisterte Anhänger eines Ballspieles, das die Maya *pok-a-tok* und die Azteken *tlachtli* nannten. Das Spiel hatte religiösen Charakter und wurde mit einem Vollgummiball auf einem Doppel-T-förmigen Feld gespielt. Das Spielfeld war von hohen Mauern umgeben, in die unmittelbar über den Köpfen der Spieler zwei Steinringe rechtwinklig eingelassen waren. Ziel des Spieles war es, den Ball durch einen dieser Ringe zu treiben. Das war recht schwierig, wenn man bedenkt, daß die Spieler den Ball weder werfen noch treten durften, sondern ihn mit den Hüften, Knien oder Ellbogen abstoßen mußten. Zwei Mannschaften waren beteiligt, und auf das Ergebnis verwettete man hohe Einsätze an Jade, Gold, Sklaven und Häusern. Geschickte Spieler ernteten Bewunderung und großen Lohn, denn die Gewinner hatten Anspruch auf Schmuck und Kleidung der Zuschauer. Ein Mißerfolg aber erregte Verärgerung – bisweilen wurden die Verlierer geopfert.

Begleitet wurden die Wettkämpfe von Zeremonien, die sicher rituelle Bedeutung besaßen. Oft lagen die Spielfelder neben Tempeln, die als Aussichtsplattformen für die oberen Schichten gedient haben mögen. In der Ruinenstadt Chichén Itzá beispielsweise grenzt das Spielfeld an den Tempel der Jaguare, dessen Flachreliefs zeigen, wie Verlierer geköpft werden.

Das heilige Ballspielfeld der Mayastadt Chichén Itzá: Hier bezahlten die Verlierer bisweilen mit dem Leben.

Palästen, Treppen, Plätzen, Aquädukten und Pyramiden. Der einzigartige Tempel der Inschriften, in dem der Sarkophag des Königs Pacal steht, erhebt sich auf der Spitze einer neunstufigen Pyramide.

1949 entdeckte eine Archäologengruppe unter Leitung des Mexikaners Alberto Ruz Lhuiller eine riesige Steinplatte am Tempelboden und darunter den Zugang zu einer verschütteten Treppe. An ihrem Fuß stieß Lhuiller auf eine dreieckige Steinplatte und auf die Skelette von sechs jungen Leuten, die vermutlich geopfert worden waren. Als die Archäologen die türartige Platte aufbrachen, gelangten sie in eine Krypta, an deren Wänden Reliefskulpturen der neun Mayagötter der Nacht den Sarkophag des Königs Pacal bewachten.

Im Sarkophag selbst fand Lhuiller das Skelett eines Mannes, das über und über mit Jade verziert war. Besonders beeindruckte ihn die aus 200 Jadestücken zusammengesetzte Totenmaske mit Augen aus Perlmutt und Obsidian. Der Tradition zufolge hatte man dem Verstorbenen ein großes Jadestück in den Mund gelegt, damit seine Seele im Jenseits Nahrung kaufen konnte. Merkwürdig war eine Röhre, die von der Seite des Sarkophags aus über den Gang und treppauf bis zum Tempelboden verlief. Man deutete sie als den Seelenkanal, der die letzte Ruhestätte des Königs mit der Oberwelt verband, in der dessen Nachfahren lebten.

Niemand weiß mit Sicherheit, welche Riten in dem Tempel vollzogen wurden, eines aber ist gewiß: Solch ungewöhnliche Funde sind auch ohne zusätzliche Geschichten von Außerirdischen sensationell genug.

Die Villa der Mysterien

Über den Untergang der italienischen Stadt Pompeji am Fuß des Vesuvs berichtete der römische Politiker Plinius der Jüngere, der im Sommer des Jahres 79 Augenzeuge der Geschehnisse war: „Eine schwarze schauerliche Wolke aus Rauch breitete sich über die Erde aus …, und da war es Nacht, nicht wie bei mondlosem Himmel …, sondern wie in einem geschlossenen Raum, wenn das Licht erlischt. Man hörte nur noch das Weinen der Frauen, das Schluchzen der Kinder und das Schreien der Männer …“ Zwei Tage lang schleuderte der Vesuv Tonnen von Asche

Auf diesem Wandfresko in Pompeji wird eine Anhängerin des Bacchuskultes von einer Engelsgestalt gegeißelt.

und Lava aus, welche die ganze Stadt unter sich begruben. Jahrhunderte später fanden Archäologen die in der erkalteten Asche konservierten Leichen der Bewohner, die den giftigen vulkanischen Dämpfen zu entfliehen suchten. Inzwischen wurden Straßen, Foren, Tempel, Bäder, Theater und Wohnhäuser ausgegraben und Wandbilder entdeckt, die detaillierte Einblicke in das Alltagsleben der Pompejaner gewähren.

Das faszinierendste Privathaus ist die südlich der Stadt gelegene Villa der Mysterien, die wegen eines Freskenzyklus mit Darstellungen der Geheimriten des Gottes Dionysos Berühmtheit erlangte. Auf diesen Wandmalereien ist in Lebensgröße die Einführung einer Frau in den Kult dargestellt. In einer Szene steht sie verschleiert da, während ein nacktes Kind unter den aufmerksamen Blicken einer ehrwürdigen Matrone eine Lesung hält. In einer anderen spielt der bärtige Pan auf seiner Lyra, während drei Frauen um einen Tisch sitzen.

Welche Bedeutung haben diese seltsamen und packenden Bilder? Die Gelehrten stehen noch immer vor einem Rätsel, obgleich schon einiges über die Geschichte des Kultes bekannt ist. Dionysos war der griechische Gott des Weines und der Fruchtbarkeit. Bei den Römern war er unter dem Namen Bacchus ursprünglich als Naturgott für Fruchtbarkeit und Vegetation zuständig. Bei den Riten des Dionysos, die alljährlich im Frühjahr in Griechenland begangen wurden, spielte der Phallus als das Symbol der männlichen Fruchtbarkeit eine besondere Rolle. In der Verehrung des Gottes steckte auch ein orgiastisches Element.

Über das damals griechische Unteritalien gelangte der Kult im 3. Jahrhundert v. Chr. in die Republik Rom. Waren die Mysterien zunächst den Frauen vorbehalten, wurden in späterer Zeit auch Männer zugelassen. Diese „Bacchanten" hielten ihre geheimen Zusammenkünfte nachts in Höhlen und Kellern ab, wo sie bei Fackelschein tanzten. Der Wein floß in Strömen, und man sagte den Teilnehmern die größten Ausschweifungen nach. Neben sexuellen Exzessen soll es auch zu Verbrechen und politischen Intrigen gekommen sein, und so wurden im Jahr 186 v. Chr. über 7000 Männer und Frauen hingerichtet oder ins Gefängnis geworfen, um dem Kult ein Ende zu machen.

Trotz dieser Unterdrückungsmaßnahme starb der Bacchuskult nie ganz aus. Aus den Szenen in der Villa der Mysterien geht überdies hervor, daß der Kult auch eine ernste Komponente besaß. Was immer die genaue Bedeutung dieser allegorischen Darstellungen gewesen sein mag, sie künden von echter Feierlichkeit und Ehrerbietung. Wahre Bacchanten, so scheint es, waren weit mehr als nur trunkene Zecher.

Der Aachener Dom

Vor einigen Jahren entdeckte der deutsche Fotograf Hermann Weisweiler im Dom von Aachen merkwürdige Zusammenhänge. Als er auf günstiges Sonnenlicht wartete, um das Innere der achteckigen Pfalzkapelle zu fotografieren, stellte er überrascht fest, daß plötzlich ein Sonnenstrahl durch ein Fenster fiel. Sogleich untersuchte er näher, auf welche Weise dieses Licht in das Innere der Kapelle drang, die gegen Ende des 8. Jahrhunderts auf Geheiß des Frankenkönigs Karls des Großen als das religiöse Zentrum seiner Hauptstadt errichtet wurde.

Der Fotograf fand heraus, daß Sonnenlicht, welches am Tag der Sommersonnenwende (21. Juni) durch das östliche Fenster

Der Thronsessel Karls des Großen im Aachener Dom ist aus vier römischen Marmorplatten zusammengefügt.

des Oktogons einfiel, früher wohl das gekrönte Haupt des auf dem Thron sitzenden Kaisers erstrahlen ließ. Zu den Zeiten der Tagundnachtgleichen ließen Sonnenstrahlen, die in anderem Winkel einfielen, auch den Thron in hellem Licht aufleuchten. Hermann Weisweiler schloß daraus, daß die Baumeister hochentwickelte astronomische Kenntnisse darauf verwendet hatten, ihren Kaiser durch mystische Beleuchtungseffekte in Szene zu setzen.

Von Karl dem Großen, der vor der Welt als ein kaiserlicher Souverän in der römischen Tradition gelten wollte, weiß man, daß er Gelehrte aus ganz Europa an seinem Hof in Aachen versammelte und daß er sich persönlich für die Astronomie begeisterte. Daher erscheint es durchaus denkbar, daß man den Standort des Thrones, der im Mittelalter der Krönungsort der deutschen Könige war, mit Bedacht gewählt hatte. Sechs Stufen führen zu dem Thron, der im Westteil der Kapelle auf einer Empore steht; sie wurden aus Marmor gefertigt, der von antiken Säulen stammt, und es hat den Anschein, als sollte damit die Verbindung zu dieser Tradition hervorgehoben werden.

Weitaus umstrittener ist Hermann Weisweilers These, daß es Ähnlichkeiten zwischen dem Grundriß der Pfalzkapelle und der Megalithanlage in Stonehenge gibt. Wenn man den Grundriß der umlaufenden Decksteine und des inneren Hufeisens von

Stonehenge auf den im gleichen Maßstab gezeichneten Plan des Oktogons der Pfalzkapelle legt, so stellte der Fotograf fest, stimmen die Eckpunkte fast überein. Eine weitere seltsame Gemeinsamkeit ist, daß Aachen und Stonehenge nahe dem 51. Grad nördlicher Breite liegen. Birgt die Pfalzkapelle etwa uralte Geheimnisse, die schon in der Megalithkultur bekannt gewesen und möglicherweise von Mönchen und Handwerkern auf dem europäischen Festland bewahrt worden waren? Hatten Gelehrte von den Britischen Inseln sie nach Aachen mitgebracht? Oder ist doch alles reiner Zufall?

Ellora

Der gigantische Kailasa-Tempel von Ellora in Westindien ist das größte monolithische, d. h. aus einem einzigen Felsblock herausgemeißelte Bauwerk der Welt. Mit einer Länge von 8 m, einer Breite von 47 m und einer Höhe von 34 m ist es rund zweimal so groß wie der Parthenon in Athen.

Der dem Gott Schiwa geweihte Tempel wurde von Königen der Rashtrakutas-Dynastie errichtet, die von 755–975 die Herrschaft über das Gebiet von Dekhan im Westen Indiens innehatten. Die Anlage umfaßt einen Tempel inmitten eines Hofes, um dessen Sockel sich ein Fries mit Darstellungen aus dem Leben Schiwas zieht. Die Vorderseite des Tempels weist einen Giebel und einen dreistufigen, kuppelgekrönten Turm auf. Zu seinen Prunkstücken gehören ein Schrein des Lingas, der symbolischen Darstellung Schiwas in Form eines stilisierten Phallus, der mit Blumen geschmückt und mit Kerzen beleuchtet wird, sowie ein Fries mit einer Darstellung des Dämonenkönigs Ravana, der den Kailasa, den heiligen Berg der Hindus, zu heben versucht. Schiwa bleibt gleichmütig und spricht ein Machtwort, um die Anstrengungen des Bösen zunichte zu machen.

Scharen von Steinmetzen arbeiteten in Schichten, um dieses Wunder zu gestalten.

150 Jahre dauerte es, bis der aus dem Fels gehauene Kailasa-Tempel vollendet war. Das Innere der Höhle 29 (ganz links) gehört gleichfalls zu den steinernen Wundern von Ellora.

Begonnen wurde an der Spitze des Felsens, und im Verlauf der Arbeiten wurden ca. 84000 m³ Gestein weggeschafft. Doch so unglaublich es scheinen mag: Der Kailasa-Tempel ist nur einer von insgesamt 34 Höhlentempeln und Klöstern in Ellora. Zwischen 600 und 1000 entstanden, verherrlichen die Gebäude den buddhistischen, hinduistischen oder dschainistischen Glauben ihrer Schöpfer in einem kolossalen, aus dem Fels gehauenen Reigen der Mythologie. Gelassene Buddhas sitzen dort unter Bäumen und Schirmen, Hindugöttinnen kämpfen wild miteinander, in anderen Szenen sind Liebespaare, Löwenthrone, Pfauen, Adler und Affen dargestellt. Viele Höhlen sind dunkel, und einige der Skulpturen scheinen sich den Blicken zu entziehen. Doch in jedem Winkel offenbart sich dem Betrachter der brillante Schöpfergeist der Erbauer.

Wie kam es zu diesem großartigen Werk? Vor mehr als 2000 Jahren suchten buddhistische Mönche Zuflucht in kleinen Höhlen. Im nahegelegenen Ajanta schlugen sie sie aus den Felsen und schmückten sie mit Wandmalereien und Skulpturen, die das Leben des Buddha und Geschichten aus den buddhistischen Fabeln schilderten. Einige der Höhlen blieben unvollendet, und der Ort selbst scheint ganz plötzlich verlassen worden zu sein. Die Mönche zogen anscheinend weiter nach Ellora, wo sie ihre Arbeit in der gleichen Weise fortsetzten.

Um 800 hatte dann zwar der anfängliche Aufschwung des Buddhismus nachgelassen, doch offenbar nahmen Hindus und Anhänger der asketischen dschainistischen Religion das Bauen und Ausschmücken der Höhlen wieder auf und arbeiteten jahrhundertelang Seite an Seite. Ellora verkörpert das seltene Beispiel eines vollkommen friedlichen Nebeneinanders verschiedener Glaubensrichtungen, und in ihrer Gesamtheit stellen die unvergleichlichen Tempel ein hervorragendes Zeugnis der vielgestaltigen Pracht sakraler Kunst in Indien dar.

Eleusis

In der kleinen Industriestadt Eleusis, etwa 20 km westlich von Athen, fanden in der Antike die berühmtesten religiösen Zeremonien Griechenlands statt. Streng wurde das Geheimnis dieser Riten gehütet, und über die mystischen Handlungen war absolutes Stillschweigen geboten. Im 5. Jahrhundert v. Chr. wurde der Athener Staatsmann Alkibiades zum Tod verurteilt – später allerdings begnadigt –, weil er Teile der Zeremonie parodiert hatte. Auch der in Eleusis geborene Tragödiendichter Aischylos wäre beinahe gelyncht worden, weil er in dem Verdacht stand, Einzelheiten des Kultes in einem Bühnenstück verraten zu haben.

Ihren Ursprung hatten diese Mysterienfeiern in einem Fruchtbarkeitskult, in dem

Eleusis (oben) war einst Schauplatz der geheimen Riten der Göttin Demeter. Die griechische Vase (oben links) zeigt Demeter und ihre Tochter Persephone, die den Menschen Korn schenken.

Demeter, die Göttin der Fruchtbarkeit, und ihre Tochter Persephone verehrt wurden. Persephone war einst von Hades, dem Gott der Unterwelt, entführt worden. Zeus aber rührte die Trauer Demeters, und er erlaubte ihrer Tochter, für einen Teil des Jahres auf die Erde zurückzukehren. Für die Griechen symbolisierte der Mythos den Wechsel der Jahreszeiten. Die Kulthandlungen in Eleusis erinnerten an Persephones Abstieg in die Unterwelt und fanden ihren Höhepunkt in einem Ritual, das in einer verdunkelten Halle vollzogen wurde, in der die Gläubigen Erscheinungen von Lichtblitzen erlebten. Welcher Art die Offenbarungen waren, weiß man bis heute nicht.

Der auf einem Felsrücken gelegene Ort wurde ab 1882 von der Archäologischen Gesellschaft von Athen ausgegraben. Heute wandern Besucher zwischen den Ruinen umher und bewundern die antike Pflasterstraße, die monumentalen Tore und das Telesterion, jenen Mysterientempel, der zugleich das Hauptgebäude der Anlage darstellte. Die etwa 50 m² große Halle war von Stufen umgeben, die teilweise aus dem Fels gehauen waren. Sie boten 3000 Eingeweihten Sitzplätze, die dem heiligen Festzug beiwohnten. Wer die Geheimnisse von Eleusis ergründen will, begibt sich auf ein Terrain, das für Nichteingeweihte 2000 Jahre lang bei Androhung der Todesstrafe tabu war.

Wieliczka

Ein altes Salzbergwerk in Wieliczka, etwa 13 km südöstlich von Krakau, gehört zu den eigenartigsten Kultstätten der Welt. Seit dem 11. Jahrhundert existiert hier eine Mine, die bis in eine Tiefe von ca. 135 m reicht und im Mittelalter sogar von Fürsten und Königen besucht worden war. Der Franzose Jean Le Laboureur schrieb im 17. Jahrhundert voll Bewunderung über die Stollen von Wieliczka. Er hielt sie für „ebenso interessant wie die ägyptischen Pyramiden“ und daneben für wesentlich nützlicher. Treppen verbinden neun Stockwerke, und inmitten eines Labyrinthes aus weißen Gängen, Kammern und Galerien befindet sich eine Grotte, deren Wände sich 80 m hoch erheben. Auch unterirdische Seen gibt es hier. Am bemerkenswertesten sind aber die mit Altären und Statuen ausgestatteten Kapellen im rückwärtigen Teil des Bergwerkes.

Die Kapelle des heiligen Antonius wurde 1675 aus dem Steinsalz gehauen, und in demselben Jahrhundert entstand die Heiligkreuzkapelle, die ihren Namen einem großen Kruzifix aus Steinsalz verdankt. Ein Werk des 19. Jahrhunderts ist hingegen die Kapelle der heiligen Kinga. Sie wurde zum Gedenken an die heiligen Kunigunde, die Gemahlin des Kaisers Heinrich II., errichtet, die als Witwe in ein Kloster eintrat.

Diese Kapellen sind ein Ausdruck der aufrichtigen Frömmigkeit der Bergleute und ihrer Hoffnung auf göttlichen Schutz vor den Gefahren ihres Arbeitslebens.

Borobudur

„Die Einwohner machen Wein aus den Blüten der Kokospalme, und von seinem Genuß werden sie berauscht“, schrieb ein chinesischer Botschafter im 8. Jahrhundert über das Leben auf Java. Damals war die indonesische Insel, die von vulkanischen Bergen und der üppigen Vegetation der Tropenländer beherrscht wird, eine bunte Mischung aus wohlhabenden Königreichen. Doch die Vorstellung von Müßiggang und Luxus, den die Vorliebe der Bewohner für Kokospalmenwein vermittelt, trügt. Die bewaffneten Galeeren der javanischen Kriegsherren verbreiteten im gesamten Südchinesischen Meer Angst und Schrecken. Eines der vielen Fürstentümer aber hat sich durch Tatkraft ganz anderer Art einen Namen gemacht. Sein Volk brachte Baumeister hervor, die gewaltige Werke schufen, und der Tempel von Borobudur, der auf einer grünen Ebene im südlichen Zentraljava emporragt, ist ein gigantisches Zeugnis ihres friedfertigen buddhistischen Glaubens.

Das Bauwerk besteht aus etwa 55 000 m³ bearbeitetem Stein sowie 2500 m² Relieftafeln und 505 Statuen. Es erhebt sich auf einem quadratischen Sockel in neun Terrassen, welche die verschiedenen Stationen der Pilgerreise von der Unwissenheit bis zur Erleuchtung versinnbildlichen. Auf den Wandflächen der unteren Terrassen schildern umlaufende Reliefs Episoden aus dem Leben Buddhas, auf den drei obersten Terrassen stehen 72 Stupas, durchbrochene Glocken aus Stein mit Buddhafiguren, die durch das steinerne Gitterwerk kaum zu sehen sind. Ein einzelner Stupa bekrönt die Anlage; er stellt Nirwana dar, das höchste Ziel des Buddhismus – den Zustand, in dem die Seele von allen irdischen Fesseln befreit ist.

Wer waren die Urheber dieser steinernen Kosmographie? Geplant wurde der Borobudur von den Shailendra, einer geheimnisvollen Königsdynastie, die im 8. und 9. Jahrhundert über Zentraljava herrschte und um das Jahr 800 mit dem Bau begann. Obwohl diese Könige den Buddhismus anscheinend

Die Kapellen, die aus dem Steinsalz ausgehöhlt wurden, zeugen von der Frömmigkeit der Bergleute von Wieliczka.

Dieses Steinrelief von Borobudur (links) stellt Anhänger Buddhas dar. Der große Tempel (oben) symbolisierte den stufenweisen Aufstieg zum Nirwana.

vom südostasiatischen Festland übernommen hatten, sind Historiker der Ansicht, daß die Shailendra selbst indonesischer Herkunft waren. Verschiedene Belege lassen darauf schließen, daß die einheimische Bevölkerung bereitwillig an dem gewaltigen Unternehmen mitarbeitete. Möglicherweise betrachteten die Untertanen die Könige als Bodhisattwas, als „Erleuchtungswesen", die nach dem Tod mit Buddha im Nirwana vereint würden. Viel mehr ist von ihnen nicht bekannt; das Königreich der Shailendra-Dynastie ging um 900 ebenso unbemerkt unter, wie es aufgeblüht war. Die Herrscher hinterließen keine prunkvollen Denkmäler ihrer Eroberungen, doch noch heute kommen Jahr für Jahr Hunderttausende von Pilgern nach Borobudur, um die ewige, in Stein gehauene Botschaft zu studieren.

Der Titicacasee

Reisende, die das Ufer des Titicacasees erreichen, ringen meist nach Atem, denn über dieser weiten, auf einer Hochebene an der Grenze zwischen Bolivien und Peru liegenden Wasserfläche ist die Luft sehr dünn.

Der Titicacasee ist nicht nur der größte See Südamerikas, sondern mit rund 3810 m über dem Meeresspiegel auch das höchstgelegene schiffbare Gewässer der Welt. Die Bewohner des umliegenden Hochlandes haben ungewöhnliche körperliche Eigenschaften entwickelt, um hier leben zu können. Ihr Lungenvolumen ist um fast ein Drittel größer als bei Menschen anderer Regionen, und ihr Herz schlägt um einiges langsamer.

Seltsam mutet es an, daß in diesem hochgelegenen Gebiet mit seiner kargen Vegetation die Ruinen einer alten Kultur zu finden sind. In Tiahuanaco, etwa 20 km südlich des Sees, liegen die Überreste einer Stadt, die auf eine Zeit vor den Inka zurückgeht. Sie wurde zwischen 500 und 1000 erbaut, und die Akapanapyramide, der Tempel von Kalasasaya sowie das Sonnentor sind steinerne Zeugnisse einer der ältesten Kulturen Südamerikas. Über die Menschen, die die Stadt erbaut hatten, weiß man nur wenig. Doch einiges deutet darauf hin, daß sie von den Inka überfallen wurden, die ihre Kultur zerstörten, gleichzeitig jedoch einige ihrer Vorstellungen übernahmen. Und dazu gehört wohl die Verehrung des Titicacasees.

Einer Inkalegende zufolge war der See einst die Wohnstatt des Schöpfergottes Viracocha. Er tauchte aus den eisigen Tiefen des Sees auf, schuf Sonne, Mond und Sterne und brachte sie auf ihre Umlaufbahnen. Der Sonnengott Inti sandte Manco Cápac und Mama Ocllo, die Begründer der Inkadynastie, auf die Erde hinab. Von ihnen stammten alle Inkakönige ab, und deshalb verehrte man den See als den Schoß, aus dem die Götter und Könige hervorgingen.

Ruinen der Inka- und Vorinkakulturen sind auch auf der heiligen Isla del Sol, der Sonneninsel, erhalten, die im bolivianischen Teil nahe dem Südende des Titicacasees liegt. An dieser Stelle, so sagt die Legende, kamen die Götter auf die Erde herab, und dort fand man auch Opfergaben aus Gold und Silber vergraben. Das Hauptziel der Pilger vergangener Zeiten war ein vergoldeter Felsvorsprung am äußersten Ende der Insel, der dem Sonnengott geweiht war. An diesem Ort, wo sich die Legenden verschiedener aufeinanderfolgender Kulturen miteinander verwoben, gibt es heute noch so manches Geheimnis zu lüften.

Die Externsteine

Aus einem der Felstürme, welche die Gruppe der Externsteine bei Detmold bilden, ist in fast 40 m Höhe eine Kapelle ausgehauen. Dieser nur über einen schwankenden Fußsteg zugängliche Ort weist ein rundes Fenster auf, das auf den Sonnenaufgang am Tag der Sommersonnenwende ausgerichtet ist. Heute ist die Kapelle nicht mehr überdacht, früher einmal dürfte sie ein düsterer Ort gewesen sein, der nur von diesem einen Sonnenstrahl erhellt wurde, der auf eine Nische in der gegenüberliegenden Wand fiel.

Bis zum heutigen Tag kann niemand mit Gewißheit sagen, wer diese Kultstätte errichtet hat. An Spuren eines vorgeschichtlichen Ursprungs glaubte man nur in der Zeit des

Der Titicacasee (rechts) war den Inka und früheren Kulturen im Hochland der Anden heilig. Aus dem alten Tiahuanaco stammt der gemeißelte Monolith (unten).

Nur ein geschwungener Steg führt zu der Kapelle auf den Externsteinen hinüber.

Nationalsozialismus, als man im Rahmen der Bemühungen um die Wiedereinführung nordischer heidnischer Rituale versuchte, auch an diesem Ort Sonnenwendfeiern abzuhalten.

Die Kapelle liegt in einem Landstrich des Teutoburger Waldes, wo fünf riesige, erodierte Pfeiler über die Bäume emporragen. Diese Externsteine scheinen einige christliche Mönche sehr beeindruckt zu haben, die sich hier niederließen und verschiedene, aus dem Fels gehauene Grotten als Einsiedeleien für ihre Meditationen nutzten. Um 1120 meißelten sie an der Nordostecke des Westfelsens ein Relief der Kreuzabnahme, das für Jahrhunderte zum Ziel christlicher Wallfahrer wurde.

So weisen die Felskapelle, die man auf die Zeit um 1000 datiert, und das Kreuzabnahmerelief den Ort – entgegen der Propaganda des Dritten Reiches – als von Anfang an christliches Heiligtum aus, in dem manche gar eine Nachbildung der heiligen Stätten Jerusalems sehen wollen.

Glastonbury

Die Tatsache, daß man dem englischen Glastonbury schon lange eine besondere Aura zuschreibt, mag mit dem „Tor" zusammenhängen, einem konischen Hügel, der als unverwechselbares Wahrzeichen die Ebene der Somerset Levels überragt. Die Hügelkuppe krönt ein verfallener Turm, der einzige Überrest einer dem heiligen Michael geweihten Kirche aus dem 13. Jahrhundert. In der Abenddämmerung wirkt seine Silhouette überaus romantisch, wie es einem der mystischsten Schauplätze der Britischen Inseln ganz und gar angemessen ist.

Im Jahr 1190 gaben die Mönche der am Fuß des Hügels gelegenen Abtei Glastonbury bekannt, sie hätten die Gräber und Leichname des Königs Artus und seiner Gemahlin Guinevere entdeckt. Die Stelle der angeblichen Grabstätte ist heute noch auf dem Rasen zwischen den Ruinen der Abtei gekennzeichnet. Auch der britische Archäologe Ralegh Radford bestätigte im Jahr 1962 zwar den Fund des Grabes, er konnte jedoch nicht beweisen, um wessen Ruhestätte es sich tatsächlich dabei handelte.

Historiker datieren die ältesten Teile der Abtei auf das Jahr 700. Doch einer Legende zufolge wurde die Abtei von Joseph von Arimathia gegründet, dem Mann, der den Leichnam Christi für das Begräbnis vorbereitet hatte. Nach der Überlieferung kam er nach Glastonbury und stützte sich im Gebet auf seinen Stab. Der Stab schlug Wurzeln, und so wuchs aus ihm der berühmte Dornbusch von Glastonbury, eine Pflanze, die um die Weihnachtszeit blüht. Noch heute kommen im Winter Pilger und Besucher herbei, um auf dem Gelände der Abtei und an der Kirche des heiligen Johannes blühende Ableger des Dornbusches zu sehen. Joseph von Arimathia soll auch den Heiligen Gral nach

England gebracht haben, den Kelch des letzten Abendmahles, in dem er das Blut des Erlösers am Kreuz aufgefangen hatte. Der Gral soll in einem zwischen dem „Tor" und der Abtei gelegenen Brunnen verborgen sein. Dessen Quellwasser färbt der Eisengehalt rostrot; die Überlieferung freilich behauptet, die eigentümliche Rotfärbung sei auf das Blut Christi zurückzuführen, das aus dem heiligen Gefäß sickere. Daher trug der sogenannte Kelchbrunnen in früherer Zeit auch den Namen *blood spring* (Blutquelle).

Nach der Legende war Joseph von Arimathia der Gründer der verfallenen Abtei von Glastonbury. Die Hügelkuppe mit dem ehemaligen Kirchturm (links) ist kilometerweit sichtbar.

Als wäre dieser heilige Ort nicht schon zur Genüge mit christlichen Legenden und der Artussage verwoben, wird er darüber hinaus auch mit okkulten Elementen in Verbindung gebracht. Laut einer seit 1925 verbreiteten Theorie ist Glastonbury Teil eines gewaltigen Tierkreises, der mit rund 16 km Durchmesser die Landschaft von Somerset durchzieht und dessen Konturen als natürliche und künstliche Linien in der Landschaft auftauchen. Dieser Tierkreis von Glastonbury oder Sternentempel hat das Interesse von Hippies und Ufo-Beobachtern auf sich gezogen. Das uralte heilige Glastonbury ist also auch zum Wallfahrtsort all derjenigen geworden, die das Ende des 20. Jahr-

hunderts als das Heraufdämmern eines neuen Zeitalters, des New Age im Zeichen des Wassermannes, deuten.

Kakadu

Großartige Tempel haben die Aborigines, die Ureinwohner Australiens, nicht errichtet – für sie stellt das ganze Land eine lebende Kathedrale dar, die in einer mythischen Urzeit, der sogenannten Traumzeit, von Ahnenwesen geschaffen wurde. Nach ihrer Auffassung ist es der Zweck des Daseins, in Harmonie mit der geheiligten Erde zu leben. Obwohl bestimmte Orte einen besonderen kultischen Rang haben, ist für die Aborigines die ganze Landschaft von spiritueller Bedeutung durchdrungen.

Kein Kultzentrum genießt größere Verehrung als die Wildnis von Kakadu im Nordterritorium, die im Süden und Osten von dem Steilabbruch des Arnhemlandes begrenzt ist. Die Landschaft dort ist sehr vielgestaltig, sie weist phantastische Felsgebilde, Eukalyptuswälder, Savannen, Mangrovensümpfe und Dünen auf, welche die Küste säumen. Von Dezember bis März, in der sogenannten nassen Zeit, überfluten sturzbachartige Monsunregen das weite Tiefland, während es in der Trockenzeit von Mai bis Oktober ausdörrt.

In Kakadu lebt das Eingeborenenvolk der Gagudju. Nach ihren Überlieferungen wurde die Landschaft von einem weiblichen Wesen namens Warramurrungundji erschaffen, das aus dem Meer aufgestiegen ist. Ginga, ein Riesenkrokodil, schuf das Felsenland und ist dort versteinert in Form eines Felsens zu sehen, der einem Krokodilrücken auffallend ähnelt.

Nach dem Glauben der Aborigines leben überall gefährliche geistige Mächte fort. Dunkle Streifen auf der Vorderseite des Felsens am heiligen Berg Brockman beispielsweise sollen Blutflecken sein, die den Ort kennzeichnen, an dem einst die Schlangenschöpfer miteinander gekämpft hatten. Es heißt, die Reptilienwesen spukten noch immer in den Seen von Serpent Dreaming, und man dürfe sie nicht aufschrecken, sonst kämen sie hervor und zerrissen den Berg.

Im Gebiet von Kakadu wurden vielerorts uralte Felsmalereien gefunden; einige tausend schmücken die höhlenartigen Felsüberhänge des Nourlangie Rock, eines typischen Tieflandfelsens. Dort stellten die Ureinwohner prähistorische Tiergestalten von Känguruhs bis zu tasmanischen Beutelteufeln und fleischfressenden Beuteltieren dar, die auf dem australischen Festland seit langem ausgestorben sind. Die Künstler entwickelten in ihrer Darstellungsweise eine Art „Röntgenstil", denn sie malten nicht nur den Umriß, sondern auch die inneren Organe oder die Skelette von Spaltfußgänsen, Goannas (Waranen), Äschen und einem riesigen Fisch, dem sogenannten Barramundi. All diese Tiere waren für die Ernährung der frühen Aborigines lebenswichtig. Die ältesten Höhlenbilder stammen aus der Eiszeit, die neuesten aus dem 20. Jahrhundert. Die Felsmalereien von Kakadu überbrücken einen Zeitraum von 18000 Jahren und machen die australische Wildnis zu einer der ältesten Kunstgalerien der Welt.

Die Felsmalereien der Ureinwohner von Kakadu sind rund 18000 Jahre alt. Die abgebildete Flußschildkröte (rechts) veranschaulicht den „Röntgenstil", in dem die Tiergestalten dargestellt sind.

DER HEILIGE GANGES

Von der Quelle hoch oben im Himalaja bis zur Mündung im Golf von Bengalen legt der mächtige Ganges rund 2700 km zurück. Sein Wasser dient der Versorgung von über 300 Mio. Menschen – das ist mehr als die Bevölkerung der USA. Noch größere Bedeutung hat die geistige Nahrung, die der Fluß spendet, denn die „Mutter Ganges" ist das höchste Heiligtum der Hindus. Pilger aus ganz Indien und vielen anderen Ländern kommen hierher, um sich im heiligen Wasser zu reinigen. Sie baden, werfen Blumenkränze in den Fluß und setzen kleine, aus getrockneten Blättern gefertigte Boote aus, die von einem in *ghee* (geklärter Butter) schwimmenden Docht beleuchtet werden. Auf diese Weise weihen sie der Flußgöttin ihre Opfergaben.

An den Ufern des Ganges reihen sich Heiligtum an Heiligtum, und an den wichtigsten Pilgerstätten herrscht lebhaftes Treiben, wenn die Gläubigen am Morgen herbeiströmen, um ihre rituellen Waschungen vorzunehmen. Sie mischen sich unter die Fischer, Arbeiter, Händler, Bettler, Straßenmusikanten und unter die *sadhus*, heilige Männer, die ins Gebet versunken inmitten von Männern und Frauen sitzen, die unter rhythmischen Klatschgeräuschen ihre bunten Wäschestücke auf den steilen Stufen der *ghats*, der Steintreppen, die zum Wasser hinunterführen, aufschlagen und auswringen.

Die Ursprünge des großen Flusses schildert eine Legende. Sie erzählt, wie in alter Zeit ein König namens Sagara Indra den

Millionen von Menschen drängen sich alljährlich bei den großen Hindufesten an den Ufern des Ganges.

Gläubige Hindus reinigen sich bei einem Bad im Ganges, ihrem heiligen Strom.

König des Himmels zu besiegen versuchte. Im Verlauf des Streites schickte Sagara seine 60000 Söhne auf einen Raubzug aus, doch Gott Wischnu, der Bewahrer, ließ sie alle zu einem Aschehäufchen verbrennen. Über Jahrtausende hinweg blieben ihre Seelen in diesem Übergangsstadium, bis ein asketischer Nachkomme Sagaras die Götter gnädig stimmen konnte. Diese schickten den Himmelsstrom Mutter Ganga zur Erde, um die Asche fortzuspülen und so die Seelen zu erlösen. Bis zum heutigen Tag glauben die Hindus, daß der heilige Fluß die Seelen der Menschen läutere, deren Asche in seinem reinigenden Wasser verstreut wird. Sie glauben auch, daß jedem Menschen die Erlösung sicher ist, dem man im Augenblick des Todes ein paar Tropfen Gangeswasser auf die Zunge träufelt. Daher kommen die Pilger nicht nur zu rituellen Waschungen an den Fluß, sondern auch, um an seinem Ufer oder in seinen Fluten zu sterben und dort eingeäschert zu werden. Viele Besucher sind alte Menschen oder *sannyasin* (Entsagende), die auf ihre weltlichen Güter verzichtet haben, um als Bettler in orangefarbenen Gewändern mit Stab und Trinkgefäß auf Wanderschaft zu gehen.

Eine der heiligsten Stätten am Ganges ist die alte Stadt Varanasi, die als der wichtigste *tirtha* (Schnittpunkt) zwischen Himmel und Erde gilt. In Varanasi, das bis 1956 Benares hieß, möchten die meisten gläubigen Hindus ihr Leben beenden. In früheren Zeiten kamen Menschen eigens hierher, um sich zu töten, denn hier zu sterben schien die Erlösung zu garantieren. Um 1820 beschrieb Reginald Heber, der Bischof von Kalkutta, wie Pilger sich bisweilen zwischen zwei leeren Reistöpfen festbanden und wie in einem Floß auf den Strom hinauspaddelten, wo sie „dann die Töpfe mit Wasser füllten und in der Ewigkeit versanken".

Noch heute brennen fast ununterbrochen Feuer auf den Steintreppen, wo die Toten verbrannt werden, und die Luft ist von Rauch und dem Duft nach Kampfer, Mangoblättern und *ghee* erfüllt, mit denen man den Scheiterhaufen Wohlgeruch verleiht. Die Manikarnika-Treppe ist der heiligste Ort der Hindus. Dort, so glauben sie, wurde die Welt erschaffen, und genau an dieser Stelle wird sie dereinst untergehen. Außerdem sollen dort nach einem Versprechen des Gottes Schiwa die Seelen der Gläubigen aus dem Kreislauf der Wiedergeburten befreit werden. Varanasi steht unter dem Schutz dieses höchsten Hindugottes, und in den engen Gassen stehen Hunderte von Schreinen, die ihm geweiht sind.

Ein anderer Ort von überragender religiöser Bedeutung ist die Stadt Allahabad. Sie liegt am Zusammenfluß von Ganges und Jumna, an einem heiligen Knotenpunkt, dem *sangham*, wo sich ihnen angeblich als dritter Fluß der mythische Saraswati hinzugesellt. Bis zu 1 Mio. Pilger strömen alljährlich im Januar und Februar zu dem Badefest Magh Mela herbei, um ihre Seelen im *sangham* zu reinigen. 1954 war der Andrang am Wasser so groß, daß 350 Menschen totgetreten wurden.

Es erscheint paradox, daß gerade der „reinigende" Ganges zu den am stärksten verunreinigten Flüssen der Welt zählt, verschmutzt von den menschlichen und industriellen Abfällen aus den zahlreichen Städten an seinen Ufern. Manchmal schwimmen auch halbverbrannte Leichen darin, weil ärmere Familien sich oft nicht genug Holz für eine vollständige Einäscherung leisten können.

Am heiligen Zusammenfluß von Ganges und Jumna liegt die Stadt Allahabad.

WALLFAHRTSORTE UND PILGERZIELE

Gläubige, die sich auf den Weg zu den großen Pilgerzielen der Welt machen, trotzen seit Jahrhunderten allen möglichen Widrigkeiten – Schiffbruch, Überfällen, Unwettern. Dennoch üben diese heiligen Stätten bis zum heutigen Tag eine unverminderte Anziehungskraft aus.

Das Christentum gilt als die größte Religionsgemeinschaft der Welt; im Jahr 1992 betrug die Zahl ihrer Anhänger etwa 1,8 Mrd., das sind rund ein Drittel der Weltbevölkerung. Jerusalem, Lourdes und Rom, die großen Wallfahrtsorte der katholischen Kirche, ziehen Jahr für Jahr riesige Besuchermassen an. Doch sind sie nicht die einzigen Orte, von denen spirituelle Macht und Anziehungskraft ausgehen. Der Ganges, den die Inder als heilig verehren, ist eines der ältesten Wallfahrtsziele der Welt, und jeder fromme Hindu strebt danach, in seinem reinigenden Wasser zu baden. In die Stadt Mekka in Saudi-Arabien reisen alljährlich Millionen gläubiger Muslime, und nach Bodh Gaya, einem kleinen Ort in Indien, kommen die Pilger in Scharen zu einem Ableger des Feigenbaumes, unter dem Buddha einst die Erleuchtung erlangte.

Pilgerfahrten werden aus den verschiedensten Motiven unternommen. Für manche Wallfahrer sind sie ein Akt schlichter Frömmigkeit, einige wollen dabei für ihre Sünden büßen, wieder andere erhoffen sich göttliche Gnadenerweise oder Wunder. Im Mittelalter gingen Christen auf Pilgerreise, um Reliquien oder den Nachlaß von Sündenstrafen zu erwerben. Das Geschäft mit Ablässen und den Gebeinen Heiliger, die manchmal in Wahrheit Tierknochen waren, führte zu Skandalen,

Über der Klagemauer in Jerusalem erhebt sich schimmernd die goldene Kuppel des Felsendomes.

welche die Kirche in ihren Grundfesten erschütterten, und noch heute wimmelt es an den heiligen Stätten der Christenheit von Händlern, die billige Rosenkränze und Madonnen aus Gips feilbieten. Dessen ungeachtet drängt es die Wallfahrer an Orte, die von der göttlichen Gnade berührt scheinen und daher eine geheimnisvolle Ausstrahlung besitzen.

Die Gläubigen vieler Religionen fühlen sich von bedeutsamen religiösen Bauwerken angezogen, doch sind auch heilige Berge ein häufiges Ziel von Pilgerreisen. Werden ihre hochaufragenden Gipfel verehrt, weil sie dem Himmel ganz nahe scheinen oder weil sie die Erinnerung an einen urzeitlichen Berg wachrufen, der sich aus der Sintflut erhob? Welche Gründe auch immer den Ausschlag geben mögen: Die Berge Ararat, Olymp, Fudschijama, Tai Shan und Kailas sind reich an Mythen und Legenden – und lassen die Pilger den Aufstieg als eine befreiende göttliche Prüfung empfinden.

Jerusalem

In den drei Weltreligionen, die sich zum Glauben an einen einzigen Gott bekennen, genießt die Stadt Jerusalem besondere Verehrung. Im Mittelalter besaß sie eine solche symbolische Bedeutung, daß Kartographen die Stadt zum eigentlichen Mittelpunkt der Erde machten.

Christliche Pilger beschreiten die Via Dolorosa, an deren Ende die Grabeskirche steht; sie gilt als Schauplatz der Kreuzigung und Auferstehung Christi. In der Nähe befinden sich noch zwei weitere Stätten, die eng mit der Passion Christi verbunden sind: der Garten Gethsemane und der Ölberg.

Die Muslime verehren Jerusalem wegen der Beziehung zu Mohammed, und ihr Heiligtum ist der Felsendom, das prächtigste Gebäude der Stadt. Diese Moschee wurde angeblich auf dem Felsen erbaut, von dem aus der Prophet auf einer Nachtfahrt, die der Koran schildert, zum Thron Allahs aufgestiegen ist. Christlichen und jüdischen Fundamentalisten gilt der Felsen außerdem als der Ort des Armageddons, des letzten Kampfes vor der Wiederkunft des Messias.

Die religiöse Bedeutung, die Jerusalem für die Juden besitzt, läßt sich kaum in Worte fassen. Es war die Hauptstadt König Davids, der sie im Jahr 1000 v. Chr. von den Jebusitern eroberte und später alle Stämme Israels vereinte. Sein Sohn Salomo ließ hier für die Aufbewahrung der Bundeslade den ersten Tempel errichten – ein Ereignis, das die Bibel in allen Einzelheiten schildert.

587 v. Chr. machten die Babylonier Salomos Tempel dem Erdboden gleich, und ein zweiter, unter Herodes dem Großen erbauter Tempel wurde im Jahr 70 von den Römern zerstört. Die Westwand dieses späteren Bauwerkes blieb jedoch erhalten und ist heute als die sogenannte Klagemauer die heiligste Stätte des Judentums. Seit mehr als tausend Jahren beten hier die Juden und betrauern die Zerstörung des Tempels und die Zerstreuung ihres Volkes. In kleinen verschlossenen Fächern werden in der Mauer heilige Schriftrollen verwahrt, und gelegentlich kann man Pilger beobachten, die Zettel mit persönlichen Gebeten in die Mauerritzen stecken.

Der Kailas

Für die Hindus ist der Berg Kailas im heutigen Tibet der Sitz des grausamen, vierarmigen Gottes Schiwa, des Zerstörers. Er stellt zugleich das Prinzip der Fortpflanzung dar,

Nach dem Glauben der Hindus ist der Berg Kailas der Sitz des Gottes Schiwa.

das durch den Phallus symbolisiert wird. Schiwa brachte einst die Göttin Parwati zu seinem Wohnsitz auf dem Kailas, und ihre Umarmung, so weiß es die Legende, ließ die Erde erbeben.

Auch den Buddhisten ist der Kailas heilig. Im 11. Jahrhundert soll hier der tibetische Heilige Milarepa den Zauberer Naro Bonchung in einem Zweikampf der übernatürlichen Mächte besiegt haben, der mit einem Wettlauf zum Gipfel endete. Milarepa flog auf einem Sonnenstrahl zur Bergspitze empor und gewann. Schließlich verehren auch die Anhänger des Dschainismus – einer Religion, die wie der Buddhismus im 6. Jahrhundert v. Chr. gegründet wurde – den Berg als den Ort, wo ihr erster Heiliger die Befreiung seines Geistes erlebte.

Verglichen mit anderen Himalajabergen, ist der Kailas mit seinen 6714 m nicht sonderlich hoch. Weshalb also wird er in so vielen Religionen verehrt? Vielleicht liegt es an seiner Gestalt, denn der Gipfel erhebt sich hoch über das umliegende Bergmassiv und ist ganzjährig von Schnee bedeckt. Überdies bildet der Berg, in dessen Umgebung vier

In den Black Hills von South Dakota ragen kahle Felsen schroff wie Zinnen zum Horizont empor.

große Flüsse – Indus, Brahmaputra, Karnali und Sutlej – entspringen, eine wichtige Wasserscheide. So gilt das „Juwel des Schnees", wie sein tibetischer Name lautet, seit je als Lebensspender, der die langgestreckten Täler nach allen Himmelsrichtungen hin mit Wasser versorgt.

Seit mindestens 2000 Jahren finden sich hier Pilger und Einsiedler ein, um an den Hängen des Berges geistige Nahrung aufzunehmen. Einer von ihnen war der berühmte Guru Padmasambhava, der im 8. Jahrhundert in einer Höhle der Westflanke Zuflucht suchte. Unter den Pilgern hat sich bis heute der Brauch erhalten, daß sie 51 km weit um den Berg wandern und dabei einem alten Weg folgen, den nur die ausdauerndsten an einem Tag bewältigen. An diesem Weg liegen Klöster und Eremitengrotten, und angeblich hinterließen Heilige ihre Fuß- und Handabdrücke auf den Felsen. Manche Pilger lassen ihr Gepäck auf dem Rundgang von Yaks transportieren, während strenggläubige Hindus in dem kalten, türkisfarbenen Wasser eines heiligen Sees sogar rituelle Reinigungen vollziehen.

Nur wenige Besucher kommen dem Gipfel des Kailas ganz nah, denn um weiter in das Bergmassiv vorzudringen, muß der Pilger den Berg 13mal umrunden. Doch gefährliche Moränen sowie die heilige Überlieferung schützen das Geheimnis um die Wohnstatt Schiwas.

Die Black Hills von Dakota

Die Black Hills, die „Schwarzen Hügel", die sich imposant aus der weiten Prärie von South Dakota erheben, verdanken ihren Namen den dunklen Koniferenwäldern auf ihren Hängen. Eigentlich sind es gar keine Hügel, sondern Berge, und ihre Felsen ragen wie riesige Granittürme über den Bäumen bis zu dem 2207 m hohen Gipfel des Harney Peak auf.

Als Siouxstämme in der zweiten Hälfte des 18. Jahrhunderts nach Westen zogen, stießen sie auf diese Bergkette, und deren *wakan* (geistige Kraft) erfüllte sie mit tiefer Ehrfurcht. Von 1765 an – nach dem Kalender der Indianer das Jahr der Entdeckung – wurden die Black Hills als ein Geschenk des Großen Geistes Wakan Tanka ihr Heiligtum. Die *Paha-Sapa*, wie die Schwarzen Hügel in der Sprache der Sioux heißen, entwickelten sich zum lebendigen Mittelpunkt ihrer Kultur, und in den Kiefernwäldern der heiligen Berge schnitten die Indianerstämme auch die Stangen für ihre Zelte, die Tipis.

Am Sylvansee inmitten der Berge hatte der junge Sitting Bull eine Vision, die sein Leben veränderte. Er vernahm ein wunderschönes Lied, dessen Echo über das Wasser zu ihm drang, und auf einer Felsenspitze am Seeufer bemerkte er etwas, das die Gestalt eines Mannes zu sein schien. Als er sich ihr näherte, drehte sich die Gestalt um und blickte ihn an, und Sitting Bull sah, daß es ein Adler war. Als der Indianer jedoch weiter vorrückte, flog der Adler fort. In der Überzeugung, daß es sich nicht um einen gewöhnlichen Vogel gehandelt habe, sang Sitting Bull das Adlerlied, das er als Botschaft des Wakan Tanka deutete:

Mein Vater hat mir dieses Volk gegeben.
Sein Schutz macht mir viel Mühe.

Im Glauben an seine göttliche Berufung wurde aus dem jungen Krieger ein mächtiger Häuptling, ein mutiger Anführer im Kampf um den Schutz indianischen Landes gegen die Übergriffe des weißen Mannes. Durch einen Vertrag fielen die heiligen Black Hills 1868 dem Gebiet eines riesigen Reservates zu, das den Sioux für alle Zeiten als Lebensraum zugesagt wurde. Im Sommer 1874 jedoch verletzte General George Armstrong Custer den Vertrag. Er führte eine Expedition in die heiligen Berge, und seine Berichte über das dort vorhandene Gold bewirkten, daß Scharen von Goldsuchern in das Gebiet strömten. Bei den nachfolgenden Feindseligkeiten wurden General Custer und das 7. US-Kavallerieregiment im Jahr 1876 am Little Bighorn River von Kriegern niedergemetzelt, die Sitting Bull und Crazy Horse in die Schlacht führten.

Dennoch trug der weiße Mann am Ende den Sieg davon, und die heiligen Berge sind heute vorrangig eine Touristenattraktion: Über 0,4 Mio. Hektar umfaßt der Black Hills National Park. Vor allem die Goldsucherstadt Deadwood und die Riesenskulpturen der amerikanischen Präsidenten am Mount

Rushmore locken die Besucher an. Doch auch die Schönheit der zerklüfteten Felsen schlägt noch immer die Betrachter in den Bann – nach wie vor scheint der Große Geist ein Auge auf sie zu haben.

Bodh Gaya

Mit seiner einen Hauptstraße gleicht Bodh Gaya vielen anderen Dörfern im indischen Staat Bihar, und doch gibt es einen wesentlichen Unterschied: Täglich strömen die Pilger zu Hunderten hierher, denn der Ort gilt als die Wiege des Buddhismus, einer der größten Religionen der Welt. An diesen entlegenen Flecken am Ufer des Flusses Niranjana kam vor rund 2500 Jahren der Fürst Siddhartha Gautama, nachdem er seinen Reichtum und seine Familie aufgegeben hatte, um auf die Suche nach der endgültigen Wahrheit zu gehen. Nach sechsjähriger Wanderschaft erlebte er in Bodh Gaya unter dem heiligen Bodhi-Baum die Erleuchtung und war fortan der Buddha (der „Erwachte" oder „Erleuchtete").

Der ursprüngliche Baum starb ab, doch ein Ableger wurde sorgsam gepflegt und war so der „Urahn" des Bodhi-Baumes, der noch heute seine belaubten Zweige in Bodh Gaya ausbreitet und von den Gläubigen stets mit bunten Gebetsfahnen und Wimpeln geschmückt wird. Der Baum ist nicht nur für Millionen Buddhisten ein Kernstück des Glaubens, sondern auch für die Hindus, die Buddha als *awatar*, eine der Inkarnationsformen des Gottes Wischnu, betrachten.

Der Baum wächst in dem von Mauern umringten Bezirk des Mahabodhi-Tempels, der aus dem 1. Jahrhundert stammt. Den mehrmals erneuerten Tempel umziehen gemeißelte Balustraden, die mit Darstellungen von Lotosblüten, Vögeln und anderen Tieren sowie mit Szenen aus den sogenannten Jakata-Erzählungen verziert sind, in denen die früheren Inkarnationen Buddhas geschildert werden. Daneben ist die Tempelanlage mit zahlreichen Skulpturen und Stupas, glockenförmigen Reliquienschreinen,

In Bodh Gaya sinniert ein steinerner Buddha über die Unendlichkeit. Der heilige Baum (unten) ist ein Ableger des ursprünglichen Baumes, unter dem Buddha die endgültige Wahrheit fand.

FENG-SHUI – KOSMISCHE STRÖME IN DER LANDSCHAFT

Wenn ein chinesisches Landschaftsbild eine wundersame Harmonie der Formen aufweist, verdankt es sie der alten Kunst des Feng-shui. Nach dem taoistischen Glauben haben alle Dinge zwei gegensätzliche Seiten, die sich aus dem männlichen Atem des Himmels *(yang)* und dem weiblichen Atem der Erde *(yin)* erklären. Der Fluß dieser Energien über Hügel und Berge, Flüsse und Täler bestimmt den Charakter eines Ortes. Feng-shui – Wind und Wasser – bedeutet eine Sensibilität für diese Kräfte und die Fähigkeit, für ein harmonisches Gleichgewicht zwischen ihnen zu sorgen.

In alten Zeiten war die Standortwahl für heilige Bauwerke von größter Bedeutung, denn die richtige Lage erhöhte die geistige Macht des Feng-shui, während Unempfindlichkeit gegen den kosmischen Energiefluß Unglück heraufbeschwor.

Im kaiserlichen China wurden die Landschaften nach den Prinzipien des Feng-shui gestaltet, und der Bau von Pagoden sollte oft die Wirkung ungünstiger Hügel ausgleichen. Um die Machtkonzentration in der Hauptstadt Peking zu unterstützen, wurden die wellenförmigen Ströme der Erdkraft in lange, gerade Kanäle geleitet, die auf den Regierungssitz ausgerichtet waren. Diese Kanäle waren *lung mei* – Drachenpfade, die von Hügel zu Hügel verliefen. Keine Gebäude außer den Grabstätten der kaiserlichen Familie durften auf den Drachenpfaden erbaut werden.

Fachleute für Feng-shui wurden vor jedem Eingriff in die Landschaft zu Rate gezogen. Der englische Missionar E. J. Eifel schilderte im Jahr 1873 die Schwierigkeiten, auf die man dabei stieß: „Wenn ein paar Telegrafenmasten aufgestellt werden sollten, wenn der chinesischen Regierung der Bau einer Eisenbahn nahegelegt wurde oder wenn man auch nur den Bau einer Bahn für die Nutzung der Kohleminen im Landesinneren vorschlug, machten die chinesischen Beamten unweigerlich eine höfliche Verbeugung und erklärten das Vorhaben aufgrund des Feng-shui für unmöglich."

Im kommunistischen China mißbilligt, wird die alte Kunst des Feng-shui im Ausland noch heute von sogenannten Geomantern ausgeübt; in den USA etwa ist es gang und gäbe, daß Angehörige der chinesischen Gemeinde vor dem Kauf oder Bau eines Wohnhauses einen Geomanter hinzuziehen. Der wissenschaftlichen Analyse entzieht sich Feng-shui, doch hat es unter Menschen, die sich für Phänomene wie die Ley-Linien und Rutengängerei interessieren, viele Anhänger. Geomanter betrachten die Natur als ein Magnetfeld, und oft wird angeführt, die Schöpfer der prähistorischen Megalithbauten hätten ihre gewaltigen Steinblöcke im gleichen Glauben aufgestellt: Erde und Himmel sollten in Einklang gebracht werden, wobei das Bauwerk als eine Art Blitzableiter für die Magnetkraft fungierte.

geschmückt. In einem Lotosteich spiegelt sich eine lebensgroße Statue des Buddha, und ganz in der Nähe befindet sich der berühmte „Juwelenweg", eine von Säulen gesäumte Plattform, auf der Buddha angeblich hin- und herschritt und nachsann, ob er seine neuentdeckte Weisheit der Welt enthüllen solle. Er entschied sich dafür und widmete sein Leben von diesem Augenblick an dem Wohl der Menschheit.

In Bodh Gaya wird diese Entscheidung alljährlich im Mai mit dem Buddha-Jayanti-Fest gefeiert, zu dem Tausende von frommen Besuchern in das kleine Dorf strömen. Sie schlafen auf den Dächern, um inmitten der Mönche mit ihren safranfarbenen Gewändern an den Feierlichkeiten teilzunehmen. Zum Läuten der Glocken erklingt dann im Sprechgesang das *Om Mani Padme Hum*, die Glaubensformel der Buddhisten.

Der Tongariro

Der dröhnende Donner, der die Gipfel des Tongariro umbraust, ist dem Glauben der Eingeborenen zufolge von den Stimmen der Vorfahren erfüllt. Dieses Gebirgsmassiv im Herzen der Nordinsel Neuseelands war lange Zeit ein Bestattungsort der Maoris, die ihre Häuptlinge in Höhlen an den Berghängen zur letzten Ruhe betteten. Drei aktive Vulkane beherrschen die Landschaft, doch ihre Gipfel sind für die Maoris „tabu" – dieser Begriff geht auf das Maori-Wort *tapu* zurück, mit dem eines der mächtigsten Gesetze ihrer Gemeinschaften bezeichnet wird. Die Ureinwohner waren überzeugt, daß die Vulkane beim Versuch, sie zu erklimmen, immer höher würden. Ihre Gipfel waren somit stets außer Reichweite.

Von den drei Gipfeln ist der Ruapehu mit 2797 m der höchste Berg, und seine zerklüftete Spitze ist das ganze Jahr über schneebedeckt. Der Gipfel des Tongariro selbst ist von Kratern übersät, in deren Nachbarschaft schwefelhaltige vulkanische Seen und heiße Quellen liegen. Der höhere Schwesterberg des Tongariro, der Ngauruhoe, ist ein klassischer Kegel, ein Ausläufer des Hauptvulkans. Er ist der spektakulärste der Berge, denn aus dem Höllenkrater des Ngauruhoe treten fast pausenlos Dampf und Gas aus, und gelegentlich detoniert er mit ungewöhnlicher Heftigkeit. Die Feuer am Gipfel soll ein Urahn des dort ansässigen Stammes entzündet haben, und man glaubte, daß viele Geister auf den Höhen in einem Haus ihr Unwesen trieben, das „Brüllen des Himmels" heißt. Wenn der Vulkan Feuer zu speien begann, meinten die Eingeborenen, die Geister erteilten ihnen den Befehl zum Krieg; ihren Nachbarn aber verriet

Einer Legende zufolge ist der Krater des Ngauruhoe auf Neuseeland von bösen Geistern bewohnt.

dasselbe Zeichen, daß sie bald mit einem feindlichen Angriff zu rechnen hatten.

Die Maoris begegneten dem Ngauruhoe stets mit äußerster Scheu, und das Tabu schützte ihn viele Jahrhunderte lang. Im Jahr 1839 jedoch trotzte der englische Botaniker J.C. Bidwell dem Zorn der Geister und bestieg den 2291 m hohen Berg. Er floh seinen Gipfel, als der Vulkan unter mächtigem Grollen zum Leben erwachte. So fasziniert Bidwell auch war, wollte er doch „keinen Vulkanausbruch aus solcher Nähe erleben", daß er befürchten mußte, „entweder gekocht oder zu Tode gedämpft" zu werden.

In den Augen der Maoris war jeder Vulkan eine Persönlichkeit; die Berge stritten miteinander, heirateten und nahmen alle Regungen und Leidenschaften der Menschen an. Dem Volksglauben nach fehlt jedoch in der Tongarirogruppe einer der ursprünglich vorhandenen Berge, der Vulkan Taranaki. Dieser begann einst mit einer schönen, waldbedeckten Gemahlin des Tongariro zu flirten. Die beiden männlichen Berge gerieten in Streit und bewarfen sich mit Feuerbällen, bis Taranaki nach Westen davonstürmte. Auf seiner Flucht schürfte der mächtige Berg die Schlucht des Wanganuiflusses aus, und schließlich ließ er sich am äußersten Ende des Cape Egmont nieder. Dort steht der Taranaki noch heute – die Weißen kennen ihn als Mount Egmont.

Solche Geschichten dienten den Eingeborenen Neuseelands oft als Erklärung für ungewöhnliche topographische Merkmale. Ihre Landschaften sind nicht von geologischen Abstraktionen geformt, sondern von den Traumenergien der Phantasie.

Der Tai Shan

Wer den Tai Shan in China besteigt, heißt es, werde 100 Jahre alt. Wenn das stimmt, muß der Berg reihenweise Hundertjährige produzieren, denn regelmäßig nehmen Scharen von Besuchern den sechsstündigen Aufstieg in Angriff und arbeiten sich mühsam die rund 6000 Stufen bis zum Gipfel empor. Denn anders als beispielsweise bei der Besteigung des Olymp oder des Fudschijama führt der Hauptaufstiegsweg des Tai Shan über eine Treppe. An diesem Weg finden sich Tempel, Schreine, Steine mit Inschriften, Brücken, Gästehäuser und sogar eine Drahtseilbahn. Schon seit Jahrtausenden ist der Berg ein Besuchermagnet, und obwohl seine Beliebtheit mit einem Verlust an landschaftlichem Reiz einhergeht, bleibt seine Faszination nach wie vor erhalten.

Der Tai Shan, der sich 1545 m hoch über der Ebene des Gelben Flusses erhebt, ist der höchste Gipfel der Halbinsel Shandong und unter den fünf heiligen Bergen Chinas der meistverehrte. Nach einer Überlieferung trat die Sonne am Tai Shan ihre Reise über den Himmel an, und der Berg spielt auch im taoistischen Glauben, der im 6. Jahrhundert aus den Lehren des weisen Laotse hervorging, eine wichtige Rolle.

Die Granitstufen am Tai Shan zählen zu den ältesten Treppen der Welt.

Kernpunkt dieser Philosophie ist ein Zustand der Harmonie mit der Natur und dem Universum, der durch das *tao* (den Weg) erreicht wird, auf dem *yin* (die weiblichen Kräfte) für den Ausgleich mit *yang* (den männlichen Kräften) sorgen. Obwohl der Taoismus einfache Werte betont, hat er eine Vielzahl von Göttern und magischen Kulten angenommen. Die höchste dieser Gottheiten ist der Jadekaiser, der über das Leben aller Menschen und Tiere gebietet. Seine Wohnstatt ist der Tai Shan, und hoch oben auf dem Gipfel erhebt sich sein Tempel.

Von den einheimischen Bauersfrauen wird hier zugleich die Prinzessin der azurfarbenen Wolken verehrt; regelmäßig schleppen sie sich hinauf, um ihr Opfer darzubringen.

In den Jahrhunderten der Kaiserherrschaft wurde auf dem Tai Shan dem Himmel und der Erde geopfert, und es war keineswegs ungewöhnlich, daß eifrige Pilger den Aufstieg auf den Knien zurücklegten. Unter jenen, die den Berg bestiegen, waren fünf chinesische Kaiser und der weise Konfutse, der 551 v. Chr. in der Stadt Qufu südlich des Berges geboren wurde. In jüngerer Zeit erklomm auch Mao Tse-tung den Tai Shan und bemerkte beim Anblick der aufgehenden Sonne: „Der Osten ist rot."

Noch heute kommen täglich Tausende von Besuchern, und viele sind schon vor Tagesanbruch auf dem Gipfel, um den Sonnenaufgang zu erleben. In einem Zeitalter der Skepsis übt der von Tempeln übersäte Berg offenbar nach wie vor seine Anziehungskraft auf Menschen aus. Nach dem chinesischen Glauben sind bestimmte Orte die Zentren lebendiger Erdkräfte, die man durch die alte Kunst des Feng-shui aufspüren kann. Der Tai Shan ist der vielleicht bemerkenswerteste dieser Orte in China: Er ist zwar weder besonders hoch noch besonders schön, aber fraglos ein magischer Berg.

Santiago de Compostela

Die Stadt und ihr Idol sind untrennbar miteinander verbunden, denn schon ihr Name geht auf den heiligen Jakobus zurück, der im Spanischen *Sant' Yago* heißt. Im Mittelalter war sie der beliebteste Wallfahrtsort in Europa, weil ihre prächtige Kathedrale angeblich die Gebeine des Apostels Jakobus des Älteren birgt, der im Jahr 44 auf Geheiß des Herodes Aggrippa in Jerusalem enthauptet wurde. Man glaubte, daß Jakobus einst eine Reise nach Spanien unternommen und dort gepredigt hatte. Später wurde sein Leichnam der Legende nach an einen Ort unweit des heutigen Santiago an der spanischen Nordwestküste gebracht. Um 830 soll sein Grab entdeckt worden sein. König Alfons II. von Asturien erklärte Jakobus zum Heiligen und befürwortete die Verehrung, die sich um die Fundstätte entwickelte. Bald darauf nahm man die erste der Kathedralen in Angriff, die über dem Grab gebaut wurden.

Die Mauren bedrohten damals das Reich, und die Soldaten, die gegen sie kämpften, verehrten den heiligen Jakobus als Verfechter des Christentums in besonderer Weise. Oft berichteten die Teilnehmer der Kreuzzüge in Spanien – darunter auch zahlreiche Ritter aus Frankreich –, sie hätten den Heiligen auf einem weißen Schlachtroß erblickt. Vielleicht entstanden aus diesem Grund vier große Pilgerstraßen, die von den französischen Orten Tours, Vézelay, Le Puy und Arles ausgingen und an denen die wohlhabende Benediktinerabtei in Cluny Hospitäler und Prioreien für die Wallfahrer errichtete. Kammuscheln, die man zunächst an den Atlantikstränden bei Santiago sammelte, wurden zum Wahrzeichen der Pilgerschaft. Das Symbol wurde an Kirchenmauern entlang der Straßen eingemeißelt, und an der Nordseite der Kathedrale stellte man Buden auf, wo die Wallfahrer im 12. Jahrhundert die Muscheln kaufen konnten, ohne sich an die Küste begeben zu müssen.

Am Schrein des heiligen Jakobus – so heißt es – „wird den Kranken Gesundheit wiedergegeben, den Blinden das Augenlicht, vielen Stummen die Zunge gelöst, Taube hören wieder, Lahme bekommen Kraft zum Gehen, Dämonen werden vertrieben. Überdies werden die Gebete der Gläubigen erhört, ihre Gelübde erfüllt und die Fesseln ihrer Sünden gelockert." Wunder des heiligen Jakobus sind überall in Europa an Kirchenfenstern dargestellt, und seine Anhängerschaft reichte weit über die Soldaten hinaus. So erzählt in den *Canterbury Tales* von Geoffrey Chaucer, einem englischen Dichter des 14. Jahrhunderts, eine gewisse Frau von Bath, sie sei in Santiago de Compostela gewesen. Und aus dem 13. Jahrhundert existiert ein Bericht, wonach zwei Engländerinnen zur Buße dort hingeschickt wurden – die eine, weil sie Ehebruch began-

Zu den verehrungswürdigen Schätzen der prachtvollen Kathedrale von Santiago de Compostela gehören auch die Reliquien und die Statue (links) des heiligen Jakobus.

Auf Hokusais berühmtem Farbholzschnitt (oben) erscheint der Fudschijama wie eine schaumgekrönte Welle. Die Fotografie zeigt Japans heiligen Berg in einer ruhigeren Stimmung.

gen, die andere, weil sie angeblich mit einem ihrer Patensöhne geschlafen hatte.

Noch immer strömen Pilgerscharen in die Kathedrale. Sie umarmen die vergoldete Statue des Jakobus und werfen einen Blick auf den silbernen Sarg unter dem Hochaltar, der die Reliquien des Heiligen enthalten soll. Ob es sich dabei wirklich um die Gebeine des Apostels handelt, ist umstritten. Niemand aber leugnet die echte Inbrunst, mit der am 25. Juli der Namenstag des Heiligen gefeiert wird, eines der größten Ereignisse im spanischen Kirchenjahr. Auf dem Hauptplatz der Stadt drängen sich die Menschenmassen, Volkstänze in alten Trachten werden aufgeführt, und die reichverzierte Fassade der Kathedrale erstrahlt im bunten Glanz der Feuerwerke. Santiago de Compostela ist tief in der Vergangenheit verwurzelt und blüht doch immer wieder auf durch seine lebendige Tradition.

Der Fudschijama

Der bekannteste japanische Holzschnitt der Welt stammt von dem Illustrator Katsushika Hokusai (1760–1849) und zeigt eine Ansicht des Fudschijamas. Von einer großen, seewärts rollenden Welle im Vordergrund umrahmt, ähnelt der schneebedeckte Berg einem Brecher mit Schaumkrone – eine phantasievolle Metapher des meisterhaften Landschaftsmalers. Das Bild gehört zu Hokusais Sammlung *Sechsunddreißig Ansichten des Berges Fudschijama*, die entgegen dem Titel aus insgesamt 46 Darstellungen besteht. Und damit nicht genug: Kaum hatte Hokusai diese Bildfolge fertiggestellt, nahm er die Arbeit an dem noch ehrgeizigeren Werk *Hundert Ansichten des Berges Fudschijama* auf.

Der von alters her als Wohnstatt der Götter verehrte Fudschijama ist Japans höchster Berg. Er zeichnet sich durch einen symmetrischen Kegel aus, der über einem nahezu runden Fuß aufragt. Der 3776 m hohe Berg, ein Vulkan, dessen letzter Ausbruch 1707 stattfand, liegt im südlichen Teil von Zentralhonshu. Unter den fünf Seen an der Nord- und Ostseite des Fudschijama ist vor allem der Kawaguchi berühmt, in dessen Wasser sich das Bild des Berges spiegelt.

Der Fudschijama hat viele Gesichter, sagen die Japaner, und viele behaupten sogar, er zeige sich an keinem Tag gleich. Mal erscheint er in Wolken gehüllt, mal mit einer weißen Schneekrone, mal in blutrotem Schimmer – so hat der Berg viele Maler und Poeten angeregt. Der japanische Dichter Bashu etwa schrieb diese Zeilen:

Am Ufer des Kawaguchi sinne ich,
und Fudschijama zeigt durch Nebelschleier
sein ständig wechselndes Gesicht.

Die einheimischen Ainu nannten den Berg zunächst Fuchi, nach einer Feuergöttin, die angeblich dessen Eruptionen verursachte.

Marathonmönche

Die Mönche eines Klosters auf Japans heiligem Berg Hiei, nordöstlich von Kyoto, werden auch Marathonmönche genannt, weil sie bei bei ihrer Suche nach der Erleuchtung strenge Übungen durchführen. In einem bestimmten Abschnitt ihres Klosterlebens, der sieben Jahre umfaßt, legen die „laufenden Buddhas" auf Bergpfaden weite Strecken zurück, bis sie mindestens einmal den Erdball zu Fuß umrundet haben.

Im Shintoismus ist der Gipfel die Heimat der Sengen-Sama, der Göttin der Blüten, die den Gläubigen bisweilen als leuchtende Wolke über dem Krater erscheint. Von den Buddhisten wird der Berg als Tor zu einer anderen Welt verehrt. In früheren Zeiten galt der Berg von Amts wegen als heilig, und in jedem Sommer traten Tausende von Pilgern in weißen Gewändern, mit Strohhüten und Sandalen den mühsamen Aufstieg zum Gipfel an. Lange Zeit war dieser Akt des Glaubens Männern vorbehalten, denn bis 1868 herrschte am Fudschijama ein striktes Verbot für Frauen.

Heute wird der Berg schätzungsweise von 1 Mio. Menschen im Jahr erklommen, und viele nutzen dazu die kurze offizielle Zeit der Besteigung, die mit feierlichen Zeremonien beginnt und vom 1. Juli bis zum 31. August dauert. Obwohl genaugenommen nur wenige Besucher tatsächlich Pilger sind, gleicht der Aufstieg in gewisser Weise einer religiösen Handlung. Die Menschen beobachten vom Gipfel aus den Sonnenaufgang und umschreiten den Rand des heiligen Kraters. Einige verbringen auf dem Weg nach oben die Nacht in Herbergen, andere brechen erst gegen 16 Uhr auf und besteigen ihn in einer einzigen Nachttour. In der Morgendämmerung eröffnet sich den Bergsteigern eine atemberaubende Aussicht fast über das ganze japanische Festland. Später – meist bis etwa 9 Uhr – ziehen dann Nebel und Wolken auf, die das großartige Panorama rund um den heiligen Berg verhüllen.

Der Ararat

„Am 17. Tag des 7. Monats setzte das Schiff auf einem Gipfel des Araratgebirges auf.“ So steht es in der Genesis im 1. Buch Mose geschrieben, in dem berichtet wird, wie Noahs Arche mit einem Paar von jeder Tierart an Bord die Sintflut überstand. Die lebendige Schilderung ist so eindringlich geraten, daß man noch im 20. Jahrhundert versuchte, die Reste des biblischen Schiffes auf dem schneebedeckten Gipfel des Ararat aufzuspüren.

Mit 5137 m ist der Ararat der höchste Berg der Türkei. Der Gipfel erhebt sich im Osten des Landes aus einem vulkanischen Gebirgsmassiv nahe der Grenze zu Rußland und dem Iran. Schon im 3. Jahrhundert v. Chr. sollen chaldäische Priester auf der Suche nach der Arche die Bergspitze erklommen haben, und angeblich sind sie mit Pechstückchen von einem Schiffsrumpf zurückgekehrt. Im 19. Jahrhundert flammte das Interesse erneut auf, nachdem zunächst ein Hirte erzählt hatte, er habe ein großes hölzernes Schiff auf dem Berg erblickt. 1883 berichtete dann eine türkische Expedition, daß im Sommer ein hölzerner Schiffsbug aus dem südlichen Gletscher rage, und fünf Jahre später entdeckte der nestorianische Erzbischof Prinz von Nouri die Trümmer eines Schiffes in der Eisschicht. „Das Innere war voller Schnee“, sagte er. „Die äußere Bordwand war dunkelrot.“ Ein russischer Flieger aus dem Ersten Weltkrieg und vier amerikanische aus dem Zweiten Weltkrieg führten Beobachtungen aus der Luft aus, und 1953 wurden angeblich Aufnahmen von einem Schiff gemacht, die allerdings seitdem verschollen sind.

Bootsförmige Felsen sind die Ursache für den hartnäckigen Glauben, daß auf dem Berg Ararat die Überreste der Arche Noah erhalten seien.

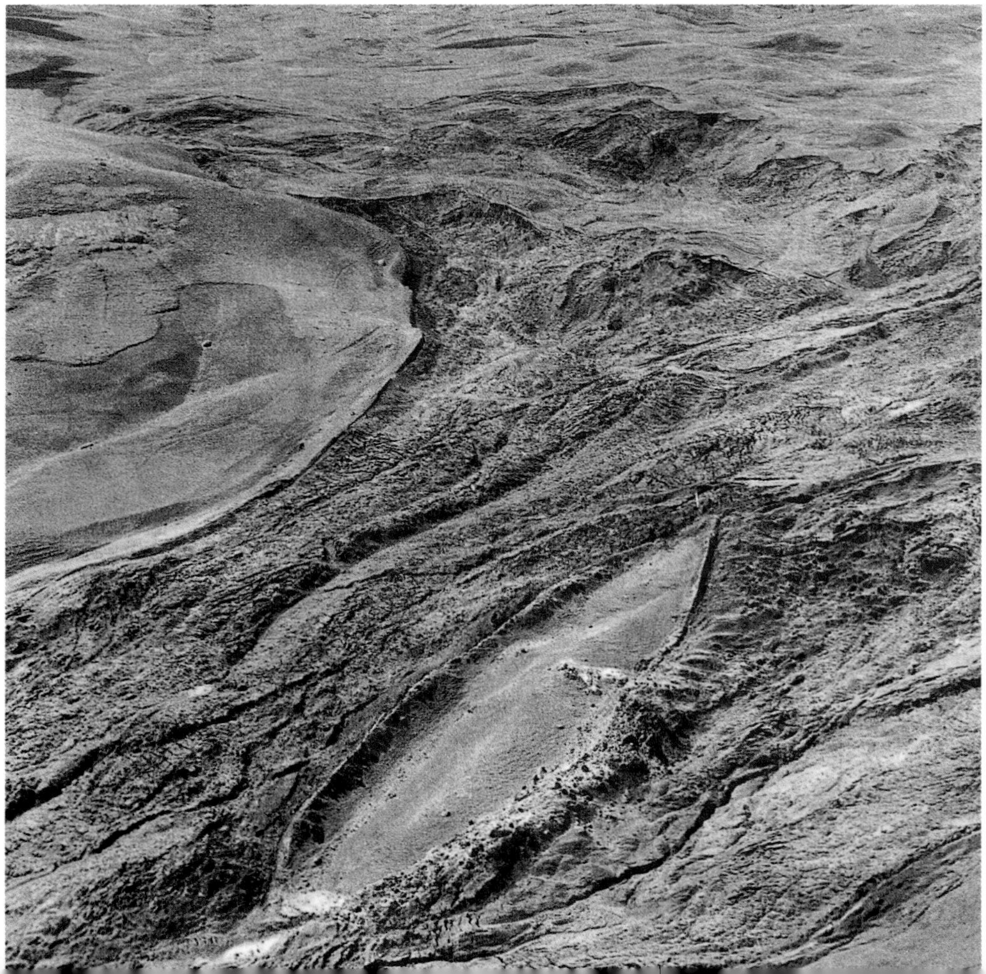

Entgegen den Behauptungen der Anhänger dieser Theorie haben Forscher keinerlei Spuren der Arche auf dem Ararat entdeckt und auch keine anderen mysteriösen Trümmer. Der Berg ist trotzdem ein grandioser Anblick und hat als der Ort, an dem der Euphrat entspringt, eine uralte Geschichte, denn das Wasser dieses Flusses hat einigen der ältesten Kulturen der Welt im südlich gelegenen Mesopotamien den Ackerbau ermöglicht und Wohlstand gebracht.

Die Faszination des Ararat aber hält an. „Wir haben zwar keine Spur der Arche entdeckt“, erklärte ein gläubiger Hobbyarchäologe nach zwölf Tagen fruchtloser Suche, „doch mein Vertrauen in die biblische Schilderung der Sintflut ist kein bißchen geringer. Wir kommen wieder.“

Lindisfarne

Die romantische Silhouette der Burg Lindisfarne, die sich aus dem Dunst vor der Küste der englischen Grafschaft Northumberland erhebt, scheint einer längst vergangenen Märchenwelt zu entstammen. Doch in Wirklichkeit beherrscht die Burg, die auf einem vulkanischen Felsen erbaut wurde, erst seit 1548 die Landschaft. Damals wurde sie

Die Ruinen des Klosters Lindisfarne in Nordengland sind seit Jahrhunderten ein Anziehungspunkt für Wallfahrer.

als Garnisonsfestung der Tudors errichtet. In unserem Jahrhundert hat man sie in großem Umfang restauriert.

Die Anziehungskraft Lindisfarnes liegt jedoch in älterer Zeit begründet. 635 rief König Oswald von Northumbria den heiligen Aidan, einen keltischen Mönch, aus dem Kloster Iona, um sein Volk zum Christentum zu bekehren. Aidan wurde zum ersten Bischof von Northumbria ernannt und ließ sich in Lindisfarne nieder, wo er ein Missionszentrum gründete. Mehr als 200 Jahre lang war es ein Aushängeschild des Christentums, das die anderen, dem finsteren Mittelalter verhafteten Reiche überstrahlte. Von Lindisfarne und der „Heiligen Insel" aus wurden die kriegerischen nördlichen Königreiche Englands missioniert.

Der heilige Cuthbert, Aidans Nachfolger im Bischofsamt, kam 664 nach Lindisfarne, doch 12 Jahre später zog er sich auf die Farne-Inseln südöstlich von Lindisfarne zurück. Dort lebte er als Einsiedler, und als einziger Unterschlupf dienten ihm eine gemauerte kleine Zelle und eine Kapelle. Erst an seinem Lebensende kehrte er als Bischof nach Lindisfarne zurück und wurde nach seinem Tod in einem Sarg neben dem Altar der Abteikirche beigesetzt. Als man den Sarg nach elf Jahren öffnete – so heißt es –, sei der Leichnam des Heiligen unversehrt gewesen. Auch 1104, als er nochmals untersucht wurde, war er nicht verwest.

Hobthrush Island, die Insel, auf die sich der heilige Cuthbert zurückzog, ist bei Flut von Lindisfarne abgeschnitten, Besuchern allerdings noch immer zugänglich. Aidans Kloster wurde im Jahr 793 von den Wikingern zerstört und später von den Mönchen wiederaufgebaut. 875 wurde es von den Dänen erneut geplündert. Diesmal beschlossen die Mönche, die Überreste des heiligen Cuthbert in Sicherheit zu bringen, und traten eine Reise an, die sie durch einen großen Teil Nordenglands und bis in den Südwesten Schottlands führte. Ihre Reise endete, als sie einen herrlichen Ruheplatz hoch über dem Fluß Wear fanden. Dort fertigten sie für die Reliquien einen Schrein an und erbauten eine große Kirche, die in normannischer Zeit durch die heutige Kathedrale von Durham ersetzt wurde.

Das Kloster Lindisfarne wurde unter König Heinrich VIII. wie viele andere Klöster in England aufgelöst, doch die Ruine mit den dachlosen Mauern und einem mächtigen Gewölbebogen, der das Meer und den Himmel einrahmt, steckt voller Erinnerungen. Seit Jahrhunderten besuchen Pilger den heiligen Ort, und ursprünglich kamen sie bei Ebbe über den Sand herbei. Heute verbindet ein asphaltierter Damm, der allerdings zweimal am Tag völlig unter den Fluten verschwindet, die Insel mit dem Festland. Laut Sir Walter Scott, einem schottischen Dichter des 19. Jahrhunderts, sahen die Fischer des Küstenortes Whitby bei schlechtem Wetter oftmals den Geist des heiligen Cuthbert, der am Ufer auf einen Amboß hämmerte. „Und hört seinen Amboß mit ohrenbetäubendem Klang", heißt es bei Scott, „eine Gestalt, riesig und schemenhaft, die man nur sieht und hört, wenn sich ein Sturm zusammenbraut und die Nacht hereinbricht."

Lourdes

Die größte unterirdische Kirche der Welt ist die Papst-Pius-X.-Basilika im französischen Lourdes. In der 1958 geweihten Kirche finden 20000 Menschen Platz, mehr als die Einwohner der ganzen Stadt. Und selbst diese große Zahl erscheint klein im Vergleich mit dem jährlichen Besucherstrom in Lourdes. Mehr als 2 Mio. Wallfahrer – viele davon sind krank oder behindert – kommen jedes Jahr in die Kleinstadt am Nordrand der Pyrenäen, etwa 130 km südwestlich von Toulouse. Nach Lourdes strömen mehr Pilger als an jeden anderen Wallfahrtsort der Welt – einschließlich Mekka und Rom.

Die Kirche der heiligen Bernadette in Lourdes erinnert an die Marienerscheinungen eines Bauernmädchens.

Die gewaltige Basilika wurde zum Gedenken an eine Reihe von Ereignissen erbaut, die 100 Jahre zuvor stattgefunden hatten. Im Februar 1858 behauptete das 14jährige Bauernmädchen Bernadette Soubirous, es sei ihm über einem Rosenstrauch in der Massabiellegrotte nahe dem Fluß Gave de Pau die Jungfrau Maria, von sanftem Licht umstrahlt, erschienen. Ähnliche Erlebnisse schlossen sich an, und nach der neunten Erscheinung grub Bernadette nach Anweisungen der „schönen Frau" eine kleine Quelle in der Grotte aus. An einer Stelle, wo niemals zuvor Wasser gewesen war, sprudelte es plötzlich hervor. Von da an folgten Bernadette jedesmal Tausende von Menschen an diesen Ort, und wegen des als heilkräftig geltenden Wassers hat sich die Zahl der Besucher seither ständig erhöht. Nach vier Jahren der Prüfung erkannten die Kirchenbehörden, die zunächst skeptisch waren, die Erlebnisse des Mädchens an, und über der Grotte wurde ein Heiligtum errichtet.

Ihre letzte Erscheinung hatte Bernadette am 16. Juli 1858; acht Jahre später trat sie in ein Kloster ein, wo sie bis zu ihrem frühen Tod im Alter von 35 Jahren blieb. Der Ruf der kleinen Stadt mehrte sich, bis Lourdes schließlich als bedeutendster Wallfahrtsort Europas bekannt war. Die ersten Pilger kamen einzeln oder in kleinen, inoffiziellen Gruppen herbei; im Jahr 1864 jedoch führte der Bischof von Tarbes eine Diözesanwallfahrt in die Stadt, an der 8000 Menschen teilnahmen. Um 1870 reisten mit Sonderzügen die ersten Gruppen aus dem Ausland an, und um die Jahrhundertwende fanden sich Jahr für Jahr bereits bis zu 400000 Pilger in Lourdes ein. Heute haben in der Hauptsaison vom 15. August bis zum 8. September alljährlich sechs offizielle Wallfahrten Lourdes zum Ziel. Tausende von Besuchern strömen in dieser Zeit über die weitläufige Esplanade des Processions, auf der außerdem allabendlich eindrucksvolle Fackelprozessionen stattfinden.

Neben der unterirdischen Kirche besitzt Lourdes noch zwei Basiliken, die Supérieure (1864) und die Rosaire (1883), sowie verschiedene Krankenhäuser, in denen die Scharen kranker Besucher versorgt werden, zahlreiche Hotels, Restaurants und Souvenirläden. Die Grotte, die zwischen den Basiliken und dem Fluß liegt, ist nach wie vor der Hauptanziehungspunkt der Wallfahrt, oft freilich ist sie hinter dem Kerzenmeer der Gläubigen kaum zu sehen.

Lourdes ist heute ein großer Wallfahrts- und Touristenort. Doch alle Postkarten, Ro-

senkränze, Plastikmadonnen und andere Auswüchse der Geschäftemacherei können nicht über die ungeheure Festigkeit des Glaubens und der Hoffnung hinwegtäuschen, die hier zum Ausdruck kommt.

Mekka

Mehr als 970 Mio. Menschen, etwa einem Fünftel der Menschheit, gilt Mekka in Saudi-Arabien als der heiligste Ort der Welt. In der staubigen Wüstenstadt wurde der Prophet Mohammed geboren, der Begründer des Islam, und jeder volljährige Muslim sollte wenigstens einmal in seinem Leben den *haj*, die Pilgerfahrt an diesen Ort, unternehmen. Über eine Million Pilger begeben sich Jahr für Jahr nach Mekka, und fünfmal am Tag knien Millionen von Gläubigen in aller Welt zum gemeinsamen Gebet nieder, wobei sie sich nach Mekka wenden.

Mittelpunkt der heiligen Stätte ist die Kaaba, ein annähernd quadratisches Heiligtum aus Granitblöcken, das seinen Namen dem arabischen Wort für „Würfel" verdankt. Das graue Mauerwerk ist heute mit einem schwarzen, mit goldenen Schriftzeichen bestickten Vorhang bedeckt. Vor Mohammeds Zeit jedoch hängte man die Felle geopferter Tiere über die Kaaba, denn damals war sie schon ein heidnisches Heiligtum voller Götterbilder und Stammeszeichen. 632 widmete der Prophet die Kaaba Allah, und nach dieser Umweihung verschwanden alle heidnischen Relikte bis auf den berühmten Schwarzen Stein, dem Mohammed im Verlauf seiner letzten Pilgerfahrt Ehrerbietung erwies. In früheren Zeiten hatten die Pilger den Stein in der Hoffnung berührt, etwas von seiner mystischen Kraft aufnehmen zu können, und Mohammed erlaubte, daß der Brauch aufrechterhalten wurde.

Um den Schwarzen Stein ranken sich viele Legenden. Nach Meinung von Geologen soll er ein Meteorit sein, der Überlieferung zufolge übergab ihn der Erzengel Gabriel einst dem Propheten Abraham. Heute

Die würfelförmige Kaaba in Mekka ist der heiligste Ort des Islam. Hier versammeln sich Muslime zum Abendgebet (oben), und am Schwarzen Stein (rechts) verrichten Pilger ihre Gebete.

Für die alten Griechen war der Olymp (links) die Heimstatt der Götter. Auf einer Vase ist die Geburt der Göttin Athene dargestellt (oben), die voll bewaffnet dem Haupt ihres Vaters Zeus entsprungen sein soll, den Hephaistos, der Gott der Schmiedekunst, mit der Axt niedergestreckt hatte.

wird der Stein, der an der südöstlichen Ecke der Kaaba eingemauert ist, von den Pilgern geküßt, bevor sie das Heiligtum siebenmal entgegen dem Uhrzeigersinn umschreiten und dabei Gebete absingen.

Die Pilger kommen jedes Jahr im heiligen Monat Dhul-Hijja. Dann legen die Gläubigen ihre Nationaltrachten ab und kleiden sich vor dem Betreten der Großen Moschee und des gewaltigen Hofes, in dem die Kaaba steht, in schlichte Gewänder. Ein paar Meter neben dem Heiligtum liegt die Zemzemquelle, der die Stadt ihre Entstehung verdankt. Einst Mekkas einzige Wasserstelle, ermöglichte die Quelle erst die Besiedlung des ansonsten trockenen Landstriches.

Nichtmuslimen ist der Zugang nach Mekka streng verboten, und wer als solcher innerhalb der Stadtmauern gefaßt wird, muß auch heute noch mit schweren Strafen und Abschiebung rechnen. Mekka bewahrt so seine Traditionen und hält seine Tore auch nach 13 Jahrhunderten der Pilgerschaft für alle Ungläubigen verschlossen.

Der Olymp

Der majestätisch wirkende Olymp ist kein einzelner Berg, sondern ein mächtiger Gebirgsstock in Griechenland. Auf rund 40 km markiert das gewaltige Massiv die Grenze zwischen Thessalien und Makedonien. Der Anstieg führt über steile Hänge mit dichtbewaldeten Schluchten zu kahlen Gipfeln hinauf, die den größten Teil des Jahres schneebedeckt sind. Mit 2917 m ist der Gipfel des Mitikas, der sogenannten „Nadel", der höchste Punkt Griechenlands.

Für die Griechen der Antike war der Olymp das Dach der Welt. Laut Homers *Odyssee* gab es nie Stürme auf dem Gipfel, und die Götter lebten dort im Äther hoch über den Wolken. Bisweilen stritten und kämpften sie und brachten den Himmel durch ihren Kriegslärm zum Donnern. Göttervater Zeus hielt hier hof, und die Helden der griechischen Mythologie begaben sich zum Olymp, wenn sie Rat oder Hilfe suchten. Im Gegenzug stiegen die Götter hin und wieder vom Berg herab und nahmen an irdischen Ereignissen teil, denn ihnen waren alle menschlichen Leidenschaften eigen. Der lüsterne Zeus etwa nahm verschiedenste Gestalten an, um sich den Frauen zu nähern, in die er sich verliebt hatte; er besuchte Leda als Schwan, Europa als Stier, Hera als Kuckuck und Danae in Gestalt eines goldenen Regenschauers.

Die Daphne-Quelle am Fuß des Berges erinnert an die tragische Liebe des Sonnengottes Apollon zu der Nymphe Daphne. Auf der Flucht vor Apollons Annäherungsversuchen suchte Daphne Hilfe bei ihrer Mutter Gäa, die sie in einen Lorbeerbaum verwandelte. Daphne bedeutet im Griechischen Lorbeer, und seither – so die Sage – war dieser der Lieblingsbaum Apollons. Noch immer wächst er wild an den Hängen des Tempetales, einer Schlucht zwischen dem Ossa und dem Olymp und einer alten Kultstätte des Apollon.

Im 19. Jahrhundert war der Olymp ein berüchtigter Aufenthaltsort für Banditen, und noch 1910 wurde der Bergsteiger Edward Richter beim Versuch, den Gipfel zu erobern, von ihnen als Geisel gefangengenommen. Drei Jahre später gelang der Aufstieg, doch erst 1921 konnte der Olymp vollständig kartiert werden. Heute betreibt die griechische Armee eine Skischule an seinen Hängen, und für Wanderer gibt es Schutzhütten. Das Erklimmen der oft nebelverhüllten, zerklüfteten Höhen ist jedoch nur sehr erfahrenen Bergsteigern zu empfehlen. Zeus, der die Wolken um sich sammelt, wacht weiterhin über sein Reich.

Der Croagh Patrick

Am letzten Julisonntag vor Sonnenaufgang versammeln sich einige tausend Pilger oberhalb der Ruine der Abtei von Murrisk in Irland zum Aufstieg auf den Croagh Patrick.

HEILIGE IRRGÄRTEN – DIE SUCHE NACH DEM MITTELPUNKT

Das Bild des Irrgartens ist ein religiöses Symbol, das in den Kulturen der ganzen Welt immer wiederkehrt. Für Mystiker bedeutet es die Wanderschaft des Geistes auf der Suche nach dem Zentrum der ewigen Wahrheit. Das Symbol wird jedoch auch als Sinnbild des Todes gesehen: als Reise der Seele in tiefste Dunkelheit und als eine Wiederkehr oder Wiedergeburt.

Das antike Labyrinth des Königs Minos von Kreta ist nur ein Beispiel von vielen. Auch die Ägypter kannten heilige Irrgärten, ebenso die Hopi-Indianer in Nordamerika und die Inselbewohner im Pazifik. Ab dem 11. Jahrhundert wurden Labyrinthe auf den Fußböden christlicher Kirchen in Europa dargestellt – etwa in der gotischen Kathedrale von Chartres in Frankreich. Im Zeitalter der Kreuzzüge rutschten die Gläubigen auf den Knien über das Kirchenlabyrinth, als Buße dafür, daß sie keine Pilgerfahrt zur Heiligen Stadt antraten; denn den Mittelpunkt nannte man Himmel *(ciel)* oder Jerusalem.

Oft bestand eine Beziehung zwischen dem Labyrinth und Tanzritualen. In der Kathedrale von Auxerre hüpften im Mittelalter alljährlich am Ostertag der Dekan und die Chorherren zu rhythmischen Gesängen die Linien des Labyrinths entlang. Dabei bildeten sie eine Reihe und gaben einen Ball von einem zum anderen weiter. Für die Gläubigen symbolisierten diese Ostertanzriten die Freude der Auferstehung.

Auf dem Grabsteinlabyrinth von Humberside in Ostengland ist der mühevolle Weg in die Ewigkeit dargestellt.

Manche tragen Lichter in der Hand, viele gehen barfuß und schürfen sich die Füße an den Fels- und Schieferbrocken auf, welche die Hänge des heiligen Berges bedecken.

Am Fuß des Berges Croagh Patrick erhebt sich eine Statue des Heiligen.

Zum Croagh Patrick führen bedeutende irische Wallfahrten, denn er ist reich an Überlieferungen, die sich an den Schutzpatron der Iren knüpfen. Die Besteigung gleicht einem schweren Bußgang. Auf dem Weg nach oben legen manche einen Halt an der Pilgerstation am Fuß des Gipfels ein und machen betend sieben Rundgänge. Beim Erreichen der Bergspitze knien die Gläubigen zum Gebet nieder, bevor sie den Gipfel 15mal betend umrunden.

765 m erhebt sich der Quarzitgipfel über dem Küstenstrich von Mayo. In alter Zeit war das Gebiet dem heidnischen Gott Crom geweiht, und im Jahr 441 spielte sich dort angeblich ein übernatürliches Gefecht ab: 40 Tage und Nächte lang soll der heilige Patrick gegen die Mächte der Finsternis gekämpft haben. Nach einer Version der Legende sprangen alle Schlangen und Kröten Irlands – mit Ausnahme der Kreuzkröte – vom Klippenrand in den Tod, als Patrick dort seine Glocke läutete. In einer anderen Version schlug der Heilige, um seine Mission zu vollenden, so kräftig die Trommel, daß er ein Loch hineinhieb, und sogleich erschien ein Engel und besserte sie aus. Ob Glocke oder Trommel – in Irland gibt es keine Schlangen mehr. Nachdem aber der Heilige das Land zum Christentum bekehrt hatte, stand ihm das Recht zu, am Tag des

Der schneebedeckte Gipfel des Kilimandscharo in Ostafrika soll von übernatürlichen Wesen bewohnt sein.

Jüngsten Gerichtes an der Seite des Herrn zu sitzen, um das irische Volk zu richten.

Der Abgrund, in den sich die Reptilien gestürzt haben sollen, liegt auf der Südseite des Berges. Auf dem Gipfel steht eine Kapelle, in der die heilige Messe gefeiert wird. Doch nicht alle Besucher kommen bußfertig und am Haupttag der Wallfahrt herbei. Das ganze Jahr über mühen sich die Menschen den Croagh Patrick hinauf, manche allerdings nur, um den schönen Ausblick zu genießen: Von der Clew Bay mit ihren verstreuten Inseln im Norden sieht man bis zu den Bergen von Kerry weit im Süden.

Der Kilimandscharo

Der höchste Berg Afrikas ist ein schneebedecktes Gebirgsmassiv vulkanischen Ursprungs, das sich aus den Ebenen Tansanias 5895 m über den Meeresspiegel erhebt. Der Kilimandscharo hat drei Gipfel – den Shira, den Mawensi und den Kibo. Der letztgenannte ist der höchste, und er hat die Form eines fast vollkommen runden Kraters. Sein Bild prägen eine Firnkappe und steile Gletscher an den Flanken.

Von einem „großen Schneeberg" in Afrika hatten schon die alten Griechen geschrieben, doch noch im 19. Jahrhundert bezweifelten europäische Geographen dessen Existenz, denn der Kilimandscharo liegt nur 3° südlich des Äquators, und Schnee auf diesem Breitengrad schien unvorstellbar. Als viktorianische Forschungsreisende von dem Berg berichteten, meinten Skeptiker denn auch, das Weiß des Gipfels sei eine optische Täuschung, die vom Sonnenlicht auf den Quarzfelsen hervorgerufen werde.

Die Eingeborenenstämme am Fuß des Kilimandscharo betrachteten den Berg als heilig und wehrten daher zunächst alle Besteigungsversuche ab. Im Jahr 1848 erzählten Einheimische dem deutschen Missionar Johannes Rebmann, daß es auf dem Berg von bösen Geistern und todbringenden *dschinns* wimmele. Einst habe ein König eine vielköpfige Expedition losgeschickt, um die weiße Substanz auf dem Berg untersuchen zu lassen. Alle Mitglieder der Expedition seien ums Leben gekommen, bis auf einen Mann namens Sabaya, der nahe dem Gipfel eine mit Eisenspitzen bewehrte, offene Tür erblickte. Sabaya traute sich nicht einzutreten; er kehrte um und war für den Rest seines Lebens verkrüppelt.

Der englische Missionar Charles New, der als erster bis zur Schneekappe vorstieß, berichtete 1871: „Uns wurden alle möglichen phantastischen Geschichten von den übernatürlichen Bewohnern des Berggipfels erzählt, die riesige Schätze von Gold, Silber und Edelsteinen hüteten, und es hieß, mit einem Sterblichen, der es wagte, in ihre heiligen Gefilde einzudringen, würden sie nicht viel Federlesens machen."

Der Gipfel des Kilimandscharo wurde im Jahr 1889 schließlich von dem Deutschen Hans Meyer und dem Salzburger Bergführer Ludwig Purtscheller bezwungen. Er ist heute ein Magnet für viele hundert Bergsteiger pro Jahr, die neun verschiedene Routen zum Gipfel zur Auswahl haben. Die Geister haben anscheinend ihre Macht, Besucher abzuschrecken, verloren.

3 Ein Hauch von Magie

Die Göttin Serket bewacht den Schrein mit den inneren Organen Tutanchamuns.

Sind im schottischen See Loch Ness oder im Himalajagebirge Ungeheuer zu Hause? Lastet ein Fluch auf dem Grab des Pharaos Tutanchamun oder auf Schiffen, die das Bermudadreieck im Atlantik befahren? Trotz Erkenntnissen der Wissenschaft über die Erde und den Kosmos haben die Berichte von paranormalen Ereignissen noch immer etwas Faszinierendes. Selbst in den Augen von Skeptikern gewinnt ein herrschaftliches Anwesen durch Spukgeschichten an Reiz oder ein malerischer See durch Erzählungen von sagenhaften Wasserungeheuern. Der Überblick über mystische Stätten wäre daher nicht vollständig, blieben jene geheimnisvollen Orte unerwähnt, die durch übernatürliche Erscheinungen oder unerklärliche Begebenheiten von sich reden machen.

Neuschwanstein, ein Schloß vor märchenhafter Kulisse

SELTSAME PHÄNOMENE

„Als ich noch ein Junge war, suchte ich nach Geistern", erinnerte sich der englische Dichter P. B. Shelley an seine Streifzüge durch Höhlen, Ruinen und Wälder, auf denen er hoffte, mit Verstorbenen in Kontakt treten zu können. Entfalten an diesen Orten unheimliche Mächte ihre Kraft?

Berichte über Prophezeiungen, Phantome und Fabelwesen stellen die herkömmlichen Vorstellungen über die Naturgesetze in Frage und eröffnen den Zugang zum Unbekannten. Für Menschen, die an unerklärliche Phänomene glauben, ist das Reich des Materiellen nur eine Hülle, in der sich unheimliche Kräfte übersinnlicher, geistiger oder göttlicher Art der wissenschaftlichen Analyse entziehen. Die geheimnisvollen Orte gelten dabei als Brennpunkte ungewöhnlicher Energieströme, die paranormale Geschehnisse wie ein Magnet anziehen.

Rationalisten haben einfachere Erklärungen. Sie verweisen darauf, daß stimmungsvolle Ruinen, abgelegene Seen oder auch Steinkreise, deren Zweck unbekannt war, Menschen vergangener Zeiten von jeher zu den phantastischsten Geschichten angeregt haben, die in die örtliche Überlieferung eingegangen sind und über Generationen weitergegeben und ausgesponnen wurden. Außerdem wurden Okkultisten gelegentlich schon als Schwindler und Scharlatane überführt. Hinzu kommt die Fehlbarkeit des Menschen: Schuld, Angst und die Unterdrückung elementarer Gefühle können im Unterbewußtsein Halluzinationen hervorrufen. Religiöse Ängste und eine natürliche Furcht vor dem Tod, so lautet daher ein Argument, gehören zu den typischen Auslösern derartiger Wahnvorstellungen. Kein Wunder also, daß es etwa Berichte über Mönche gibt, deren Geist in efeuüberwucherten Abteien umherirrt, oder über kopflose Gespenster, die an früheren Hinrichtungsstätten gesehen wurden.

Dabei achten viele Wissenschaftler die Welt des Unbekannten keineswegs gering. „Das Schönste, das wir erleben können, ist das Geheimnisvolle", schrieb etwa der Physiker und Nobelpreisträger Albert Einstein. „Es ist die Quelle aller wahren Kunst und Wissenschaft." Moderne Analyseverfahren haben erstaunliche Erkenntnisse darüber erbracht, wie die in jeder lebenden Zelle vorhandene Desoxyribonukleinsäure (DNS) genetische Infor-

Die berühmte Goldmaske bewahrt die Gesichtszüge Tutanchamuns, des jugendlichen Pharaos von Ägypten.

mationen weitergibt. Astronomen haben im All schwarze Löcher entdeckt – Sterne, die durch ihr eigenes Gewicht in sich zusammenstürzten, einschließlich des Raums, der sie umgibt. In einem Universum, das von solchen Wundern erfüllt ist, lassen sich sonderbare Phänomene nicht einfach von der Hand weisen.

Das Grab Tutanchamuns

„Der Tod kommt auf Schwingen zu dem, der das Grab eines Pharaos betritt", besagt ein altes arabisches Sprichwort. Jahrhundertelang haben Forschungsreisende, Archäologen und Grabräuber diese Warnung beim Öffnen ägyptischer Begräbnisstätten mißachtet. Einer der reichsten Funde gelang 1922 dem britischen Archäologen Howard Carter, der im Tal der Könige auf das Grab des jugendlichen Pharaos Tutanchamun stieß und dort „wunderbare Dinge ... seltsame Tiere, Statuen und Gold – überall den Glanz von Gold" erblickte. Etwa 5000 Stücke von unschätzbarem Wert wurden aus dem Tal der Könige in das Ägyptische Museum nach Kairo gebracht, darunter Alabastervasen, Juwelen, ein Sarkophag aus massivem Gold und ein verzierter Thron. Doch weitaus mehr beschäftigte die Weltöffentlichkeit bald die Tatsache, daß Carters Auftraggeber, Lord Carnarvon, nur wenige Monate nach dem Betreten des Grabes an einer Blutvergiftung starb.

In spannungsvoller Erwartung öffnet Howard Carter Tutanchamuns Grab.

Hatte sich an ihm der Fluch des Pharaos erfüllt? Gerüchte machten die Runde. Es hieß, der mumifizierte Körper des Pharaos habe auf der linken Wange, genau an jener Stelle, wo sich bei Carnarvon der todbringende Mückenstich befand, einen Fleck aufgewiesen, und Carnarvons Hund, der in England geblieben war, sei zur selben Zeit gestorben wie sein Herr. Innerhalb von zehn Jahren ließen etwa 20 weitere Personen, die an der Graböffnung beteiligt waren, ihr Leben, einige starben unter mysteriösen Umständen, andere an Wahnsinn oder durch Selbstmord. Die Todesfälle setzten sich fort, als der ägyptische Direktor für Altertümer, Mohammed Ibraham, 1966 den Auftrag erhielt, in Paris eine Ausstellung über Tutanchamun zu arrangieren. Er träumte, daß ihm etwas Schreckliches zustoßen werde, wenn er die Schätze aus der Hand gebe, und erhob heftige Einwände gegen die Entscheidung. Nach einer letzten Besprechung, auf der man seinen Einspruch endgültig abgelehnt hatte, wurde der Direktor auf der Straße von einem Auto erfaßt und getötet.

Nüchterne Beobachter halten diese Unglücksfälle für normal. Sie wenden ein, daß nach dem Gesetz der Serie die Zeugen eines jeden Ereignisses in einem gewissen Maß von Mißgeschicken heimgesucht werden.

Bimini

Auf den Bimini-Inseln der Bahamas sprudelt aus einem „Jungbrunnen" Zauberwasser, hieß es einst bei den Indianern der Karibik. Angefeuert von diesen Legenden, machte sich der spanische Forschungsreisende Juan Ponce de León 1512 auf die Suche nach dem rätselhaften Archipel. Er fand ihn zwar nicht, aber statt dessen stieß er auf Florida und sicherte sich damit einen Platz in den Geschichtsbüchern als einer der Entdecker des amerikanischen Festlandes.

Ein Taucher erforscht im Meer vor Bimini die angeblichen Wälle von Atlantis.

Doch der angebliche Zauberbrunnen ist nicht der einzige mystische Zusammenhang mit Bimini. Die winzige Inselgruppe etwa 80 km vor der Küste Floridas erregte 1968 beträchtliches Aufsehen, als Piloten erstmals von eigenartigen Mauern oder Fundamenten berichteten, die sie im Meer vor der Nordinsel erblickt hatten. Taucher, die das Phänomen erkundeten, erzählten von gewaltigen weißen Blöcken in 11 m Tiefe, die quadratisch behauen und fugenlos aufeinandergeschichtet waren wie die Steinblöcke alter Kulturen. Das alles war um so merkwürdiger, als ein Hellseher namens Edgar Cayce 1940 vorhergesagt hatte, daß der untergegangene Kontinent Atlantis 1968 oder 1969 irgendwo bei den Bahamas wieder auftauchen werde.

Der Fund von Bimini machte bei den Anhängern paranormaler Phänomene weltweit Furore, und das Geheimnis verdichtete sich, als nähere Untersuchungen der Fundstücke ergaben, daß es sich nicht um Mauern, sondern vielmehr um einen riesigen, künstlichen Straßendamm handelte, der auf dem Meeresboden verlief. Er schien aus Hunderten großer Steinblöcke zusammengesetzt zu sein, die sich in regelmäßigem Muster einige hundert Meter weit erstreckten. Experten haben inzwischen festgestellt, daß es sich bei der Straße in Wirklichkeit um eine natürlich entstandene Formation handelt. Doch bei jenen, die daran glauben, daß das untergegangene Atlantis eines Tages wieder zum Vorschein kommen wird, erweckt diese Erscheinung auch weiterhin nachhaltiges Interesse.

Glamis Castle

Glamis Castle, das in Schottland gelegene Schloß der Earls von Strathmore, aus deren Familie die englische Königinmutter stammt, ist ein weitläufiges Bauwerk mit vielen Zinnen und Türmen. Ein Großteil dessen, was der Besucher heute vor sich sieht, entstand im späten 17. Jahrhundert, der ursprüngliche Bau ist jedoch wesentlich älter. William Shakespeare kannte ihn bereits, und er machte seinen Macbeth zum Herrscher von Glamis. Macbeths Geist ist eines der Gespenster, die das Schloß bevölkern sollen – wenn auch der echte Macbeth in keiner Weise der blutrünstigen Bestie glich, als die Shakespeare ihn dargestellt hat.

Auch von anderen Geistern wird berichtet. So soll ein gespenstisch dünner Mann, „Jack the Runner", gesehen worden sein, wie er die Auffahrt zum Schloß hinaufgelaufen ist, und eine geisterhafte graue Dame kniet angeblich oft zwischen den Kirchenbänken der Kapelle. Wenn Besucher aus einem der Türme ein unheimliches Klappern hören, könnte das der Geist Alexanders, des vierten Earls von Strathmore, sein. Er ist besser bekannt als der böse „Earl Beardie", der eine Wette mit dem Teufel verloren haben und nun dazu verdammt sein soll, bis zum Tag des Jüngsten Gerichtes in dem Turm zu würfeln. Sollte der Besucher im Uhrturm eine von Feuerschein umgebene Frau erblicken, ist es wohl das Gespenst von Janet Douglas, der Gemahlin des sechsten Earls. Sie wurde 1537 eines Anschlages auf König Jakob V. bezichtigt und in Edinburgh auf dem Scheiterhaufen verbrannt.

Die berühmteste Legende, die mit Glamis verknüpft ist, bezieht sich auf einen mißgestalteten Erben des Familienbesitzes, der angeblich um 1800 geboren wurde. Er hatte keinen Hals und nur winzige Arme und Beine und wurde in der Erwartung eines

Wurde einst ein mißgestalteter Erbe in Glamis Castle versteckt? Unten: ein Saal des schottischen Schlosses.

DAS RÄTSEL DER LEY-LINIEN

Im Jahr 1925 veröffentlichte der Hobbyarchäologe Alfred Watkins das Buch *The Old Straight Track* (Der alte gerade Weg). Er stellte die Theorie auf, daß die Britischen Inseln einst von einem Muster gerader Linien überzogen waren, die sich kreuzten und ein ungeheures Netz bildeten. Diese Verbindungen nannte er „Ley-Linien", denn viele der Ortsnamen entlang der Linien endeten auf „-ley" oder „-leigh". Wörterbücher definierten dieses Wort als ein eingefriedetes Feld, Watkins aber schloß, es bedeute „grasiger Pfad über Land". Er meinte, daß Leys gerade Wege seien, die von Menhiren, Kreuzen und künstlich angelegten Hügeln markiert sind.

Verfechter dieser Theorie behaupteten später, die gesamte Oberfläche der Britischen Inseln unterläge einer mystischen Geometrie, bei der paranormale Kräfte am Werk seien. Die heiligen Kultstätten der Frühzeit wurden – schenkt man diesen Leuten Glauben – nach einem sorgfältigen Muster errichtet. So soll eine mehrere 100 km lange Ley-Linie St. Michael's Mound, Cadbury Castle, Glastonbury, Avebury und Bury St. Edmunds verbinden, die alle nach der Bahn der aufgehenden Sonne am 1. Mai ausgerichtet sind. Die Stätten Avebury, Glastonbury und Stonehenge liegen gar auf einem rechtwinkligen Dreieck.

Die Archäologen messen den Mustern, die entstehen, wenn man die alten Kultstätten mit geraden Linien verbindet, allerdings keine wissenschaftliche Bedeutung bei.

Die Kirchen von Todmorden und Studley Pike liegen angeblich auf einer Ley-Linie.

frühen Todes in einer geheimen Kammer im Schloß festgehalten. Das Ungeheuer von Glamis, wie man ihn nennt, erwies sich freilich als überaus langlebig. Viele Generationen lang, so erzählt man sich, wurden die Earls von Strathmore an ihrem 21. Geburtstag in das düstere Geheimnis eingeweiht und zu dem Versteck im Schloß gebracht, wo sie das Ungeheuer sehen konnten. Daraufhin änderte sich ihr Wesen; sie wurden verschlossen und neigten zur Melancholie.

Das Ungeheuer von Glamis soll um 1920 gestorben sein. Die Geschichte des Schlosses aber schreibt bis heute die Berichte über Gespenster und Poltergeister fort.

Das Bermudadreieck

Anfang Juni 1991 berichteten Zeitungen in aller Welt über die angebliche Entdeckung von „Flug 19", der legendären Fliegerstaffel, die fast ein halbes Jahrhundert zuvor über dem Atlantik verschollen war. Die fünf Flugzeuge der amerikanischen Marine waren am 5. Dezember 1945 gegen 14.00 Uhr von Fort Lauderdale in Florida aus zu einem routinemäßigen Übungsflug gestartet und etwa zwei Stunden später spurlos verschwunden, nachdem der Funkkontakt mit ihrem Stützpunkt abgebrochen war. Selbst eine intensive Suchaktion aus der Luft und auf See ergab keine Spur der vermißten Bomber. Vor allem auf diesen ungeklärten Fall bezogen sich die Autoren nachfolgender Jahrzehnte, wenn sie Geschichten über das mysteriöse Bermudadreieck in Umlauf brachten.

Das Dreieck – auch „Friedhof des Teufels" genannt – ist ein Seegebiet mit den Eckpunkten Bermudainseln, Puerto Rico und Florida. In diesem Gebiet sollen bislang mindestens 100 Schiffe und 30 Flugzeuge auf unerklärliche Weise verschwunden sein. Auch vom plötzlichen Abbrechen des Funkkontaktes oder von wildkreisenden Kompaßnadeln wird berichtet. Anhänger der Bermudadreieck-Theorie führen dafür eine Fülle von Erklärungen an, von Abweichungen im Magnetfeld der Erde bis zu Raum-Zeit-Verschiebungen und übelwollenden Außerirdischen.

Die Skeptiker jedoch bleiben bei der Meinung, daß sich im Bermudadreieck nicht mehr Katastrophen ereignen als in jedem anderen vielbefahrenen Seegebiet. So erklärte die amerikanische Küstenwacht etwa Anfang der 70er Jahre, man sei angesichts des Verkehrsaufkommens und der unbeständigen Klimabedingungen froh, daß so wenige Schiffe verschwänden. Aus ihren Berichten geht hervor, daß 1975 vor der amerikanischen Küste insgesamt 21 Schiffe spurlos verschwanden, doch nur vier davon im Bermudadreieck.

Die Meldung über die Entdeckung der fünf Marinebomber im Juni 1991 wurde von beiden Seiten mit Interesse begrüßt. Das mit allen technischen Raffinessen ausgestattete Schiff einer Forschergruppe, die nach versunkenen spanischen Galleonen Ausschau hielt, hatte die Flugzeuge auf dem Meeresboden geortet. Auf den Bildschirmen waren in einer Tiefe von 150 m fünf Flugzeuge im geschlossenen Verband zu sehen. Daraus ließ sich schließen, daß sie nicht unkontrol-

Dieses Foto zeigt Grumman-Avenger-Bomber des gleichen Typs, wie sie im Bermudadreieck verschollen sind.

Der Attentäter John Wilkes Booth nähert sich Präsident Abraham Lincoln, der arglos mit seiner Frau eine Theatervorstellung verfolgt.

liert im Wasser gelandet waren. Die Flugzeuge wurden erwartungsgemäß als Grumman Avengers identifiziert. Sie lagen allerdings nur 16 km vor Fort Lauderdale, also dem Stützpunkt viel näher als die Position, bei der bei Flug 19 der Funkkontakt abgebrochen war. Schließlich kamen der Suchmannschaft weitere Zweifel, als sie den Flugzeugtyp überprüften: Es handelte sich um ein früheres Modell der Avenger.

Der Leiter der Bergungstruppe mußte die Reporter schließlich von diesem Fehlschlag informieren. „Wir sind in der wenig beneidenswerten Lage“, erklärte er, „Ihnen mitteilen zu müssen, daß es sich mit Sicherheit nicht um Flug 19 handelt.“ Das Geheimnis wurde noch unergründlicher. Die Wissenschaftler waren auf eine Gruppe von Bombern gestoßen, die nie als vermißt gemeldet wurden. Das Schicksal von Flug 19 hingegen bleibt unbekannt.

Das Weiße Haus in Washington

Kurz vor seiner Ermordung im Jahr 1865 hatte Abraham Lincoln, der 16. Präsident der USA, eine Vorahnung von seinem Tod. Ward Hill Lamon, einem engen Freund, erzählte Lincoln von einem Traum und schilderte, wie das Weiße Haus voller Trauergäste gewesen war und er vor einen Katafalk getreten sei, auf dem ein eingehüllter Leichnam lag. „Wer ist denn im Weißen Haus gestorben?“ fragte Lincoln einen der Soldaten. „Der Präsident“, antwortete dieser. „Er wurde von einem Attentäter ermordet.“ Dann erhob sich ein lauter Aufschrei der Trauer aus der Menschenmenge und weckte Lincoln aus dem Traum. Nur wenige Tage danach, am 14. April, wurde der Präsident in seiner Loge im Ford's Theater in Washington D.C. von John Wilkes Booth angeschossen. Lincoln starb in den frühen Morgenstunden des nächsten Tages.

Es heißt, daß Lincolns Geist noch immer im Weißen Haus spuke. Grace Coolidge, die Frau des 30. US-Präsidenten, war die erste, die von dem Gespenst sprach, das sie an einem Fenster im „Oval Office“, dem wegen seiner Ellipsenform so benannten Büro des Präsidenten, erblickt habe. Ein besonders beliebter Ort ist das Schlafzimmer des Ermordeten, das Lincoln-Zimmer, in dem selbst Staatsoberhäupter, die zu Besuch weilten, seltsame Erscheinungen erlebten. Königin Wilhelmina der Niederlande etwa hörte einmal ein Klopfen an der Tür. Als sie öffnete, stand ihr Abraham Lincoln in Gehrock und Zylinder gegenüber. Die Königin, so wird erzählt, fiel vor Schreck in Ohnmacht.

Präsident Harry S. Truman glaubte eines Tages die Schritte Lincolns zu vernehmen, und während der Präsidentschaft Ronald Reagans berichtete dessen Tochter Maureen, sie habe den Geist des Ermordeten im Lincoln-Zimmer gesehen.

Die Fidschi-Inseln

Kann ein Zustand der Ekstase, durch ein magisches Ritual hervorgerufen, Schmerz und Verletzungen unterdrücken? Die Zeremonie des Feuergehens legt diesen Gedanken nahe. Bereits in der Antike wurde das Ritual praktiziert – die Schriftsteller Platon und Vergil erwähnten es –, und noch heute ist es bei so verschiedenen Völkern wie den hinduistischen Betern in Indien und den Navajo-Indianern in Nordamerika üblich. In der westlichen Welt sind es griechische Christen, die auf glühenden Kohlen tanzen und dabei Heiligenbilder in der Hand halten. Ein Ort aber, der für die Zeremonie des Feuergehens besonders berühmt ist, sind die Fidschi-Inseln im Pazifischen Ozean.

Die Feuergeher der Fidschi-Inseln sind ausnahmslos männlichen Geschlechts. Bereits Tage zuvor meiden sie die Gesellschaft

Ganz ruhig und gelassen vollführen die Bewohner der Fidschi-Inseln die Zeremonie des Feuergehens.

Loch Ness (links) gilt als die Heimat des Seeungeheuers, das auf dem umstrittenen „Chirurgenfoto" (oben) zu sehen ist.

von Frauen, und in der Nacht vor dem Feuergang beten sie zu dem Wassergott Tui Namoliwei. Bei der Zeremonie wird zunächst eine lange, 1,80 m tiefe Grube mit Steinen gefüllt, auf die man Holzscheite und Reisig legt. Dann wird ein Feuer angezündet, das die ganze Nacht hindurch brennt. Am Morgen glühen die Steine vor Hitze, und nachdem die Feuergeher sich in einer Hütte zu einem letzten Gebet versammelt haben, betreten sie die Grube. Darin herrschen Temperaturen bis 650 °C, und dennoch gehen die Läufer unter dem Beifall der Zuschauer barfuß über die Steine.

Nur ganz selten zieht sich ein Feuergeher bei dieser Mutprobe schwere Verletzungen zu, die meisten bleiben völlig unversehrt. Diejenigen, die an das Ritual glauben, sehen darin den Triumph des Geistes über die Materie, und selbst Skeptiker sind von der offensichtlichen Echtheit des Gesehenen verblüfft. Der Schriftsteller George Sandwith erinnerte sich an den Disput mit einem Bankier, der höchst widerstrebend zugab, „daß der Feuerlauf echt war, denn er hatte etwas in die Grube geworfen, das sofort Feuer fing. Der Bankier war allerdings der festen Meinung, die Regierung müsse dem Ganzen ein Ende machen. Als man ihn nach dem Grund fragte, erwiderte er ärgerlich, es entspreche eben nicht den modernen wissenschaftlichen Erkenntnissen."

Die Wissenschaft steht diesem Phänomen durchaus nicht ratlos gegenüber. Viele Gelehrte meinen, daß die Steine ihre Hitze so langsam abgeben, daß sie bei direktem Kontakt keinerlei Verbrennungen verursachen. Dasselbe Prinzip gilt, wenn man mit dem Finger schnell durch eine Kerzenflamme fährt. Außerdem befeuchten sich einige der Feuergeher vor dem Lauf die Füße im Gras, was möglicherweise für eine kurze Zeit die Hitze isoliert.

Griechische Feuertänzer

Feuertänze haben in Griechenland bereits seit der Zeit der Antike eine lange Tradition. Noch heute vollziehen die Bewohner des Dorfes Lankadas am 21. Mai jeden Jahres auf einer glühenden Grube von etwa 3,6 m² Fläche einen rituellen Feuertanz. Die Tänzer halten Heiligenbilder in der Hand und laufen so lange auf den glühenden Holzscheiten und auf der Glut, bis alle Flammen erstickt sind. Dabei hat man Temperaturen von bis zu 454 °C gemessen. Ein Arzt aus dem Allgemeinen Krankenhaus in Athen, der dies sah, urteilte: „Ich hätte in allen Fällen Verbrennungen dritten Grades erwartet."

Loch Ness

Folgenden Bericht des Ehepaares Mackay veröffentlichte am 2. Mai 1933 der *Inverness Courier* über ein angebliches Ungeheuer in dem schottischen See: „Das Wesen vergnügte sich, eine ganze Minute lang drehte es sich und tauchte, sein Körper erinnerte an einen Wal, das Wasser strömte kaskadenartig an ihm hinunter und schäumte wie in einem brodelnden Kessel."

Der erste Bericht über ein Seeungeheuer im Loch Ness stammt vom heiligen Columban, einem aus Irland gebürtigen Missionar, der im 6. Jahrhundert den Westen Schottlands zum Christentum bekehrte. Die aufsehenerregende Darstellung der Mackays aber war es, die das bis heute anhaltende Interesse an Geschichten über „Nessie" erweckte. Ihr folgte eine ganze Flut von Berichten, zu deren Beweis eine verwackelte Aufnahme, das sogenannte Chirurgenfoto von 1934, herangezogen wurde. Darauf ist ein langhalsiges Lebewesen zu sehen, das sich in den Wellen zu bewegen scheint.

Vor kurzem fand man heraus, daß die Fotografie in Wirklichkeit ein Miniatur-U-Boot mit mechanischem Antrieb zeigt. Und obgleich noch viele andere Fotos veröffentlicht und Berichte von vielen tausend Erscheinungen aktenkundig wurden, ist nie ein überzeugender Beweis für einen derartigen Seebewohner ans Tageslicht gekommen. Gibt es in den düsteren Tiefen unterirdische Höhlen und Tunnels, die mit dem Meer verbunden sind und möglicherweise eine Kolonie von prähistorischen Lebewesen bergen? Stecken hinter den Berichten nur Stücke von Treibholz, Kielwellen von Booten oder spielende Otter?

Für Menschen, die der Sache auf den Grund gehen wollen, stellt Loch Ness ein großes Problem dar. Es ist der größte Süßwassersee der Britischen Inseln. Sein Wasservolumen entspricht dem aller natürlichen Seen und aller Stauseen von ganz England und Wales. Bis vor kurzem wurde nur ein einziger ernsthafter Versuch zur Vermessung der Unterwassertopographie unternommen, und zwar im Jahr 1903 von Sir John Murray, einem der ersten Ozeanographen, der mit einem Assistenten vom Ruderboot aus ans Werk ging und mit Bleigewichten an langen Klavierdrähten arbeitete.

Erst 1992 unterzog man den gewaltigen Unterwasserkomplex einer großangelegten wissenschaftlichen Untersuchung. Dabei kam ein Sonar-Forschungsschiff zum Einsatz, das die gesamte Wasserfläche abfuhr, das Bett des Sees fächerförmig abtastete und 7 Mio. Tiefenmessungen vornahm. Die mit beeindruckenden 240 m tiefste Stelle fand sich nordöstlich von Invermoriston. Als man die Sonardaten in den Computer eingab, ließen sich virtuelle Bilder von der Unterwasserlandschaft erzeugen. Demnach hat Loch Ness steile, mancherorts fast senkrechte Seiten, die zu einem flachen Grund abfallen. Das Bett weist zwar kleinere Vertiefungen auf, doch lassen sich weder Höhlen noch Tunnels erkennen. Zur Enttäuschung der Nessie-Anhänger ließ sich auch kein Tier aufspüren, das größer war als ein Lachs, Hecht oder arktischer Saibling. Wenn in den trüben Tiefen tatsächlich ein Ungeheuer lauert, muß es wohl die imponierende Fähigkeit besitzen, jeder Suche erfolgreich aus dem Weg zu gehen.

Der Tower von London

Bei Restaurierungsarbeiten am Tower von London stießen Arbeiter 1674 unter einer Treppe auf eine Holzkiste mit den Skeletten von zwei Jungen. Man vermutete, daß es sich um die Überreste der beiden Prinzen Edward V. und Richard von York handele, die angeblich 1483 einem Mord zum Opfer gefallen sind. Laut Shakespeare und anderen Autoren wurden sie auf Befehl ihres buckligen Onkels getötet, der als Richard III. den Thron besteigen wollte. In jüngerer Zeit vertraten Historiker die Ansicht, daß auch Heinrich VII. als Auftraggeber des Mordes in Frage komme. Wie dem auch sei, der Fund erhärtete den Verdacht, daß die Prinzen umgebracht wurden. Ein Anatomieexperte, der 1933 die Leichen untersuchte, kam zu dem Ergebnis, daß sie von zwei Brüdern stammten, einem zwölf- bis dreizehn-

Sir Walter Raleigh, der berühmte englische Kapitän und Eroberer, bewohnte während seiner 13jährigen Haft im Tower von London (unten) diesen Raum im Blutturm (links). Das Gemälde rechts zeigt den angeblichen Prinzenmord von 1483.

jährigen Jungen und einem Kind von etwa neun bis elf Jahren, was dem Alter der Prinzen entsprach.

Der Tower von London hat nicht nur eine überaus blutbefleckte Geschichte, auch die Gespenstergeschichten, die mit der königlichen Zitadelle an der Themse verbunden sind, übersteigen das normale Maß. So wird berichtet, daß die Geister zweier Kinder Hand in Hand auf dem Gelände umherwanderten – die ermordeten Prinzen? Andererseits diente der Tower eine Zeitlang auch als Gefängnis für hochrangige Häftlinge, auf die das Beil des Scharfrichters wartete. Der Geist des hingerichteten Earl of Northumberland soll im Martin Tower umgehen, während derjenige Sir Walter Raleighs angeblich in der Umgebung des Blutturmes sein Unwesen treibt. Fünfmal mußte der Scharfrichter zuschlagen, bis die fünfte Gemahlin Heinrichs VIII., Catherine Howard, enthauptet war, und man sagt, noch heute seien am Jahrestag ihres Todes, dem 13. Februar 1542, ihre Schreie zu hören.

Die Erscheinung, von der am häufigsten berichtet wurde, ist der Geist Anna Boleyns, die 1536 wegen angeblichen Ehebruchs hingerichtet worden war. 1864 wurde ein Wachposten vor das Kriegsgericht gestellt, weil er während der Wache im Tower eingeschlafen war. Er verteidigte sich mit der Behauptung, Anna Boleyns Geist begegnet zu sein. „Ich habe das Gespenst zweimal angerufen", erklärte er, „und als es nicht stehenbleiben wollte, bin ich mit dem Bajonett darauf losgegangen. Doch ich bin mitten durch die Gestalt hindurchgelaufen und mit dem Kopf so heftig gegen die Wand geprallt, daß ich bewußtlos zu Boden fiel." Da auch zwei Angehörige der königlichen Leibgarde bezeugten, diese geheimnisvolle Gestalt gesehen zu haben, befand das Gericht den Soldaten als nicht schuldig.

Das Kap der Guten Hoffnung

Mit der Südspitze Afrikas verbindet sich die Legende von dem Geisterschiff *Der fliegende Holländer*. Den meisten Darstellungen zufolge war dies ein holländischer Ostindienfahrer aus dem 17. Jahrhundert, der unter dem Kommando des Kapitäns Hendrik van der Decken stand. In den Gewässern vor dem Kap geriet das Schiff einst in einen heftigen Sturm, gegen den es wochenlang ankämpfte, ohne von der Stelle zu kommen. Der Kapitän sah darin den Versuch Gottes, ihn von seinem Kurs abzubringen, und stieß schließlich einen gotteslästerlichen Fluch aus. Zur Strafe dafür wurde er verdammt, bis in alle Ewigkeit das Kap zu umrunden, ohne je in einen Hafen einzulaufen.

Diese Sage bot Richard Wagner den Stoff zu seiner Oper *Der fliegende Holländer*, die 1843 uraufgeführt wurde. Sie beruht insofern auf Tatsachen, als die Gewässer vor dem Kap bei den Seeleuten für häufig auftretende Unwetter berüchtigt sind. Der Seefahrer Bartolomeu Diaz, der die Landspitze 1488 entdeckte, nannte sie daher zunächst „Kap der Stürme". Der portugiesische König

Ein Bild von 1900 zeigt den **Fliegenden Holländer** *im Schimmer des Mondlichtes.*

Johann II. änderte später den Namen in „Kap der Guten Hoffnung", weil Diaz' Umsegelung „ein gutes Vorzeichen für die Entdeckung Indiens" gewesen sei.

Seit dem 17. Jahrhundert gibt es unzählige, heftig umstrittene Berichte von Seeleuten, die in diesen Gewässern ein Geisterschiff gesehen haben wollen, und nach alter seemännischer Überlieferung bedeutet das Sichten des Phantoms Unheil für das betreffende Schiff. Dies widerfuhr einmal auch dem späteren englischen König George V. Als er noch auf der königlichen *Bacchante* als Leutnant zur See fuhr, erkannte er plötzlich das Geisterschiff und darauf eine Gestalt in historischer Tracht, die am Heck lehnte. Am Tag darauf stürzte ein Mitglied seiner Mannschaft aus der Takelage und starb.

In den Augen der Wissenschaftler sind Phantomschiffe, die auf See gesichtet werden, Luftspiegelungen, welche die menschliche Phantasie mit zeitgenössischen Details ausschmückt. Sichtungen durch eine ganze Menschengruppe lassen sich damit freilich nicht erklären. Im März 1939 erblickten etwa 60 Menschen, die sich am Strand von Glencairn am Kap aufhielten, ein geheimnisvolles Schiff, das die Takelung und das erhöhte Achterdeck eines Kauffahrteischiffes aus dem 17. Jahrhundert zu haben schien. „Die Zweifler sollen sagen, was sie wollen", meinte eine Augenzeugin namens Helene Tydell, „aber das Schiff war wirklich und wahrhaftig der *Fliegende Holländer.*"

Der Okanagansee

Eine Riesenschlange bewohnt angeblich den Okanagansee in der kanadischen Provinz British Columbia; ihr war eine Liedstrophe gewidmet, die ab 1924 in den Music Halls die Runde machte:

Ihre Mutter war ein Ohrwurm,
ihr Vater war ein Wal,
ein bißchen Kopf, fast keinen Schwanz,
und sie hieß Ogopogo.

Wie „Nessie" in Schottland hat man auch Kanadas berühmtem Wassergeist einen Kosenamen gegeben – vielleicht um die Furcht aus den Herzen der Menschen zu verbannen, die in der Nähe des Sees lebten? Die Ursprünge der Legende reichen jedenfalls weit zurück. Am Ufer des Okanagansees, an den Berghängen nahe der kanadischen Pazifikküste, siedelten früher nur Indianer, die in ständiger Angst vor einem Seeungeheuer lebten. Sie glaubten, es wohne auf einer kleinen Insel in dem 128 km langen Gewässer, und sie pflegten ihm Tiere als Opfergaben zurückzulassen. Auch als die Weißen das Land besiedelten, wurde das Monster weiterhin gesehen. 1854 soll es gar ein ganzes Pferdegespann verschlungen haben. „Es war mindestens 6 m lang", berichtete ein Augenzeuge, „und hatte einen schweren, schlangenartigen Körper, einen Pferdeschädel und einen dichten Bart."

Noch im 20. Jahrhundert, in dem sich die Gegend durch ihre landschaftlichen Reize zu einem beliebten Touristenziel entwickelte, wurde das Ungeheuer gesichtet. 1959 berichtete eine Gruppe von Seglern, sie hätten auf dem See ein großes, stumpfnasiges, schlangenähnliches Lebewesen gesehen, das ihrer Jacht gefolgt sei. Die Wasserskiläuferin Sheri Campbell behauptete 1968, sie habe sich dem Tier bis auf 1,50 m genähert und bemerkt, daß „blaugrüngraue Schuppen auf seiner Haut glitzerten", dann sei es eilig fortgeschwommen und habe eine V-förmige Heckwelle hinter sich hergezogen. Im Jahr 1977 erblickte eine Frau namens Lillian Vogelgesang in der Nähe des Docks von Sarsons Beach ein etwa 15 m langes Tier mit mehreren Höckern. „Wenn ich die Kinder nicht bei mir gehabt hätte", erzählte sie später, „wäre ich bis zum Rand des Docks gelaufen. Ich hätte es berühren können, so nahe war es."

Daß Skeptiker von solchen Berichten unbeeindruckt bleiben, tut dem Tourismus am Okanagansee keinen Abbruch – die Legenden von „Ogopogo" sind in dieser Hinsicht ein ebenso wertvolles Kapital wie die Schönheit des umliegenden Berglandes.

Auf dieser viktorianischen Radierung werden zwei Ruderer in Kanada von einem Seeungeheuer verfolgt.

Versailles

Wenn es tatsächlich ein Gespenst gibt, das in der herrlichen Umgebung von Versailles umgeht, ist es sicher der Geist Ludwigs XIV. Die Vorliebe des französischen Herrschers für Prachtentfaltung brachte ihm den Beinamen „Sonnenkönig" ein. Zwischen 1678 und 1710 errichtete er in Versailles einen Palast, um den ihn ganz Europa beneidete. 1000 Höflinge und 4000 Dienstboten bewohnten die goldverzierten Gemächer und Galerien, und die Gartenanlagen erstreckten sich über eine Fläche von 100 ha.

Für Liebhaber von Gespenstergeschichten ist jedoch ein bestimmtes Gebäude von besonderem Interesse: das sogenannte Petit Trianon, das Ludwig XV., der Urenkel des Sonnenkönigs, 1764–68 für seine Mätresse, die Marquise von Pompadour, erbauen ließ. Am 10. August 1901 trafen die beiden Engländerinnen Eleanor Jourdain und Annie Moberly beim Petit Trianon zwei Männer in historischer Kleidung mit graugrünem Rock und Dreispitz. Als sie die Männer nach dem Weg fragten, führten diese sie zu einem Pavillon und zu einer Brücke, auf der ein Mann mit breitkrempigem Hut und Umhang kauerte.

Die beiden Frauen erblickten noch weitere geheimnisvolle Gestalten: einen laufenden Mann, der einen Umhang trug, obwohl es sonnig und warm war, eine Frau mit einem hellgrünen leichten Schultertuch, die in einem Stuhl auf dem Rasen saß. Aufgrund dieser Erlebnisse kamen die Engländerinnen zu dem Schluß, daß es am Petit Trianon spuke. Im darauffolgenden Jahr kehrten sie zurück, um der Sache auf den

Für Höflinge aus der Zeit Marie Antoinettes (oben) halten Parapsychologen jene geheimnisvollen Gestalten in historischer Kleidung, die 1901 in der Umgebung des Petit Trianon in Versailles gesehen worden waren (links).

Grund zu gehen, und erneut begegneten sie dabei Gestalten in historischer Tracht.

Historische Nachforschungen der beiden Frauen ergaben, daß sie Erscheinungen aus der Zeit Marie Antoinettes, der Gemahlin Ludwigs XVI., gesehen hatten. Die Frau im Schultertuch war wohl die Königin selbst, die beiden Männer in den graugrünen Röcken ihre Kammerherren, die Gebrüder Bercy; die Gestalt mit dem breitkrempigen Hut könnte der Graf von Vaudreuil, ein bekannter Höfling, gewesen sein. Der Pavillon und die Brücke aber existierten 1901 nicht mehr, sie fanden sich jedoch auf Abbildungen aus dem 18. Jahrhundert. Im Jahr 1911 veröffentlichten die beiden Frauen ihre zahlreichen Erlebnisse unter dem Titel *An Adventure*, und ihr Buch erregte weithin Interesse, denn zum einen besaßen die Autorinnen als Töchter von Geistlichen einen untadeligen Ruf, zum anderen aber berichteten andere Besucher des Petit Trianon bald von ähnlichen Begegnungen.

Selbst in jüngerer Zeit kam es noch zu derartigen Erlebnissen, obschon der Schriftsteller Philippe Jullian 1965 eine rationale Erklärung lieferte. In seiner Biographie des Aristokraten und Dichters Robert de Montesquieu wies er darauf hin, daß dieser sich um 1900 mit Freunden oft in der Nähe des Petit Trianon aufhielt – und einige von ihnen trugen dabei historische Gewänder. Möglicherweise wurde die ganze Diskussion über Geister, die in Versailles umgehen, also durch ihr absonderliches Treiben ausgelöst.

Der Ikedasee

Im Jahr 1978 wurde dem Geschäftsmann Matsubara aus der japanischen Stadt Kagoshima ein Preis von 100 000 Yen für die erste Fotografie „Issies" verliehen – eines Lebewesens, das sich angeblich im Ikedasee aufhält. Doch wie bei den Aufnahmen von „Nessie" handelt es sich um ein unscharfes Bild, ohne jeden Anhaltspunkt, den die Wissenschaft als Beweis gelten ließe. Es zeigt stark aufgewühltes Wasser, das den Anhängern der „Ungeheuer-Theorie" Rätsel aufgibt. „Etwas Riesiges erhob sich aus dem Wasser und verschwand nach 15 bis 20 Sekunden wieder", hatte Matsubara berichtet.

Der Ikedasee liegt an der Südspitze der japanischen Insel Kyushu, und die Erzählungen von einem rätselhaften Lebewesen haben lange Tradition. Der Überlieferung zufolge stahl einst ein Samurai das Fohlen einer Schimmelstute, die nahe dem See lebte. Die Stute sprang aus Gram ins Wasser und stürzte zu Tode. Das Wesen, das von Zeit zu Zeit an der Oberfläche auftaucht, soll diese verzweifelte Stute sein, die noch immer nach ihrem verschwundenen Fohlen sucht.

Im Ikedasee in Japan soll die scheue „Issie" hausen.

Mehrmals wurde am Mount Everest (oben) angeblich ein Schneemensch gesichtet. Links: Der Bergsteiger Eric Shipton vor Fußabdrücken, die er selbst als Scherz gefälscht hat.

Sir Edmund Hillary (unten links) und der Sherpa Kumbo Chumbi stellen einen „Yeti-Skalp“ zur Schau.

Leider stimmt die rührende Geschichte in keiner Weise mit Berichten aus unserem Jahrhundert überein, in denen ein oder zwei Wesen mit zwei großen Buckeln und einer dunklen Färbung der Haut beschrieben werden. Wer sich aber eine eigene Meinung bilden will, kann den See seit 1978 von einem eigens zu diesem Zweck errichteten Beobachtungsstand aus absuchen.

Der Mount Everest

Schon 1887 berichteten westliche Besucher von merkwürdigen Fußspuren im Himalajagebirge, doch erst seit 1921 gingen die Geschichten vom geheimnisvollen „Schneemenschen" um die Welt. In jenem Jahr startete unter Colonel C.K. Howard-Bury die erste britische Expedition zum Mount Everest. Auf dem Lhapka-La-Paß in über 6000 m Höhe bemerkten die Bergsteiger durch das Fernglas ein paar dunkle Gestalten, die aufrecht durch ein Schneefeld stapften. Als sie die Stelle erreichten, fanden sie riesige Fußspuren, „dreimal so groß wie die eines gewöhnlichen Menschen", wie Howard-Bury berichtete. Die Sherpas identifizierten die Fußabdrücke als die Spuren des sogenannten Yeti, eines Schneemenschen, der seither Journalisten aus aller Welt reichen Stoff für sensationelle Berichte liefert.

In den nachfolgenden Jahrzehnten ergötzten sich Zeitungsleser in aller Welt immer wieder an Aufnahmen riesiger Fußspuren, ausgestellter Skalpe von Yetis und Berichten über gelegentliche Sichtungen. Sir Edmund Hillary, 1953 Bezwinger des Mount Everest, kam zu dem Ergebnis, daß einige der angeblichen Yeti-Skalpe, die er untersucht hatte, aus dem Fell des seltenen tibetischen Blaubären bestanden, der gelegentlich in Gebiete oberhalb der Schneegrenze wandert. Der Pfotenabdruck dieser Tiere, der sich vergrößert, wenn der Schnee in der Sonne schmilzt, könnte eine Erklärung für die übergroßen Fußspuren sein.

Kühnere Forscher vermuten hinter den Berichten menschenähnliche Lebewesen, die der Wissenschaft bislang unbekannt sind, Affenmenschen vielleicht oder Nachfahren der Neandertaler. Die Anhänger dieser Theorie sind sich weitgehend darin einig, daß der Yeti nicht die Schneegebiete des Himalaja bewohnt, sondern die ausgedehnten bewaldeten Berghänge, und sich nur gelegentlich in höhere Regionen verirrt. Viele erkennen im Yeti den Nachfahren eines prähistorischen Riesenaffen, des *Gigantopithecus*, von dem in einigen Gebieten Asiens fossile Überreste gefunden wurden.

Gesichtet wurde das Wesen auch in jüngerer Zeit. So heißt es, daß Yetis schon oft den Garten des Buddhistenklosters Thyangboche am Mount Everest besuchten. Im Juli 1974 wurde angeblich ein Sherpamädchen in der Nähe des Berges von einem Yeti bewußtlos geschlagen, der auch fünf der Yaks tötete, die es gehütet hatte. Wie das Mädchen später schilderte, hatte das 1,20 m bis 1,50 m große Wesen „unterhalb der Taille dichte, schwarze Behaarung, am Oberkörper waren die Haare bräunlich".

Der Mauna Loa

Mit der beeindruckenden Höhe von 4169 m erhebt sich der Mauna Loa inmitten der Vulkaninsel Hawaii aus dem Pazifik. Einer seiner Krater, der Kilauea, ist ein noch heute aktiver Vulkan, der im Volksglauben der Inselbewohner eine große Rolle spielt. Der Krater soll nämlich der Wohnsitz der Pele sein, der Göttin der Vulkanausbrüche, die im Inneren des Berges eine Schar Feuergötter befehligt und die Zügel fest in der Hand hält. Einer Sage zufolge floh sie einst von der Insel Tahiti nach Hawaii, um den Nachstellungen ihrer Schwester zu entrinnen, deren Gemahl sie verführt hatte.

Pele gilt als eine zornige Göttin, und so wird sie von den Inselbewohnern mit Opfergaben besänftigt. Sie ist aber nicht ausschließlich böse, denn wenn ein schwerer Vulkanausbruch bevorsteht, steigt sie in Gestalt einer schönen, jungen, rotgekleideten Frau mit einem kleinen, weißen Hund an ihrer Seite herab und warnt die Bevölkerung. Autofahrer, die ihr begegnen, sollten anhalten und ihr die Mitfahrt anbieten – wer das unterläßt, beschwört Unheil herauf.

Angeblich bringt es auch Unglück, wenn man Steine vom Vulkan mitnimmt. Die Forscher im Nationalpark von Hawaii erhielten eine Zeitlang täglich 15–20 Päckchen mit Steinen. Sie wurden ihnen von Touristen zugesandt, die alle Warnungen in den Wind geschlagen hatten und später vom Pech verfolgt worden waren. Die Palette der Mißgeschicke reichte von verstauchten Knöcheln und gebrochenen Armen bis zu Blitzschlag und Autounfällen. Kaum hatten die Touristen die Steine zurückgeschickt, so heißt es, hörte die Pechsträhne auf.

Am Mauna Loa soll das Gespenst der launischen Göttin Pele umgehen.

HAITI – INSEL DES WODU

Menschen, die der abendländischen Vorstellung von Glauben und Religion verhaftet sind, mag die Welt des Wodu (auch „Voodoo" genannt) mit ihrem Opferkult, ihrer Besessenheit und den lebenden Toten alptraumhaft erscheinen. Die Düsternis dieser Mystik verstärkt noch die Tatsache, daß Haiti, das ärmste Land der Karibik und die Heimat des Wodu, brutale Diktaturen ertragen mußte. Von einem geheimnisvollen, ganz eigenartigen Glauben beherrscht, scheint das Land, in dem die Rhythmen afrikanischer Trommeln dröhnen, gar nicht zum amerikanischen Kontinent zu gehören.

Haiti liegt im Westen der Insel Hispaniola, die Christoph Kolumbus bereits 1492 entdeckte. Im Jahr 1697 von Spanien an Frankreich abgetreten, wurde die Insel im 18. Jahrhundert von französischen Zuckerrohrpflanzern kolonisiert, die Sklaven aus Afrika ins Land holten. Nach einer Massenrevolte erklärten die Sklaven 1804 ihre Unabhängigkeit und begründeten die erste schwarze Republik der Welt. Bis heute sind mehr als 90 % der Bevölkerung Haitis Nachkommen der schwarzen Sklaven.

Der Wodu-Kult ist eine Mischung aus den verschiedensten Glaubensrichtungen. Seine Wurzeln hat er in den Stammeskulten Westafrikas, woher die meisten der Sklaven kamen. Das Wort ist abgeleitet von dem afrikanischen *vodun*, das „heiliger Gegenstand" oder „übernatürliches Wesen" bedeutet, doch der Glaube enthält neben vielen Elementen des Katholizismus auch Rituale aus Büchern über magische Kulte, die im Frankreich des 18. Jahrhunderts verbreitet waren. Diese ungewöhnliche Mixtur ist der Nährboden für eine Welt, die von *loas* (Geistern) bewohnt ist, etwa dem schwarzgekleideten

Bei geheimnisvollen Wodu-Zeremonien tanzen die Haitianer, bis sie einen tranceähnlichen Zustand erreichen.

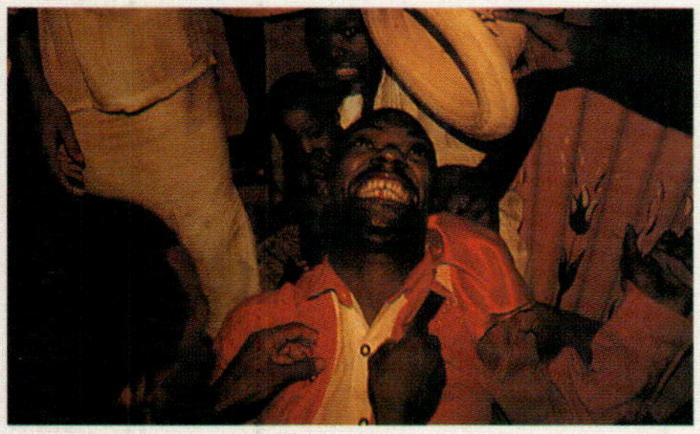

Von einem Geist besessen, sinkt ein Wodu-Anhänger zu Boden.

und mit einem Zylinder ausgestatteten Baron Samedi, dem obersten Totengott, Papa Legba, dem Wächter über Türen, Straßen und Kreuzungen, Ogun, dem Gott des Krieges, und der Liebesgöttin Erzulie, die viel mit der Jungfrau Maria gemeinsam hat.

Die Kulthandlungen finden gewöhnlich am Dienstag- oder am Samstagabend statt. Dann versammeln sich die Haitianer im örtlichen *houmfort*, einem Heiligtum mit Altar und Lehmboden, und tanzen zu dem unablässigen Dröhnen der Trommeln. So sollen die eigentümlichen Trancezustände hervorgerufen werden, bei denen dann die Geister herabsteigen und in die Körper der Wodu-Anhänger eindringen. Die Tänzer wirbeln umher, schlagen mit den Armen um sich, ihre Augen werden glasig, und manchmal stoßen sie unartikulierte Laute hervor. In vielfältigen Rhythmen dröhnen die Trommeln, um die *loas* herbeizulocken. Maismehl oder Asche wird so auf dem Boden ausgestreut, daß sich magische Symbole ergeben, die die angerufenen Geister besänftigen sollen.

Vergleichbare Riten sind aus Brasilien, Kuba und Jamaika bekannt, in Haiti jedoch ist Wodu ein Volksglaube. Er ist keineswegs nur schwarze Magie – wie in anderen Religionen dienen die kultischen Tänze und Gesänge auch der Entspannung. Unbestritten ist allerdings die dunkle Seite des Wodu. Puppen etwa, in die man Nadeln steckt, um damit Feinden zu schaden, und Hühner, die man köpft, um die Geister günstig zu stimmen, sind Formen der Magie, die untrennbar mit dem Wodu-Glauben verbunden sind.

Einen ähnlich düsteren Aspekt stellt der Glaube an die Zombies dar. Der Begriff „Zombie" leitet sich wahrscheinlich von dem kongolesischen Wort *Nzambi* (Geist eines Toten) her, und es heißt, Wodu-Zauberer könnten aus einem toten Körper die Seele stehlen und ihn dann wie einen willenlosen Roboter lenken. Nach Ansicht der Wissenschaftler verabreicht ein Zauberer hierzu seinem Opfer einen Trank, der den Stoffwechsel so drastisch verlangsamt, daß der Mensch tot zu sein scheint; er kann dann begraben, wieder ausgegraben und mit anderen Drogen wiederbelebt werden.

Der französische Anthropologe George de Rouquet traf 1930 auf einer Reise in Haiti vier Baumwollpflücker, von denen ihm sein Führer versicherte, daß sie Zombies seien. Während die anderen Pflücker flink arbeiteten, schienen diese vier wie ausgemergelt, hatten einen seltsam schleppenden Gang, und ihre Arme hingen leblos herab. „Am auffälligsten war ihr teilnahmsloser Blick", berichtete de Rouquet. „Alle starrten mit stumpfen und blicklosen Augen vor sich hin wie Blinde ... Um bei einem die Reflexe zu prüfen, machte ich mit ausgestreckten Fingern eine Bewegung, als wollte ich zustechen. Weder blinzelte er, noch schreckte er zurück. Doch als ich seine Hand zu berühren versuchte, hinderte mich der Aufseher daran und sagte, das sei nicht erlaubt."

Hirnschädigung, Drogenrausch oder die Folgen schlechter Behandlung gelten neben schwarzer Magie als Erklärungen für die Existenz dieser armseligen Gestalten. Doch die Furcht vor Zombies ist in Haiti allgegenwärtig. Es heißt, die Haitianer hätten weniger Angst davor, von einem Zombie verletzt zu werden, als selbst ein Zombie zu werden.

Ein Candomble-Priester in vollem Ornat. Wie im Wodu vermischen sich auch im brasilianischen Candomble-Kult afrikanische und katholische Elemente.

Das Bad im Schlamm, das magische Kräfte verleihen soll, ist Teil der Rituale zu Ehren des Wodugeistes Ogun, des Kriegsgottes.

SAGEN, MÄRCHEN, ABERGLAUBE

„Immer wenn ein Kind sagt: ‚Ich glaube nicht an Feen', fällt irgendwo eine kleine Fee tot zu Boden", heißt es in Peter Pan. *In den Worten des Schriftstellers J.M. Barrie liegt eine tiefe menschliche Erkenntnis: Wo der Glaube an Wunder stirbt, gerät die Welt der Phantasie in Gefahr.*

Das Märchen des Rattenfängers von Hameln, der die Kinder mit seinem Flötenspiel aus der Stadt lockt und in einen Berg entführt, greift einen in Europa weit verbreiteten Mythos auf, nach dem es eine Beziehung zwischen der Musik von Feen und grasbewachsenen Hügeln gibt. William Brockie, ein englischer Volkskundler, schrieb dazu: „Die Feen hielten sich tagsüber unter der Erde auf, und zwar am liebsten bei abgelegenen, grünen Hügeln. Ich habe Menschen getroffen, die das mit Sicherheit wußten, denn wenn sie an einem ruhigen Sommerabend bei einem dieser Hügel das Ohr dicht an den Boden legten, hörten sie zu ihrem Erstaunen, wie tief im Innern des Berges gefiedelt, gesungen und getanzt wurde."

Drachen, die sagenhafte Schätze bewachen, böse Hexen und Wunschbrunnen, an denen Träume wahr werden – diese Märchenthemen umgibt heute bestenfalls ein Hauch von Nostalgie, doch vor nicht allzu langer Zeit war der Glaube daran unter der Landbevölkerung weit verbreitet. Feenmärchen lassen sich in Europa bis in keltische Zeit zurückverfolgen. Feen wurden damals mit Gaben günstig gestimmt, die man an heiligen Brunnen, Seen und in Hainen für sie hinterließ.

Der Glaube an das „kleine Volk" ist nie ganz ausgestorben. Der englische Schriftsteller Arthur Conan Doyle, der den gewitzten Detektiv Sherlock Holmes erfunden hat, bekannte zum Erstaunen seiner Bewunderer 1922, daß er an die Echtheit einiger „Lichtbilder von Feen" glaube, die zwei

Im Licht der aufgehenden Sonne wirkt Neuschwanstein wie ein Märchenschloß.

Mädchen von 16 und 10 Jahren in dem Dorf Cottingley in Yorkshire gemacht hatten. Die Aufnahmen erwiesen sich allerdings später als Schwindel, denn es handelte sich um Fotos von Illustrationen aus dem Buch *Princess Mary's Gift Book*, das 1915 erschienen war.

Die Märchenstraße

Aschenputtel, Schneewittchen, Rumpelstilzchen und Dornröschen – diese Märchengestalten sind in das Volksgut der ganzen Welt eingegangen. Die Geschichten, die sich um sie ranken, wurden von Jacob (1785–1863) und Wilhelm (1786–1859) Grimm vor allem in Nordhessen zusammengetragen. Von frühester Kindheit an fesselte die beiden Brüder die Traumwelt der bäuerlichen Phantasien mit ihren mutigen Helden, goldhaarigen Prinzessinnen, Hexen, Kobolden und bösen Stiefmüttern. Die große Märchensammlung der Grimms wurde 1812–1815 unter dem Titel *Kinder- und Hausmärchen* veröffentlicht. Sie rückte Gestalten wie Rapunzel oder Hänsel und Gretel ins Bewußtsein der Welt und machte die deutsche Landschaft mit ihren alten Wäldern, den Burgen und Fachwerkhäusern unsterblich.

Die Märchenstraße ist eine 600 km lange Straße, die von Hanau, dem Geburtsort der Gebrüder Grimm, bis nach Bremen führt.

Rotkäppchen, eine der bekanntesten deutschen Märchengestalten, soll einst in der Stadt Alsfeld gelebt haben.

Besucher haben in Knaresborough vielerlei Gegenstände aufgehängt, die dort im Lauf der Zeit zu Stein werden.

Sie durchquert Steinau, wo der Vater einst Friedensrichter gewesen war und die Brüder einen Großteil ihrer Kindheit verbracht hatten, schlängelt sich durch den mittelalterlichen Ort Alsfeld, in dem Rotkäppchen gelebt haben soll, und zur Sababurg, einem turmreichen Jagdschloß, das man für das Dornröschenschloß hält. Dann folgt die Straße dem Ufer der Weser bis nach Hameln, jener Stadt, die durch die Rattenfängergeschichte Berühmtheit erlangt hat.

Nach der Überlieferung wurde Hameln im Jahr 1284 von einer Rattenplage heimgesucht, und ein umherziehender Flötenspieler bot an, die Ratten gegen angemessenen Lohn in den Fluß zu locken. Doch nach getaner Arbeit wollten die Bürger den Rattenfänger nicht bezahlen und beschuldigten ihn der Zauberei. Am Sonntag darauf kam er in die Stadt und spielte eine Melodie, mit der er alle Kinder, bis auf einen lahmen Jungen, in einen Berg lockte. Von dort kehrten die Entführten niemals zurück.

Diese Erzählung wurde von den Gebrüdern Grimm in die Märchensammlung aufgenommen, und sie soll auch einen historischen Kern haben. Einer Überlieferung zufolge spielt sie auf die Einberufung junger Männer an, die im 13. Jahrhundert in einem verhaßten Krieg kämpfen mußten. Dabei kamen so viele Jugendliche ums Leben, daß die Leute sagten, der Teufel, der auf seiner Flöte spiele, lasse sie verschwinden. Andere beziehen die Sage auf einen Kinderkreuzzug, dem sich zu Beginn des 13. Jahrhunderts Tausende von Kindern anschlossen und von dem nur wenige zurückkehrten.

Noch heute wird in Hameln die Erinnerung an den Rattenfänger wachgehalten, wenn das tragische Schicksal der Kinder an jedem Sonntag im Sommer auf der Terrasse des Hochzeitshauses nachgespielt wird. In den Läden wird Gebäck in Rattenform verkauft, und auch auf den Fresken am Rattenfängerhaus findet sich eine Darstellung der Legende. In den Straßen aber, wo der Rattenfänger die Kinder unter den verführerischen Klängen seiner Flöte fortlockte, erklingt bis zum heutigen Tag keine Musik.

Knaresborough

Die Quelle von Knaresborough in der englischen Grafschaft North Yorkshire ist ein feuchter, unheimlicher Ort, der die Eigenschaft hat, jeden Gegenstand, den man dort liegenläßt, in Stein zu verwandeln. Die Wissenschaft erklärt dieses Phänomen mit dem hohen Kalkgehalt des Wassers: Im Lauf der

Zeit lagert sich darauf eine Kalkschicht ab. Ganz in der Nähe befindet sich eine Höhle, an die sich ein noch größeres Rätsel knüpft. Sie war einst angeblich die Wohnstatt der Mutter Shipton, einer Hexe, die in den Wäldern gelebt und ungewöhnlich genaue Prophezeiungen gemacht haben soll.

Ihr Mädchenname lautete der Überlieferung zufolge Ursula Southill, und schon ihre Mutter war eine berüchtigte Hexe gewesen. Um 1490 wurde die spätere Wahrsagerin geboren, und sie war so klein und häßlich, daß die Leute sie „Teufelskind" nannten. Trotz ihres unvorteilhaften Aussehens soll sie mit 24 Jahren von Thomas Shipton, einem Bauarbeiter aus York, geheiratet worden sein. Sie starb 1561 mit 73 Jahren.

Ihre bemerkenswertesten Prophezeiungen galten bekannten Gestalten am Hof Heinrichs VIII., darunter dem Lordkanzler und Kardinal Wolsey, dessen Verhaftung wegen Hochverrats sie voraussah. Außerdem schreibt man ihr zu, die Herrschaft einer jungfräulichen Königin (Elisabeth I.), die Hinrichtung König Karls I. und das große Feuer von London vorhergesagt zu haben. Verse, die man ihr zuschreibt, deuten sogar auf spätere Erfindungen wie Automobile und stählerne Schiffe voraus:

Es werden Wagen ohne Pferde kommen,
und Unfälle der Welt viel Leid verursachen.
Im Wasser wird das Eisen schwimmen,
leicht wie ein Boot aus Holz.

Historiker bezweifeln, daß dieses Gedicht tatsächlich aus dem 16. Jahrhundert stammt und daß Mutter Shipton überhaupt existiert hat. Doch in der Phantasie des Volkes ist die berühmteste Seherin der Britischen Inseln nach wie vor lebendig.

Der Drachenfels

Das malerische Siebengebirge ist eine Landschaft mit bewaldeten, zum Rhein hin steil abfallenden Bergkuppen, die man von weitem über der Rheinebene aufragen sieht. Die Geologen beschreiben die Berge als vulkanischen Ursprungs, doch der Überlieferung zufolge wurden sie von sieben Riesen geschaffen, die ein Flußbett für den Rhein aushoben und dabei sieben große Erdhügel aufhäuften. Der berühmteste ist der Drachenfels (321 m) bei Königswinter. In der Burgruine aus dem 12. Jahrhundert, die den Gipfel des Berges krönt, soll sich einst der tapfere Roland, ein Neffe Karls des Großen, in die bezaubernde Tochter des Burgherrn verliebt haben. Bekannter ist der Berg allerdings durch die Sagen, die von Drachenkämpfen und von Siegfried, dem Helden des Nibelungenliedes, handeln, denn auf halber Höhe zum Drachenfels liegt eine finstere Höhle, in der ein wilder Drache gehaust haben soll.

Siegfrieds Kampf mit dem Drachen fand angeblich am Drachenfels statt.

Schauplätze von Drachenkämpfen

Die Forschung hat herausgefunden, daß erstaunlich viele frühchristliche Kirchen Heiligen geweiht sind, denen das Kunststück gelang, einen Drachen zu töten. Besondere Verehrung genoß in dieser Hinsicht der Erzengel Michael, der nicht nur der Namenspatron des weltberühmten Klosters Mont St. Michel in Frankreich ist, sondern auch derjenige von St. Michael's Mount in England. Beide Klöster liegen auf der Küste vorgelagerten Inseln an Orten, die außerdem auf eine lange vorchristliche Tradition zurückblicken. Vermutlich stammt das Motiv der Drachentötung bereits aus jener Zeit und ist ein Symbol für den Kampf gegen eine menschenfeindlich gesinnte Macht, der im Bestreben ausgefochten wurde, das kosmische Gleichgewicht zu bewahren.

Das Nibelungenlied ist ein mittelhochdeutsches Heldenepos, das Elemente älterer Mythen frühmittelalterlicher deutscher Stämme enthält. Der Sage zufolge erschlug Siegfried den Drachen und badete in seinem Blut. Dadurch wurde seine Haut unverwundbar, bis auf eine Stelle, auf die ein Lindenblatt gefallen war, als er sich zum Baden niederbeugte. Heute werden an den Hängen des Siebengebirges Reben angebaut – und der aus den Trauben gekelterte Wein heißt Drachenblut.

Einer Legende nach, die möglicherweise von christlichen Mönchen zur Förderung ihres Glaubens abgeändert wurde, hauste in der Drachenhöhle ein abscheuliches Wesen, das sich von Menschenopfern nährte, die ihm heidnische Priester darbrachten. Einmal wurde dem Drachen eine christliche Jungfrau von großer Schönheit dargeboten; als das Ungeheuer sich aus der Höhle wand und aus Maul und Nüstern Feuer spie, erstaunte das Mädchen die Menschenmenge durch seine Furchtlosigkeit. Es begegnete dem Angriff mit Lobgesängen, und als es dem Drachen sein Kruzifix entgegenhielt,

Diese Aufnahme des Vulkans Hekla entstand bei dem Ausbruch von 1970. Der mittelalterlichen Sage nach galt der isländische „Feuerberg" in früherer Zeit als das glühende Eingangstor zur Hölle.

wich das Ungeheuer zurück, stürzte in den Rhein und war tot. Von Ehrfurcht erfüllt bekehrte sich das Volk daraufhin zum Christentum. Unter den ersten, die den neuen Glauben annahmen, war auch der Krieger Rinbod, der das Mädchen gefangengenommen hatte. Nachdem er Zeuge geworden war, welche Macht vom Kreuz der Christen ausging, sagte er sich von seinem heidnischen Lebenswandel los. Er heiratete seine schöne Gefangene und baute ihr, so erzählt man, die Burg auf dem Drachenfels, deren Ruinen noch heute erhalten sind.

Die Hekla

Die Menschen des Mittelalters stellten sich die Hölle als ein unterirdisches Reich mit glühendheißen Feuern und schwefeligem Rauch vor, das von den Schreien der gequälten Seelen widerhallte. Als Eingang zur Hölle galt der Berg Hekla in Island, ein langgestreckter Vulkan, der seit Aufzeichnung der Geschichte 17mal ausgebrochen ist. Er ist nur einer von über 100 Vulkanen auf der Insel. Viele sind noch aktiv, und etwa alle fünf Jahre bricht einer aus.

Der Name Hekla bedeutet „die mit der Kapuze"; er spielt auf eine dichte Wolkenschicht an, die den 1491 m hohen Gipfel oft verhüllt. Zwar ist die Hekla nicht Islands aktivster Vulkan, aber bei weitem der auffälligste; den Seeleuten, die im Mittelalter an der Küste entlang südwärts segelten, war sein düsterer Anblick stets gegenwärtig.

Er galt als ein Ort des Schreckens: Eine gigantische Eruption im Jahr 1104 bedeckte mehr als die Hälfte Islands mit Vulkanasche. Die Felder um die Hekla, die sich am Rand einer der fruchtbarsten Regionen der Insel erhebt, lagen unter einer 1 m dicken Schicht begraben, alle Gehöfte rings um den Berg wurden zerstört und nie wieder aufgebaut. Im Jahr 1300 bewegten sich große Felsen bei einem erneuten Ausbruch wie „Holzkohlen in einem Schmiedefeuer" vorwärts, und es ging ein so heftiger Aschenregen nieder, daß die Menschen nicht wußten, ob es Tag oder Nacht war.

Diese schreckenerregenden Ereignisse mögen die Menschen veranlaßt haben, die Hekla als Tor zur Hölle zu bezeichnen. Diesem Ruf wurde der Berg noch im 16. Jahrhundert gerecht, als ein deutscher Schriftsteller über ihn sagte, daß der Vulkan von Klagen und Jammern widerhalle, während düstere Schwärme schwarzer Raben und Geier ihn umkreisten. Die Einheimischen, so berichtete er, glaubten, dort sei ein Abstieg zur Hölle, und jedesmal, wenn irgendwo auf der Welt Schlachten tobten oder sich ein blutiges Gemetzel ereigne, „hört man ein grauenvolles Kreischen in der Nähe des Berges". Ein deutscher Reisender aus derselben Zeit bemerkte Eisberge im Meer und behauptete: „Die armen Seelen werden im Berg in den Flammen und später im Eis gequält."

Im 20. Jahrhundert hat der Aberglaube zwar an Einfluß verloren, doch die Macht der Hekla ist ungebrochen. Bei einem Ausbruch im Jahr 1970 wurden etwa 435 Mio. t Schutt in die Luft geschleudert, und der Niederschlag verteilte sich über ganz Island.

Callanish

Überall in Europa sind riesige, von vorgeschichtlichen Völkern errichtete Megalithmonumente erhalten, die nachfolgende Generationen vor Rätsel stellen. Die Einheimischen, die sich instinktiv zu diesen Orten hingezogen fühlten, erklärten sie mit einem Mythos; oft sahen sie darin das Werk von Zauberern oder Riesen, und so erwuchsen daraus sonderbare Legenden.

Nach einer Legende stellen die Steine von Callanish eine Gruppe versteinerter Riesen dar, die die christliche Lehre abgelehnt hatten.

Neben Stonehenge in England und Carnac in der Bretagne gibt es keinen beeindruckenderen Ort als Callanish auf der Insel Lewis with Harris, die zu den Äußeren Hebriden gehört. Vor einer urwüchsigen Moorlandschaft ragt hier ein Kreis flechtenbewachsener Monolithe auf, zu dem eine 82 m lange Allee mit Wächtersteinen führt. In seiner Mitte erhebt sich ein mit Kammern versehener, kreuzförmiger Hügel. Das Monument geht auf die Bronzezeit zurück und steht wahrscheinlich mit der Beobachtung des Mondzyklus im Zusammenhang.

Aus der Ferne jedoch wirken die Steine wie eine feierliche Versammlung menschlicher Gestalten, und so deutet sie auch die örtliche Überlieferung. Der Sage nach sind die Steine von Callanish Riesen, die der heilige Kieran in Stein verwandelt hat. Dieser Heilige zählte im 6. Jahrhundert zu den Begründern des Mönchstums in Irland. Er er-

LEGENDEN VOM STEINSCHLEUDERER

Monolithe wurden früher oft als Wurfgeschosse eines Riesen oder des Teufels selbst gedeutet. In ganz Europa ist eine merkwürdige Übereinstimmung zwischen solchen Legenden festzustellen.

Auf dem Kirchhof von Rudston im Nordosten Englands steht mit über 7,60 m der höchste Monolith des Landes. Ihn soll der Teufel in der Absicht geschleudert haben, die Kirche zu zertrümmern, doch offenbar hatte er nicht getroffen. Ähnliches erzählt man sich von einem großen Stein nahe dem Kölner Dom. Den Gebrüdern Grimm zufolge heißt er „Teufelsstein", denn „man sieht darauf noch die Kralle des bösen Feindes eingedruckt".

Er warf den Stein angeblich nach der Kapelle der Heiligen Drei Könige, doch der Wurf mißlang.

Schleuderte der Satan einst den Monolithen auf den Kirchhof von Rudston?

richtete die Klosterstadt Clonmacnoise, welche sich mit ihren 12 Kirchen im Mittelalter zu einer der berühmtesten Klosteranlagen Irlands und zu einem Anziehungspunkt für viele Gelehrte der ganzen Insel entwickelte. Kieran soll auch den Westen Schottlands besucht haben und in Callanish auf jene Riesen getroffen sein, welche sich hier versammelt hatten, um sich gegen den Heiligen zu verschwören, der den christlichen Glauben predigte. Als Strafe für ihren Unglauben wurden sie von ihm in Stein verwandelt.

Die Schilfrohrflötenhöhle

Die Karsthöhlen der Hügel von Guilin in China beherbergen prachtvolle Grotten, die jedes Jahr von Tausenden von Touristen besichtigt werden. Die berühmteste von allen ist die sogenannte Schilfrohrflötenhöhle, die ihren Namen dem Schilf verdankt, das einst um ihren Eingang wucherte und aus dem man Musikinstrumente anfertigte. Die 240 m lange Höhle wurde in der Zeit der Tangdynastie (618–907) erstmals entdeckt. Dann geriet sie in Vergessenheit, obwohl sie den Einheimischen oft als Zufluchtsort vor Banditen und Kriegswirren diente. Die weitläufige innere Grotte ist der sogenannte Kristallpalast. Ein Teich teilt sie in zwei Bereiche, die eine Fülle von Stalaktiten und Stalagmiten aufweisen, und sie faßt bis zu 1000 Menschen.

Heute strahlen bunte Lampen die unheimlichen Gesteinsformationen an, und dem Betrachter zeigen sich Gebilde, die knorrigen Bäumen, dichten Büschen, Pferden, Löwen und anderen wilden Tieren gleichen. Auch Musikinstrumente kann man erkennen, und es glitzert in allen Schattierungen von Koralle, Achat, Bernstein und Jade. Zu den menschlichen Gestalten, welche die Natur geformt hat, gehört der „Alte Gelehrte". Die Legende berichtet, daß er in Stein verwandelt wurde, nachdem er vergeblich versucht hatte, die Schönheit des Ortes in Verse zu fassen.

Am bekanntesten aber ist die Höhle, weil sie als der mit Schätzen vollgestopfte Palast des Drachenkönigs gilt – so jedenfalls wird sie im Roman *Reise in den Westen* von Wu Cheng'en, einem chinesischen Schriftsteller

Angeblich bewohnte ein Drachenkönig einst die Schilfrohrflötenhöhle in China. Bei seiner „Armee aus Meerestieren" handelt es sich um Versteinerungen.

des 16. Jahrhunderts, beschrieben. Diese ungemein populäre Erzählung schildert die Abenteuer eines chinesischen Pilgers, der sich in Begleitung des boshaften Affenkönigs auf den Weg nach Indien begibt, wo er die Originaltexte der Lehren Buddhas beschaffen will. In der Schilfrohrflötenhöhle vernichtet der Affenkönig die Armee des Drachenkönigs, die aus Krabbengenerälen, Garnelensoldaten, Schnecken und Quallen besteht, und läßt sie versteinert auf dem Boden der Höhle zurück. Ein Kalksteinpfeiler in der Grotte soll die Zaubernadel des Drachenkönigs gewesen sein.

Die Macht der Drachen

In den alten Mythen und Legenden der abendländischen Welt treten Drachen oder Schlangen oft als Verkörperung des Bösen auf. In China und Japan dagegen gelten zumindest Drachen als gütige Wesen. Sie sind kaiserliche Symbole und stellen Naturgewalten dar. In der klassischen chinesischen Mythologie verkörperte der Drache beispielsweise einen Sendboten des Himmels ebenso wie den Donner-, Wolken- und Regengott. Aber auch in Europa wurden manche Drachen mit königlichen Attributen ausgestattet: Uther Pendragon etwa, der Vater des Königs Artus, zog mit einem Drachenbanner in die Schlacht. Dies erinnert zugleich an eine weitere Bedeutung des Drachens als ein Zauberwesen von unbezwingbarer Kraft, das im Innern der Erde lebt und dort Schätze bewacht.

Der Snæfellsjökull

Einen der Gipfel im Westteil der isländischen Halbinsel Snæfellsnes krönt eine glitzernde Eiskappe. Mit einer Höhe von 1446 m beherrscht dieser Berg das umliegende Land und ist an einem klaren Tag von Reykjavík aus einer Entfernung von 200 km zu erkennen. Der Gipfel ist von einem Gletscher überzogen, der auch den Krater des längst erloschenen Vulkans bedeckt. Angesichts seiner Schönheit ist es kein Wunder, daß der Snæfellsjökull die Phantasie von Schriftstellern angeregt hat.

Der berühmteste Roman, in dem der Berg vorkommt, ist *Reise zum Mittelpunkt der Erde* (1864) aus der Feder des Franzosen Jules Verne. Der Berg wird darin als der Ort beschrieben, an dem die drei Forschungsreisenden in die Tiefen der Erde eindringen. „Der Krater des Snæfelsjökull hatte die Form eines umgekehrten Kegels mit einer etwa 800 m breiten Öffnung", läßt Verne seinen Erzähler berichten. „Dieser Trichter kam mir ... wie das riesig vergrößerte Rohr einer alten Donnerbüchse vor, die jeden Augenblick mit ungeahnter Gewalt losbrechen und uns alle in Stücke reißen konnte."

In Jules Vernes Roman unternehmen die drei Abenteurer eine 4800 km lange Reise tief unter der Erdoberfläche, wo sie in dunklen Wäldern mit Riesengewächsen in große Bedrängnis geraten, Zeugen der Schlachten zwischen prähistorischen Ungeheuern werden und von einem heftigen Gewitter heimgesucht werden.

Auf der Suche nach kosmischen Erfahrungen versammeln sich seit vielen Jahren Anhänger der New-Age-Bewegung in jedem Sommer unterhalb des Gletschers. Um den magischen Berg zu erreichen, müssen sie eine von Raben bewohnte Halbinsel überqueren, die von den Überlieferungen der isländischen Sagenwelt durchdrungen ist.

Eine Ebene unterhalb des Berges ist der von Geistern bevölkerte Schauplatz der Eyrbyggja-Saga. Dort löste eine raffgierige Bauersfrau namens Thurid durch ihre Weigerung, den Wunsch zu erfüllen, den eine geheimnisvolle Besucherin von den Hebriden auf ihrem Sterbebett ausgesprochen hatte, eine Reihe unglücklicher Ereignisse aus. Ein Blutregen, der vom Himmel fiel, warnte die Besucherin vor ihrem nahen Tod, und

In dem Buch **Reise zum Mittelpunkt der Erde** *steigen die drei Forschungsreisenden durch den Krater des Snæfellsjökull in das Erdinnere hinab.*

sie bestand darauf, daß ihre Bettlaken und ihr roter Umhang verbrannt werden sollten, sonst treffe eine Katastrophe das Haus. Als Thurid sich weigerte, dies zu tun, kehrte die Besucherin nach dem Tod zuerst als nackte Frau, dann in Gestalt einer Robbe zurück. Der Bauer, seine Familie und viele Dienstboten kamen ums Leben und kehrten ebenfalls als Gespenster auf den Hof zurück. Tote, die längst begraben waren, schritten im Haus auf und ab und schüttelten Erde aus ihren Gewändern, ertrunkene Männer ließen Meerwasser auf den Boden tropfen. Erst nach einer christlichen Zeremonie der Geisterbeschwörung, die der Greis Snorri der Weise leitete, wurde das Haus von der Gespensterplage befreit.

Transsilvanien

Dem englischen Schriftsteller Bram Stoker war es vorbehalten, in seinem Vampirroman *Dracula* (1897) die Geschichte des blutsaugenden Grafen in Form eines dramatischen Tagebuches zu erzählen. Die Ereignisse beginnen und enden in den Bergen Transsilvaniens, einer von Aberglauben erfüllten Gegend in Rumänien, aus der Reisende im 16. Jahrhundert schon gräßliche Geschichten von Wesen mitbrachten, die weder lebendig noch tot waren und sich von Menschenblut ernährten. Der Autor selbst hat Transsilvanien nie besucht, sondern die Recherchen für seinen Roman im Britischen Museum betrieben und zusätzliche Informationen von einem gewissen Arminius Vambery eingeholt. Mit der Wahl des herrlichen Berglandes von Transsilvanien als Kulisse für seine Erzählung jedoch schuf er eine Traumlandschaft, die man mittlerweile ganz und gar mit dem Vampirmythos in Verbindung bringt.

Transsilvanien bedeutet „Land jenseits des Waldes“ und ist eine der größten Regionen Rumäniens. Obwohl das Volksgut der ganzen Welt Geschichten von vampirähnlichen Wesen kennt, ist die Überlieferung in Transsilvanien besonders ergiebig. Die Dorfbewohner unterscheiden eine Vielzahl von Arten, die jeweils eigene Merkmale besitzen, ihnen allen aber ist gemeinsam, daß sie „Untote“ sind, Leichen, die unter fremden Einfluß geraten sind und für Schurkereien benutzt werden.

Schloß Bran in Transsilvanien (links) und der grausame Fürst Vlad Tepes, „der Pfähler“ (Federzeichnung im Vordergrund), der die Anregung für die Geschichte von Dracula gab.

Geister und Vampire

Hauptsächlich in den ländlichen Gebieten Rumäniens lebt die Angst vor Geistern und Vampiren beim einfachen Volk auch heute noch fort. Besondere Vorkehrungen treffen die Dorfbewohner beispielsweise alljährlich in der Pfingstwoche. Sie glauben nämlich, daß in dieser Zeit, die auch *rusalii* genannt wird, die Toten ihr früheres Zuhause aufsuchen. Vor allem die *lele*, böse Feen, bedrohen das Bauernvolk. Im Süden Rumäniens vollführen zu ihrer Abwehr weißgekleidete Männer den *calus*, einen Exorzismus-Tanz. Während dieser Zeremonie tragen sie Glocken an den Beinen, kauen Knoblauch und trinken Wermut, deren Geruch die gefährlichen Geister von ihnen fernhalten soll.

Stoker scheint den schurkenhaften Grafen Dracula einer historischen Gestalt nachempfunden zu haben. Im 15. Jahrhundert herrschte ein Fürst über die Walachei, der den Beinamen *tepes* (Pfähler) erhielt, weil er für seine Grausamkeit gegenüber Feinden bekannt war. Seinem Vater hatte man den Beinamen *dracul* (Teufel oder Drache) gegeben; Vlad Tepes war also Draculea oder Dracula, der „Sohn des Teufels“.

Heute schlägt die rumänische Regierung aus dem schauerlichen Ruhm Transsilvaniens Kapital und organisiert Fahrten durch das Land des Grafen Dracula. Sie führen die Reisenden auch zu Schloß Bran, das sich 160 km nördlich der Landeshauptstadt Bukarest majestätisch auf einem zerklüfteten Felsen erhebt. Das 1377 erbaute Schloß gehörte einst dem Großvater des Vlad Tepes, und der Pfähler selbst soll dort von König Matthias I. Corvinus von Ungarn, in dessen Besitz das Schloß im 15. Jahrhundert überging, gefangengehalten worden sein.

So gering und wenig stichhaltig die Zusammenhänge auch sind, haben sie doch ausgereicht, um der Festung den Beinamen „Draculas Schloß“ einzubringen.

Chanctonbury Ring

Die Kelten kannten den Hügel nördlich von Worthington bereits vor rund 2000 Jahren und errichteten auf seiner 237 m hohen Kuppe eine Festung. Noch heute kann man in den South Downs die Erdwälle und den Graben sehen, und die Befestigungsanlagen, die sie umgeben, liegen im Schatten lichter Haine mit uralten Bäumen. Im Zentrum der Anlage finden sich die Spuren

Geht das Gespenst eines alten Druiden am Chanctonbury Ring in den South Downs von England um?

eines romano-britischen Tempels. Die dunkle Silhouette der Bäume und das Rascheln ihrer Zweige, die der Wind bewegt, schaffen eine gespenstische Atmosphäre, die sich von merkwürdigen Geschichten über die Vergangenheit des Hügels nährt.

Halloween

Die Tradition des Halloween, das auf den Britischen Inseln und in den USA alljährlich am 31. Oktober, dem Vorabend von Allerheiligen, gefeiert wird, hat seine Wurzeln in einem keltisch-angelsächsischen Brauch. Damals wurde zur Feier des Winteranfangs das sogenannte Samhainfest begangen, das mit Opfern, Feuer, Maskeraden alle Geister, Hexen und Dämonen vertreiben sollte. Kürbisköpfe anzufertigen, wie dies heute geschieht, war damals freilich nicht üblich. Beim „Halloween" der Kelten wurden vielmehr Menschenschädel zur Schau gestellt.

Das Gespenst eines weißbärtigen Druiden soll in Chanctonbury Ring umgehen und nach einem Schatz suchen, der im Hügel verborgen liegt. Auch soll es unmöglich sein, die genaue Zahl der Bäume festzustellen; wer aber durch Zufall auf die richtige Zahl kommt, beschwört die Geister des Julius Cäsar und seiner Legionen herauf. Und gemäß der Überlieferung erscheint der Teufel jedem Besucher, der am Mittsommertag um Mitternacht genau siebenmal rückwärts um die Bäume läuft.

Von Chanctonbury Ring führt ein Pfad bergab zu dem südlich gelegenen Cissbury Ring. Um die dortige Festung aus der Eisenzeit ranken sich zwar nicht so viele Sagen, doch ist sie mit einem kleinen historischen Geheimnis verbunden. An den Hügelflanken hatten die Menschen der Jungsteinzeit Feuerstein abgebaut, und in einem der tiefen Schächte fanden Forscher das Skelett einer Frau, die auf der Schachtsohle umgekommen war. Hatte es sich um einen Unfall gehandelt, oder war sie hinuntergestoßen worden? Niemand wird es je erfahren.

Blarney

Blarney, Irlands meistbesuchtes Schloß, ist ein prachtvolles Bauwerk in einer anmutigen Parklandschaft 8 km nördlich von Cork. Im Jahr 1446 von einem Gutsherrn namens Cormac MacCarthy errichtet, scheint es für die Ewigkeit gebaut zu sein: Stattliche 26 m ragen die Hauptmauern empor, und an ihrer Basis sind sie ca. 3,50 m dick. Doch nicht die Erhabenheit des Gebäudes zieht die Touristen an, sondern der berühmte Blarney-Stein, der hoch oben in die Zinnen des Bergfriedes eingelassen ist. Wer den Stein küßt, so heißt es, dem wird die Gabe der Beredsamkeit zuteil, und Jahr für Jahr erproben Tausende seine Wirkung. Ganz einfach ist dies freilich nicht, denn um den Stein zu küssen, muß sich der Besucher an einem Eisengeländer festhalten und weit über die Zinnen hinabbeugen.

Diese Tradition geht vermutlich auf eine Bemerkung Königin Elisabeths I. von England zurück. Ein Nachfahr des Erbauers, dem sie das Gut nehmen wollte, bestürmte die Königin eines Tages mit einem endlosen Wortschwall, um sie davon abzubringen. „Alles Geschwätz *(blarney)*", soll Elisabeth I. ausgerufen haben, „nichts von dem, was er sagt, ist ernstzunehmen!" Im 18. Jahrhundert war der Ausdruck *to lick the Blarney* (den Blarney lecken) bereits so weit verbreitet, daß er Eingang in das *Wörterbuch der Vulgärsprache* von Francis Grose fand.

Der berühmte Blarney-Stein ist hoch oben in die Zinnen des Schlosses eingelassen.

4
FASZINIERENDE LANDSCHAFTEN

Die Basaltsäulen des Giant's Causeway haben eine seltsam regelmäßige Form.

Gewaltige Naturkräfte haben auf der ganzen Erde im Zusammenwirken mit der Erosion eigentümliche Landschaften geschaffen. Zu den bemerkenswertesten Formen zählen die Basaltsäulen des Giant's Causeway in Irland, die phantastischen Kalksteintürme von Guilin in China oder die scheinbar schwerelosen Steinbögen in der Wüste von Utah. Diese geologischen Phänomene führten zu der Annahme, daß außerirdische Baumeister ihre Gestaltung geplant hätten, dennoch handelt es sich um Gebilde, die von den Urkräften unseres Planeten hervorgebracht wurden. Mancherorts entstanden so ungewöhnliche Lebensräume, in denen bizarre Lebewesen zu Hause sind – blinde, farblose Schwanzlurche oder Wüstenkäfer, die sich vom Tau des Nebels ernähren.

In Kappadokien sind Höhlen wie diese bis heute bewohnt.

RÄTSELHAFTES ANTLITZ DER ERDE

Die Launen der Natur haben Kathedralen aus Eis, riesige Felsklötze mitten in der Wüste und sprudelnde Geysire im Meer hervorgebracht. So überrascht es kaum, daß manche Menschen in solchen Phänomenen das Werk von Göttern, Riesen oder Zauberern sehen.

In der Sahara und den großen Wüsten Zentralasiens sind oft sichelförmige Wanderdünen, sogenannte Barchane, anzutreffen. Ihre ebenmäßige Form entsteht, wenn der Wind immer aus einer Richtung weht. Dennoch ändert sich ihre Gestalt ebenso unaufhörlich, wie sich das Antlitz der Erde wandelt. Auf diesem Planeten, dessen Kontinente auseinanderdriften, wo Meere entstehen und wieder verschwinden und die Luft unablässig zirkuliert, sind sogar Berge aus Granit nur von begrenzter Dauer.

Seit 4,6 Mrd. Jahren besteht die Erde, und in dieser Zeit haben die kosmische Schwerkraft und elektromagnetische Kräfte das Mosaik aus Landmassen und Meeren immer wieder geformt, zerstört und neu entstehen lassen. Seit Jahrmillionen verwandelt die Erosion durch Wind und Regen tagtäglich die Erdoberfläche, so daß sich selbst vertraute land-

schaftliche Merkmale im Lauf eines Menschenlebens drastisch verändern können.

Zinnenbekrönte Felsen, Höhlen mit Vorhängen aus Tropfsteinen, steinerne Bäume und Torbögen – die merkwürdigsten Gebilde lassen sich durch Naturkräfte erklären, die auf unseren Planeten einwirken. Doch man kann sich gut vorstellen, daß solche Formationen einst den Stoff für Geschichten geliefert haben, die ihre Erschaffung mit einem übernatürlichen Mythos verbanden. Nach der antiken Überlieferung beispielsweise verursachte ein Riese, der unter dem Ätna gefangen war, das Grollen des sizilianischen Vulkans, und die Cheyenne-Indianer glaubten, daß ein mißgünstiger Gott am Devils Tower in Wyoming (USA) die Donnertrommel rühre.

Geologische Phänomene prägten schon in alter Zeit das menschliche Leben, und noch heute haben sie die Macht, uns ins Reich der Träume zu entführen.

Die Eisriesenwelt

Zwischen den Felshängen der österreichischen Alpen verborgen, liegt südlich von Salzburg die märchenhafte Eisriesenwelt, eines der weitläufigsten Höhlensysteme der Welt. Bisher wurden Gänge von rund 42 km Gesamtlänge erforscht, darunter einige große unterirdische Hallen, und möglicherweise gibt es noch einige Höhlen, die erst kartographisch erfaßt werden müssen. Der Hauptgang mündet 1640 m hoch im Tennengebirge, und nichts läßt Besucher, die sich einer Führung anschließen, vorausahnen, welch eisige Pracht sie hinter dem Höhleneingang erwartet.

Im Schein der Fackeln und Lampen erspähen die Besucher phantastische Schöpfungen aus Eis, die von durchsichtigen Vorhängen verhüllt und mit Kristalltropfen besetzt sind. Gefrorene Wasserfälle, Kuppeln, Pfeiler und andere Formationen tragen eine bis zu 20 m dicke Eisschicht. Viele der Gebilde sind nach Gestalten der nordischen Sagenwelt benannt, wie etwa die Hymirhalle und der Friggaschleier. Eine Eisorgel, ein

Ein Höhepunkt auf dem Rundweg durch die Eisriesenwelt ist die glitzernde Szenerie der Gefrorenen Wasserfälle.

Die Heißwasserquelle des Strokkur wallt zunächst auf (oben), dann schießt eine Fontäne bis zu 20 m empor.

Eistor und ein Eispalast sind ebenso zu bestaunen wie eine Eiswand, die sich aus blauen und weißen Schichten aufbaut.

Das Eis bedeckt die Höhlenwände vom Eingang aus auf rund 800 m Länge, und für die Entstehung der Wunderwerke aus Eis spielt die Tiefe des Höhlensystems eine entscheidende Rolle. Im Sommer wird kühle Luft aus den dunkelsten Nischen zum Eingang gesogen, im Winter ist es gerade umgekehrt. Dann herrschen in dem Gebirgsmassiv sehr niedrige Temperaturen, und eisige Böen dringen von außen in die Höhlen vor. So bleiben die Temperaturen im Inneren noch weit unter dem Gefrierpunkt, während die Frühlingssonne schon die umliegenden Schneefelder erwärmt. Schmelzwasser, das nun in das Höhlensystem sickert, gefriert fast augenblicklich, egal ob es langsam von der Decke tropft oder als tosender Wasserfall über einen Felsvorsprung herabstürzt – ein neues Wunderwerk aus Eis entsteht.

Der Große Geysir und Strokkur

Als der britische Kunsthandwerker William Morris im 19. Jahrhundert Island besuchte, pilgerte er auch zum Großen Geysir. Diese legendäre Quelle, die damals in regelmäßigen Zeitabständen siedendheiße Wasserfontänen ausstieß, gab ähnlichen Phänomenen weltweit ihren Namen. Morris wurde nicht enttäuscht. „Man weckte mich, als der Geysir noch viel ausdauernder grollte, als wir es bislang gehört hatten", schrieb er. „Dann schien der Lärm näher zu kommen, bis er zu einem lauten Brüllen im Krater anschwoll. Wir stürzten sofort ins Freie und sahen, wie das Wasser etwa 2 m über den Kraterrand aufwallte, bleiern niederfiel, dann ein ganzes Stück höherstieg und erneut sank, und schließlich schoß, als hätte man eine Quelle angezapft, eine gewaltige Säule aus Wasser und Dampf empor." Unterirdisches Rumpeln und Poltern begleitete den Vorgang, der etwa 20 Minuten anhielt.

Islands Großer Geysir, ein rundes Becken mit 14 m Durchmesser und einem 120 m tiefen Schlund, scheint seit 1294 tätig gewesen zu sein. In früheren Zeiten schleuderte er seinen siedendheißen Wasserstrahl mehrmals täglich 55 m hoch in die Luft. Heute ist es eher unwahrscheinlich, daß sich Besuchern ein solches Schauspiel bietet, denn seit 1907 bricht der Große Geysir nur noch selten aus. Seine Thermalquelle scheint versiegt zu sein, nachdem Ablagerungen den Austrittskanal verstopft haben.

Andere Springquellen in Island sind jedoch weiterhin aktiv. In dieser Region hat die Überhitzung der Erdkruste, die eine Folge der vulkanischen Aktivitäten ist, mehr heiße Quellen, Geysire und Schlammvulkane entstehen lassen als an jedem anderen Ort der Erde, und so liegt auch der Große Geysir in einem Tal, in dem nach wie vor Dutzende heißer Quellen unterirdisch brodeln und der Schwefel die Felsen gelb färbt.

Nur 150 m vom Großen Geysir entfernt befindet sich die derzeit aktivste und daher meistbesuchte Springquelle Islands. Es ist der Strokkur, der alle 5 bis 10 Minuten eindrucksvoll seine Macht demonstriert, wenn er eine kochendheiße Wassersäule bis zu 20 m emporschleudert.

Pinnacles Desert

Ein Stück landeinwärts von der Westküste Australiens, in einem entlegenen Landstrich ca. 250 km nördlich von Perth, stehen die Pinnacles – Tausende von Kalksteinpfeilern, die durch Erosion entstanden sind. Das eigenartige Ensemble von Felsnadeln bedeckt eine Fläche von 4 km^2 und erhebt sich so unvermutet aus dem feinen gelben Sand, daß man sich die Natur allein nur schwer als Schöpfer vorstellen kann. Fast scheint es, als wären die bis zu 5 m hohen Pfeiler für einen feierlichen Anlaß aufgestellt, und diesen Eindruck verstärken die langen Schatten, die sie bei Sonnenuntergang werfen. Dann erinnern die Steinpfeiler an Tempelruinen oder an die heiligen Megalithen des prähistorischen Europa.

In Wirklichkeit handelt es sich um geologische Formationen, die vor 80 000 bis 15 000 Jahren entstanden sind. Zu dieser Zeit wusch Regenwasser aus den oberen Schichten der Sanddünen den Kalk aus, der nach unten sickerte und die tieferen Schichten zu Kalkstein verfestigte. Damals war das Klima in diesem Teil Australiens noch gemäßigter, und auf den Dünen wuchsen Grünpflanzen, deren Wurzeln in die Kalksteinschicht eindrangen. Dies beschleunigte den Auslaugungsprozeß, denn später legte sich Treibsand über die Pflanzendecke, die Wurzeln verrotteten und ließen Spalten im Gestein zurück. Einsickerndes Regenwasser sorgte nun dafür, daß die Spalten allmählich breiter wurden und sich mit Sand füllten. Die weicheren Teile des Kalksteins wurden abgetragen, und schließlich bildeten sich aus den harten Überresten die Felsnadeln, die der Witterung ausgesetzt waren, als der Wind den Sand fortgeweht hatte.

Wann genau der Sand die Pfeiler freigegeben hat, bleibt ein Rätsel, denn dieser Prozeß ist in keiner bekannten Überlieferung der Aborigines erwähnt. Auch das Tagebuch eines holländischen Seemannes namens Abraham Leeman, der 1658 in dem Gebiet gestrandet war, enthält keinen Hinweis darauf, und selbst in den Chroniken von Forschungsreisenden und Siedlern des 19. Jahrhunderts sind die Pfeiler nicht beschrieben. Fachleute vermuten daher, daß

Die Pinnacles Desert ist übersät von Tausenden bizarrer Kalksteingebilde.

die Felsnadeln erst vor kurzem freigelegt wurden. Tatsächlich datiert die erste gesicherte Aufzeichnung über die Pfeiler aus dem Jahr 1956, als der einheimische Historiker Harry Turner die Welt auf seine Entdeckung aufmerksam machte.

Noch immer trägt der Wind Schicht für Schicht den Sand ab, und die Dünen wandern weiter. Vielleicht werden die Felssäulen eines Tages wieder unter der gelben Decke der Wüste verschwunden sein.

Der Ätna

„Ich glaube nicht, daß ich den Anblick des Ätna bei Sonnenuntergang je vergessen werde", schrieb der englische Schriftsteller Evelyn Waugh. „Der Berg wirkte verschwommen und war beinahe unsichtbar, doch sein Gipfel glühte, und seine Gestalt spiegelte sich in einer Fahne grauen Rauches. Im Hintergrund strahlte der Horizont in rosafarbenem Licht, das sanft in den pastellgrauen Himmel überging. Nichts, was ich je in der Kunst oder der Natur gesehen habe, war so – abstoßend."

Mit dieser Schilderung machte sich der Autor über den überschwenglichen Stil jener Reiseschriftsteller lustig, die in höchsten Tönen von den Landschaften des Mittelmeeres und vom Ätna geschwärmt hatten. Dieser größte Vulkan Europas, der im Osten Siziliens 3323 m emporragt, bietet im Licht der untergehenden Sonne sicher einen faszinierenden Anblick. Doch er hat auch eine bedrohliche Seite: Seit 66 000 Jahren, schätzt man, ist der Vulkan schon aktiv. Reisende, die nach den Spuren früherer Eruptionen suchen und dabei die schlackebedeckten, von mehr als 200 Kratern übersäten Lavadünen erforschen, könnten sich auf einem anderen Planeten wähnen.

Der Name des Ätna leitet sich von dem griechischen Wort *aitho* (ich brenne) ab, und von alters her hat der feuerspeiende Berg die Menschheit zur Legendenbildung angeregt. Die Griechen erklärten sein geheimnisvolles Grollen damit, daß Zeus unter dem Ätna den Riesen Typhon gefangenhalte, der sich hin und her winde und so die Erde erbeben lasse. Einer anderen Legende nach ist die Werkstatt des Feuergottes Hephaistos und der Zyklopen, welche die Donnerkeile schmieden, unter dem Vulkan verborgen. Schon der Dramatiker Aischylos erwähnte im Jahr 475 v. Chr. einen Ausbruch, und das ganze Mittelalter hindurch stieß der Berg wiederholt Feuer aus. Im Jahr 1669 wurde der Gipfel bei einer ungeheuren Explosion in drei Teile gesprengt, die Lava strömte bis an die Küste und kostete Tausende von Inselbewohnern das Leben. Bis heute ist der Ätna aktiv, und die heftigsten Ausbrüche dieses Jahrhunderts ereigneten sich in den Jahren 1910/11, 1928, 1950/51, 1983 sowie im Frühjahr 1992.

Angesichts der Gefährlichkeit des Ätna mag es überraschen, daß seine Hügelflanken noch immer von Menschen besiedelt sind. Doch der vulkanische Boden auf den tiefer gelegenen Hängen ist so fruchtbar, daß die Bauern dort weiterhin Wein, Obstbäume und Olivenhaine anpflanzen. Und Catania, nach Palermo die zweitgrößte Stadt Siziliens, ist ein blühendes Handelszentrum.

Feurige Ströme aus schmelzflüssigem Gestein wälzen sich nach einem Ausbruch über die Hänge des Ätna herab.

Doch die Launen des unberechenbaren Vulkans prägen das Stadtbild, denn viele Denkmäler auf den Straßen und Plätzen sind aus schwarzer Lava errichtet.

Die Felsbögen von Utah

Kaum ein Gebilde ringt dem Betrachter mehr Bewunderung ab als ein Felsbogen, der sich durch das wundersame Wirken der Natur über einer Klippe am Meer oder inmitten einer Wüstenlandschaft wölbt. Einzelne Bögen gibt es überall auf der Welt, doch nirgendwo treten sie so gehäuft auf wie im Arches National Park in Utah (USA).

Natürliche Bögen aus Sandstein überwölben die kargen Ebenen des Arches National Park in Utah (nächste Seiten).

Dort trifft man auf rund 90 steinerne Bögen, darunter den längsten Bogen der Welt, den „Landscape Arch" (Landschaftsbogen) mit einer Spannweite von 89 m. Jedes Gebilde hat seinen eigenen Charakter, und die skurrilen Formationen regten zu phantasievollen Namensgebungen an. Viele Besucher zieht es zum „Delicate Arch", dem eleganten Bogen, der sich freistehend über einer abschüssigen Felswand 20 m emporschwingt. Auch Doppelbögen wie „The Spectacles" (die Brille) gehören zu den Sehenswürdigkeiten, der „Turret Arch" (Turmbogen) mit seinem natürlichen Felsturm und das „Eye of the Whale" (Auge des Wales), ein langgezogener Spalt unter einem mächtigen Sandsteinbuckel.

Die grandiosen Bögen bestehen aus hellrotem Sandstein, einem körnigen Gestein aus Quarzpartikeln, die mit Kiesel oder Kalk als Bindemittel verfestigt sind. In diesem Landstrich von Utah liegt das Gestein über einem Salzbett, das sich im Lauf von Jahrmillionen unter dem Gewicht des Sandsteines verlagert hat. Bei diesem Prozeß wölbten sich einige Schichten kuppelartig auf und zerklüfteten zu schmalen Felsrippen. Regen und Schmelzwasser sickerten in die Spalten, lösten das Bindemittel im Sandstein auf und trugen weichere Stellen des Gesteins ab. Wo der Fuß einer Felsrippe in der Mitte zerfressen wurde, entstand zunächst ein grober Bogen, dessen schroffe Umrisse später der Wind, der in der Ebene wie ein Sandstrahlgebläse wirkt, glättete.

Die Erosion hört niemals auf: Bis zum November des Jahres 1940 besaß eines der steinernen Gebilde, der „Entstehende Bogen", eine Öffnung, die größtenteils hinter einem riesigen Steinblock verborgen lag. In einer kalten Nacht stürzte der Stein herab und zerschellte, so daß die Öffnung ganz zum Vorschein kam. Der voll ausgebildete Bogen, wurde daraufhin kurzerhand in „Skyline Arch" (Horizontbogen) umbenannt.

Die Fingalshöhle

Wenn die Wellen in der dunklen, säulengeschmückten Fingalshöhle auf der schottischen Insel Staffa branden, verursachen sie in ihrem Innern ein klangvolles Dröhnen, das auch draußen noch vernehmbar ist. In gälischer Sprache heißt die Höhle daher *Uamh Binn* (Klingende Höhle) – ein Tribut an ihre grandiose Akustik. Doch die Grotte steht noch in einem anderen Zusammenhang mit der Musik: 1829 kam der deutsche Komponist Felix Mendelssohn Bartholdy mit einem Ruderboot auf die Insel. Als er sich der berühmten Grotte näherte, inspirierte ihn das Tosen der Gezeiten zu einer kurzen Melodie. Sie erschien später als das Thema seiner Ouvertüre *Die Hebriden*, die auch unter dem Namen *Die Fingalshöhle* veröffentlicht wurde.

Die Insel Staffa auf den Inneren Hebriden ist ein Wunder aus Basalt, das die gleichen geologischen Merkmale aufweist wie die „Basaltorgeln" von Giant's Causeway in Nordirland. Auf Staffa ebenso wie an der Küste von Antrim bestaunen Besucher die meist sechseckigen Säulen und Trittsteine, die sich beim Erkalten uralter Lavaströme gebildet haben. Ganz Staffa besteht aus Basaltgestein und zeigt eine Vielzahl bizarrer Formen aus schrägen, gekrümmten und abfallenden Säulen. Die Hauptattraktion aber ist die Fingalshöhle an der Südspitze der Insel. Dort haben die Gezeiten wie mit eiserner Faust eine Schneise in einen Wald von Basaltsäulen geschlagen und sind 69 m tief in das Kliff eingedrungen. Das Dach der Höhle bildet eine Kruste aus Vulkanschlacke, die schneller abkühlte als die Säulen. So hat es den Anschein, als wäre eine gewaltige Markise über die senkrechten Pfeiler geworfen. An einer Stelle formen Säulenstümpfe einen Damm, über den Besucher ins Innere der Höhle gelangen, wo gelbe Stalaktiten an den geriffelten Wänden glänzen.

Die Schöpfer alter Mythen waren von der Höhle sehr beeindruckt und hielten sie für das Werk des Riesen Fingal.

Mächtige Basaltsäulen flankieren, wie Orgelpfeifen aneinandergereiht, den Eingang der Fingalshöhle.

Auch Wissenschaftler bewundern sie seit langem. So schrieb 1772 der britische Naturforscher Joseph Banks, den ihre Pracht überwältigt hatte: „Was sind alle von Menschen errichteten Kathedralen und Paläste im Vergleich zu dieser Höhle?" Englische Dichter wie Walter Scott und Alfred Tennyson pilgerten im 19. Jahrhundert zu dieser Höhle, und der Maler William Turner machte Skizzen von ihr. Selbst der viktorianische Politiker Robert Peel, der Gründer der Londoner Polizei, bekam bei ihrem Anblick dichterische Anwandlungen und schrieb, er habe „den Tempel gesehen, der nicht durch der Hände Arbeit entstand, und das majestätische Crescendo des Ozeans, das Pulsieren des großen Atlantiks verspürt, der in das innerste Heiligtum brandete".

Das Tote Meer

„Da ließ der Herr auf Sodom und Gomorra Schwefel und Feuer vom Himmel herabregnen", berichtet die Genesis. „Er vernichtete von Grund auf jene Städte und die ganze Gegend, auch alle Einwohner der Städte und alles, was auf den Feldern wuchs." Nach dem Alten Testament zerstörte der Herr die Städte der Jordanebene, um die Bewohner für ihr sündiges Leben zu strafen, und als Lots Frau verbotenerweise auf die Verwüstung zurückblickte, erstarrte sie zur Salzsäule. Man glaubt, daß die biblischen Städte heute unter dem Toten Meer liegen, und der Name der Stadt Sedom, etwa 6 km südlich gelegen, scheint von Sodom abgeleitet. Im modernen Sedom hat sich die Chemie- und Düngemittelindustrie angesiedelt, die Salze und Mineralien aus dem eigenartigen Gewässer gewinnt.

Das Tote Meer an der israelisch-jordanischen Grenze ist ein beliebtes Ziel für Badekuren, und die Badegäste lassen sich gerne fotografieren, wie sie – gemächlich im Wasser treibend – Zeitung lesen. Verantwortlich für diese Tragfähigkeit ist der Salzgehalt des Toten Meeres, der etwa achtmal so hoch ist wie in den Ozeanen. Da in dieser salzigen Brühe keine Fische leben können, bleiben auch die Wasservögel fern, und weil es bis auf einige salzliebende Mikroorganismen keine Lebewesen gibt, bekam das Gewässer seinen Namen.

Salzsäulen, die wie krustenbedeckte Inselchen erscheinen, türmen sich im südlichen Teil des Toten Meeres.

Das Tote Meer bedeckt eine Fläche von 1050 km², und es ist eigentlich kein Meer, sondern ein See. Mit seiner Lage 396 m unter dem Meeresspiegel ist es die tiefste Stelle der Erdoberfläche, und im Sommer herrschen hier Temperaturen von über 45 °C. Diese extreme Hitze spielt eine wesentliche Rolle für die Bildung der bizarren Salzsäulen, die für den See charakteristisch sind.

Im Norden wird der See vom Jordan gespeist, doch hat das Wasserbecken keinen Abfluß. Die gewaltigen Wassermassen, die gerade während der Regenzeit ins Tote Meer strömen, verdunsten in der Trockenzeit und lassen salzhaltige Sedimente zurück. Vor allem im südlichen Teil des Toten Meeres, wo der ansteigende Wasserspiegel vor Jahrhunderten das biblische Sodom überflutet hat, fallen diese Ablagerungen ins Auge. So kann man noch heute weiße Salzsäulen, wie sie in der Geschichte von Lots Frau erwähnt werden, massenweise unter dem Wasser erblicken, und auf der Oberfläche des Sees sind sie als kleine, krustenbedeckte Inseln sichtbar.

Die Mammuthöhle

Im Jahr 1972 arbeitete sich die junge Höhlenforscherin Patricia Crowther Zentimeter für Zentimeter durch einen engen Gang im Labyrinth der Feuersteinberghöhle in Kentucky (USA). Es gelang ihr, bis in ein zweites Höhlensystem vorzudringen, das sich als die Mammuthöhle erwies.

Die Entdeckung dieses Verbindungsganges erhöhte auch die Maße der Mammuthöhle beträchtlich: Wenngleich sie schon zuvor für ihre Größe bekannt gewesen war, umfaßte sie nun Höhlengänge mit einer Länge von insgesamt 232 km, und noch immer werden weitere Verbindungen gefunden. 1979 entdeckten Forscher einen Gang zur benachbarten Proctorhöhle und 1983 einen zur Roppelhöhle. 1994 betrug die vermessene Gesamtlänge bereits stolze 360 km, und damit ist die Mammuthöhle das ausgedehnteste Höhlensystem der Welt.

Hinter den Stalaktitenvorhängen der Mammuthöhle in Kentucky gibt es viele verborgene Winkel.

Die Höhle verdankt ihren Namen also nicht der ausgestorbenen Elefantenart, sondern ihren gigantischen Ausmaßen. Sie liegt in einer massiven Kalkschicht, die sich vor etwa 300 Mio. Jahren abgelagert hat, und ist durch die erodierende Wirkung des Wassers entstanden. Regenwasser, das durch vermodernde Pflanzenreste nach unten rieselte, reicherte sich mit Säure an und löste den Kalkstein auf. Es sickerte durch Dolinen in die Tiefe, griff Spalten und Risse an und vergrößerte sie, bis ein Labyrinth aus Galerien, Kammern und Schächten entstand. Als das Wasser in tiefere Schichten absank, blieben die oberen Gänge als trockene Korridore zurück. Dieser Vorgang hält noch heute an, und der Green River, der das tiefste der fünf Stockwerke durchfließt, aus denen sich die Höhle zusammensetzt, bahnt sich immer wieder neue Wege.

Ein anderer Wasserlauf, der Echo River in 110 m Tiefe, hat seinen Namen von dem Echo, das in den Gängen der Höhle widerhallt. In diesem Gewässer leben weißliche Blindfische, doch die Mammuthöhle birgt noch weitere Wunder: Stalaktiten, Stalagmiten und Vorhänge aus Tropfstein entstehen, wenn mineralhaltiges Wasser aus Rissen in der Höhlendecke tropft. Wo das Wasser über eine Oberfläche fließt, bildet sich Sinterstein statt Tropfstein. Wasser, das über die Gesteinstrümmer geflossen ist, hat auf diese Weise ein grandioses Gebilde entstehen lassen: die Gefrorenen Niagarafälle. Daneben finden sich kleine Wunderwerke wie glitzernde Formen aus Gips, einem weißen Mineral, das die Höhlenwände mit schneeartigen Ablagerungen überzieht und bisweilen in zarten, blütenähnlichen Gebilden auskristallisiert.

Als erster Weißer soll 1798 ein Jäger, der einem verwundeten Bären nachstellte, auf das unterirdische Labyrinth gestoßen sein. Ansässige Indianer hatten die Mammuthöhle bereits 4000 Jahre früher erkundet. Als Fackeln hatten sie Bündel von nordamerikanischem Bambus benutzt, von denen einige Überreste erhalten sind. Sie suchten auch schon nach den schönen Gipskristallen, die sie für kultische Zwecke oder als Handelsware verwendeten. Im Jahr 1935 wurde nur 3 km vom Höhleneingang entfernt die Leiche eines Indianers gefunden, den man nachträglich „Lost John“ (Verschollener John) nannte. Er war um 420 v. Chr. von einem 5 t schweren Steinblock erschlagen worden, der sich durch seine Grabungen gelöst hatte.

Der Meteor Crater

Als die Apollo-Astronauten einen Ort suchten, an dem sie ihre Mondfahrzeuge ausprobieren konnten, fiel ihre Wahl auf den Meteor Crater südwestlich von Winslow in Arizona (USA). Das Gelände auf der Sohle dieses Meteoritenkraters war der Mondoberfläche sehr ähnlich und schien daher ein ideales Testgebiet zu sein. Der nahezu kreisrunde Krater besitzt einen Durchmesser von 1265 m, eine Tiefe von 175 m, und sein Rand erhebt sich mehr als 40 m über die Kalk- und Sandsteinebene. Aus einiger Entfernung betrachtet, ähnelt er einem flachen Hügel, und nach seiner Entdeckung im Jahr 1891 hielt man ihn zunächst irrtümlich für einen erloschenen Vulkan. Nur der Entdecker Daniel Moreau Barringer, ein Bergbauingenieur und Geologe aus Philadelphia, erkannte in ihm einen Meteoritenkrater und sicherte sich die Rechte auf den Abbau von Nickel und Eisen. Seine Hoffnungen wurden jedoch enttäuscht, denn es gab keine Mineralien, deren Abbau sich gelohnt hätte. Dennoch ist der Krater bis heute im Besitz der Familie Barringer.

Wissenschaftler sind der Ansicht, daß der Krater vor rund 20000 Jahren in unseren Planeten gerissen worden ist, als ein Meteorit von rund 300000 t Gewicht mit einer Geschwindigkeit von etwa 72000 km/h auf der Erdoberfläche auftraf. Die Explosion muß gigantisch gewesen sein und eine Stärke erreicht haben, die jene der 1945 auf Hiroshima abgeworfenen Atombombe um das 1000fache übertraf. Der Himmel verdunkelte sich, als ungeheure Mengen Gestein und Erde emporgeschleudert wurden, und das Eisen aus dem zerschellten Meteoriten wurde in Stücken von etwa Kieselsteingröße bis zu zentnerschweren Brocken über ein

In der kargen Landschaft des Meteor Crater in Arizona hat die NASA ihre Mondfahrzeuge getestet.

Gebiet von 10 km² um die Aufschlagstelle verstreut.

Ähnliches ereignet sich Jahr für Jahr auf der Erde – in den letzten Jahrtausenden jedoch nicht mehr in derart verheerenden Ausmaßen. Jedes Jahr gehen Hunderte meist nur kieselsteingroßer Meteoriten auf die Erde nieder. Es handelt sich dabei um Überreste interplanetarischer Trümmer, die oft von zerfallenden Kometen oder zerstörten Planetoiden stammen und in der Regel aus Eisen, Gestein oder einem Gemisch aus beiden zusammengesetzt sind.

Kein Mensch wurde bislang von einem Meteoriten getötet, doch am 30. November 1954 traf ein 4 kg schwerer Meteorit, der das Dach eines Hauses in Sylacauga in Alabama (USA) durchschlug, seine Bewohnerin Mrs. Hewlett Hodges an Arm und Hüfte. Sie ging damit in das Guinnessbuch der Rekorde als der einzige Mensch ein, der jemals von einem Meteoriten verletzt wurde.

ORTE KOSMISCHER KOLLISIONEN

Ein Meteorit auf dem Weg zur Erde erscheint oft als Feuerkugel, wenn er beim Eintritt in die dichteren Schichten der Erdatmosphäre abgebremst und seine Bewegungsenergie in Wärme umgewandelt wird. Hinter dem Meteoriten erzeugen Luftströme einen lauten Donnerhall, und oft zerbirst er in einer gewaltigen Explosion. Diese spektakulären Erscheinungen blieben auch den Menschen der Antike nicht unbekannt. Völker auf der ganzen Welt waren überzeugt, daß es sich bei den rätselhaften Leuchterscheinungen am Himmel, Meteore genannt, und bei den Meteoriten um Boten der Götter handle. In vielen alten Kulturen wurden daher Steine, die vom Himmel gekommen waren, verehrt, so beispielweise der berühmte Schwarze Stein der Kaaba in Mekka.

Die Wissenschaftler haben lange an der Herkunft der Meteoriten gezweifelt. Antoine Lavoisier, der große französische Chemiker des 18. Jahrhunderts, erklärte vor der Akademie der Wissenschaften in Paris: „Es gibt keine Steine im Himmel, also können keine Steine aus dem Himmel fallen.“ Selbst nachdem er einen 3 kg schweren Meteoriten untersucht hatte, der mit einer heftigen Detonation auf die nordwestfranzösische Stadt Luce in Maine niedergegangen war, blieb er skeptisch und stellte statt dessen die Vermutung auf, der Stein sei möglicherweise durch einen Blitzschlag aus der Erde gesprengt worden.

Erst als 1803 in L' Aigle nahe der französischen Hauptstadt ein Steinhagel vom Himmel prasselte, glaubte die Pariser Akademie allmählich an Meteoriten – und die übrige wissenschaftliche Welt schloß sich nach und nach ihrem Urteil an.

Neben dem Meteor Crater in Arizona (USA) gibt es vor allem in Australien viele bemerkenswerte Beispiele. Der Henbury-Krater etwa weist zwölf Mulden auf, die ein Meteorit verursacht hatte, der vor 4700 Jahren bei der Annäherung an die Erde geborsten war. Der Name „Felsen des Sonnenwegs des Feuerteufels“, den die Aborigines ihm gaben, läßt darauf schließen, daß möglicherweise Augenzeugen das Ereignis beobachtet haben.

In Deutschland gibt es zwei Beckenlandschaften im Gebiet der Schwäbischen Alb, deren Entstehen auf Meteoriteneinschläge zurückgeführt wird: das Nördlinger Ries mit einem Durchmesser von 20–25 km und das kleinere Steinheimer Becken mit rund 3,5 km Durchmesser.

Der Vandasee

Der Vandasee scheint sich allen geologischen Regeln zu widersetzen. Zum einen wird er von einem Fluß gespeist, der nicht wie die meisten Flüsse der Erde ins Meer, sondern vom Meer aus landeinwärts fließt. Zum anderen bestehen die oberen Schichten des Sees aus Süßwasser, die unteren aus Salzwasser. Besonders merkwürdig erscheint, daß er an der Oberfläche gefroren ist, in tieferen Schichten aber immer wärmer wird und am Grund stolze 25 °C erreicht.

Der See liegt in den „Oasen“ der Antarktis. In diesen von Gletschern ausgeschürften Senken im Gebiet des McMurdo-Sunds ist seit 2 Mio. Jahren kein Tropfen Regen gefallen. Nach dem Rückzug der Gletscher blieb hier eine eisfreie Hügellandschaft zurück, denn die Sonne läßt an der Oberfläche den winterlichen Schnee größtenteils verdunsten, und kalte, trokkene Winde wehen die Schneereste fort. So haben sich dort die größten zusammenhängenden eisfreien Landgebiete der Antarktis gebildet. Der Vandasee, den diese Gesteinsmasse umschließt, wird vom Onyx gespeist, dem einzigen größeren Wasserlauf der Antarktis. Die Quelle des Onyx ist ein Küstengletscher, dessen Wasser die Eisschmelze im Sommer landeinwärts fließen läßt, so daß er den 75 m tiefen See auffüllt.

Ein Vermesser untersucht den Vandasee in den „Oasen“ der Antarktis.

Den Rest des Jahres ist der See meist von einer 4 m dicken Eisschicht bedeckt. Wenn Wasser an der Oberfläche verdunstet, werden die gelösten Salze auf den Grund gedrängt, und das erklärt, warum das Wasser in der Tiefe salzhaltig, das Oberflächenwasser dagegen trinkbar ist. Die wärmeren Temperaturen in den tieferen Schichten sind die Folge einer ungewöhnlichen Treibhauswirkung der Eisschicht unter der antarktischen Sonne. Wenn das Eis an der Unterfläche gefriert und an der Oberfläche verdunstet, kommt es zu einer senkrechten Ausrichtung der Eiskristalle. Sie wirken wie Röhren, die Sonnenlicht in das darunterliegende Wasser leiten, und der Vandasee wird so zu einem großen Warmwasserkessel mit Solarbetrieb.

Die Karstkegel von Guilin

Seit Jahrhunderten wird die außergewöhnliche Landschaft in und um Guilin von den Dichtern besungen, wie etwa von Han Yu (768–824), der die Karstkegel der südchinesischen Stadt mit „Haarnadeln aus blauer Jade“ verglich. Auch Maler schätzen sie seit eh und je und stellten die Berge auf so vielen Bildrollen dar, daß sie den Menschen der westlichen Welt bis heute das klischeehafte Bild einer chinesischen Landschaft vermitteln.

Auf den Betrachter übt die Gegend um Guilin einen romantischen Zauber aus. Am Ufer des Li Jiang steigen aus den grünen Reisfeldern die steilwandigen Kegel und Kuppen der Kalksteinberge auf, die sich verschwommen vom Horizont abheben und bisweilen fast senkrecht 100 m hoch aus der Ebene emporragen.

Der Volksmund hat natürlich eine Erklärung für die Entstehung dieser märchenhaften Landschaft parat. Vor langer Zeit, so berichtet die Legende, bedrohte eine Flutwelle aus dem Südchinesischen Meer die Menschen. Zu ihrer Rettung beschloß einer der Unsterblichen, alle Hügel aus dem Norden der Provinz nach Süden zu schieben und dort einen Wall gegen das Meer zu errichten. Deshalb verwandelte er die Berge in Ziegen, die er zum Meer ziehen ließ. Als nun die Herden über die Ebene von Guilin zogen, fegte plötzlich eine heftige Windbö über sie hinweg. Die Ziegen verwandelten sich wieder in Berge und blieben bis zum heutigen Tag bewegungslos auf dem Weg zu ihrem Bestimmungsort stehen, den sie nie erreichten.

Diese Geschichte spiegelt wider, wie fehl am Platz die hohen Berge in ihrer flachen Umgebung wirken. Eine ganz andere Erklärung hingegen liefern die Geologen. Vor etwa 300 Mio. Jahren lag das Gebiet von Guilin unter dem Meer und bestand aus einem Kalkuntergrund aus vielen Sedimentschichten. Als die Erdkruste angehoben wurde und über den Meeresspiegel aufstieg, entstand ein Hügelgebiet, das den Elementen ausgesetzt war. Regenwasser sickerte in den Kalkstein und höhlte unterirdische Gänge und Höhlen aus, die schließlich einstürzten und so die steilwandigen Bergkegel in der Landschaft von Guilin entstehen ließen.

Heute sind die Berge von knorrigen Bäumen bedeckt, die fast überall wurzeln und nur an den steilsten Hängen fehlen. Manche Gipfel weisen eine so charakteristische Form auf, daß man ihnen entsprechende Namen gegeben hat, etwa „Berg der farbigen Schichten", „Kamelberg" oder „Gipfel der einzigartigen Schönheit". Viele dieser Karsttürme sind von Höhlen und Grotten durchzogen, die allein schon eindrucksvoll sind. Die „Sieben-Sterne-Höhle" erinnert an das Sternbild des Großen Bären und ist für ihre zahlreichen Stalagmiten und Stalaktiten bekannt. Die Schilfrohrflötenhöhle, die größte von allen, hat durch die Heldentaten des mythischen Affenkönigs Berühmtheit erlangt. Eine weitere Sehenswürdigkeit ist die Höhle des Drachenverstecks mit vielen hundert Felsinschriften, die teilweise über 1600 Jahre alt sind.

Auch die Bambusboote auf dem sanft dahinfließenden Fluß, wo die Fischer mit ab-

Ein traumhaft schöner Anblick: In zahlreichen Seen und Flüssen spiegeln sich die Kegelberge von Guilin.

gerichteten Kormoranen auf Fischfang gehen, sind für Besucher eine Augenweide. Bei diesen Attraktionen ist es nicht verwunderlich, daß sie in Scharen nach Guilin strömen. Allein 350000 Ausländer kommen jedes Jahr und noch mehr Chinesen, für die diese Gegend ein beliebtes Flitterwochenziel ist. Doch die Karstkegellandschaft ist so ausgedehnt, daß sie den Ansturm leicht verkraftet. Die Kalksteintürme begleiten auf einer Länge von 80 km die Ufer des Li Jiang, und in ihrem düsteren Schweigen wirken sie so geheimnisvoll wie kaum eine andere Landschaft der Erde.

Rotorua

Zischende säurehaltige Gase lassen Nebelschwaden über das Wasser des Rotoruasees auf der Nordinsel Neuseelands ziehen. Das gesamte Gebiet ist erfüllt vom Dampf der heißen Quellen, Geysire und blubbernden Schlammvulkane, denn der See liegt in einer extrem instabilen Vulkanzone, in der schmelzflüssiges Gestein das unterirdisch

Ein wasserspeiender Geysir in Rotorua. Die Maori nutzen seine Wärme zum Heizen ihrer Häuser.

fließende Wasser erhitzt. Der Hexenkessel aus Dampf und heißem Wasser hat eine rätselhafte Landschaft geschaffen, in der die Erde unter den Füßen oft beängstigend rumort. Und doch haben die heißen Quellen etwas Gutes: Die einheimischen Maori heizen mit der Wärme aus dem Erdinneren nicht nur ihre Häuser, sondern nutzen sie auch zum Waschen und sogar zum Kochen. Seit 1940 werden mit dem Wasser die öffentlichen Gebäude sowie einige Privathäuser in der Stadt Rotorua geheizt, und selbst zur Stromerzeugung dienen die geothermischen Quellen der Nordinsel mittlerweile.

Darüber hinaus haben die heißen Tümpel eine traditionelle rituelle und soziale Bedeutung. In früheren Zeiten badeten die Menschen darin, um sich vor wichtigen Kulthandlungen zu reinigen – oder sie trafen sich dort einfach zum Zeitvertreib. Als der englische Arzt John Johnson im Jahr 1847 Rotorua besuchte, fand er etwa 150 Personen aller Altersstufen und beiderlei Geschlechtes vor, die das Bad im warmen Wasser genossen; alte Männer rauchten dabei ihre Morgenpfeife, und junge Mütter stillten ihre Kinder. „Doch die bei weitem seltsamste Szene boten junge Männer, die in Reih und Glied bis zum Hals im Wasser saßen. Vor ihnen hockte ein Mann, der Fragen stellte, die von der Gruppe im Chor beantwortet wurden. Auf meine Frage hin stellte sich heraus, daß es sich um junge Novizen handelte, die sich zum christlichen Glauben bekehren wollten, und als Einweihungszeremonie sagten sie ihrem Lehrer die Zehn Gebote auf."

Die Luft in Rotorua ist überall vom Gestank nach Schwefelwasserstoff – dem Geruch fauler Eier – erfüllt, und mitunter wird die Region von heftigen Vulkanausbrüchen heimgesucht. Als 1886 plötzlich der nahe gelegene Tarawera detonierte, wurden drei Dörfer unter Gesteinstrümmern begraben. 153 Menschen kamen dabei ums Leben.

Dennoch ist Rotorua ein Ort voller Wunder und Schönheit; die exotischen Farben der vulkanischen Mineralquellen sind ebenso sehenswert wie die brodelnden Geysire, darunter der Pohutu, der seine Wasserfontäne 30 m hoch in die Luft schleudert.

Giant's Causeway

Einen „Überrest des Chaos" nannte der viktorianische Schriftsteller William Makepeace Thackeray diesen ungewöhnlichen Küstenstrich Nordirlands, in dem er ein Überbleibsel aus der Zeit der Erschaffung der Welt vermutete. Der Giant's Causeway (Damm des Riesen), Irlands einziger Ort

Der Giant's Causeway erscheint wie ein gepflasterter Fußweg, der in alter Zeit von Riesenhand errichtet wurde.

KALK – SCHÖPFER BIZARRER FORMEN

Unheimliche Höhlen voller Tropfsteine, Dolinen oder unterirdische Gänge und Flüsse sind nur einige der geologischen Phänomene, die in den Kalksteingebieten der Welt auftreten. Nach dem Karst in Slowenien, wo diese Merkmale besonders ausgeprägt sind, werden sie von den Wissenschaftlern Karstgebiete genannt.

Eine der vielen bizarren Gesteinsformationen in Malham Cove, Yorkshire.

Die vielgestaltigen Wunderwelten verdanken ihre Existenz der schlichten Tatsache, daß sich Kalkstein in Wasser löst. Das Gestein hat sich aus den Schalen und Skeletten unzähliger Meerestiere gebildet, die vor Jahrmillionen in die Tiefe gesunken sind und sich auf dem Meeresboden abgelagert haben. Die rastlose Tätigkeit der Erdkruste hat die Schichten über den Meeresspiegel emporgehoben, wo sie der Erosion ausgesetzt waren. Den Rest besorgte das Wasser: Aus Niederschlägen und Flüssen stammend, sickerte es durch natürliche Klüfte in die Ablagerungsschicht und zerfraß – durch Aufnahme von Kohlendioxid aus Luft und Boden säurehaltig geworden – das Gestein.

So entstanden in allen Teilen der Welt seltsame Formen, die besonders verblüffend sind, wenn die erodierenden Flüsse verschwinden und ihr Werk zutage treten lassen.

In Karstgebieten kann ein Fluß durch einen senkrecht erodierten Spalt in der Tiefe verschwinden und kilometerlang unterirdisch an einer horizontalen Verwerfung entlangfließen. Wenn er auf ein noch tieferes Niveau absinkt, bleiben trockene Galerien, Höhlen und Schächte zurück. Stalagmiten entstehen, wenn sich Kalk aus Tropfwasser auf dem Höhlenboden ablagert. Am Höhlendach abgeschiedener Kalk hingegen bildet im Lauf der Zeit Stalaktiten. Treffen hängende Stalaktiten auf von unten wachsende Stalagmiten, bildet sich daraus eine Tropfsteinsäule, die vom Boden bis zur Decke reicht.

Von einem Höhlendach in Tasmanien hängen diese Stalaktiten herab.

auf der Liste des Weltnaturerbes, zählt mit seinen rund 37000 Basaltsäulen, die am Fuß der schroffen Steilküste im Norden von Antrim aufragen, zu den bemerkenswertesten Gesteinsformationen der Erde.

Vor allem die Geometrie der Säulen ist verblüffend. Es sind mehreckige, symmetrische Formen mit gleichen Seiten und Innenwinkeln, die aussehen, als hätte ein überirdischer Baumeister sie aufgestellt. Schenkt man den Volkssagen Glauben, so handelt es sich um Trittsteine, mit denen der Riese Finn MacCool einen Fußweg nach Schottland geschaffen hat. Ähnliche Säulen erheben sich auf der schottischen Insel Staffa aus dem Meer, und die dortige Fingalshöhle verdankt ihren Namen Fingal, der schottischen Version des Riesen Finn. Eine rührende Fassung der Legende schildert, Finn habe dieses Wunder vollbracht, damit seine Traumfrau, eine Riesin auf Staffa, trockenen Fußes zu ihm gelangen konnte.

Die nüchterne Wissenschaft wartet mit einer anderen Erklärung auf. Geologen zufolge quoll das Material, aus dem der Causeway besteht, vor 60 Mio. Jahren bei wiederholten Vulkanausbrüchen aus dem Erdinnern hervor. Beim Abkühlen schrumpfte der geschmolzene Basalt so gleichmäßig und langsam, daß sich das erkaltende Gestein nach einem geometrischen Muster zerklüftete. Die Basaltsäulen haben in der Regel einen Durchmesser von 46 cm und sind meist sechseckig, doch kommen auch vier-, fünf-, sieben- und achteckige Formen vor.

Die kompakte Masse wurde später von den eiszeitlichen Gletschern und von der ständigen Brandung des Atlantiks erodiert. Teilstücke wurden herausgerissen, und so ergab sich allmählich die treppenförmige Anordnung. An manchen Stellen sind jedoch noch heute hoch aufragende Säulen zu sehen. Längliche, orgelpfeifenähnliche Pfeiler etwa, die man „Orgel des Riesen" nennt, erheben sich steil aus dem Meer. An anderen Stellen entlang der Klippen hat der Basalt bizarre Gebilde entstehen lassen, denen man Namen wie „Topfdeckel des Riesen", „Thron der Wünsche", „Schlüsselstein", „Harfe" und „Sarg" gegeben hat.

Im Jahr 1588 hielten Seeleute der spanischen Armada eine Formation mit dem Namen Chimney Tops (Schornsteinspitzen) für die Türme des weiter westlich gelegenen Schlosses Dunluce und feuerten darauf. W.M. Thackeray, der den Causeway 1842 besuchte, hörte dort, daß ein Schiff der Armada vor der Causeway-Küste Schiffbruch erlitten habe. Er hielt diese Geschichte für eine Legende, doch sie erwies sich später als wahr: Im Jahr 1967 wurde bei einer Suchaktion das Wrack der *Girona*, des größten Schiffes der spanischen Armada, entdeckt. Es hatte einen beachtlichen Schatz an Bord, der vom Grund des Meeres geborgen wurde und nun im Ulster-Museum in Belfast zu besichtigen ist.

Uluru (Ayers Rock)

Im Herzen Australiens erstreckt sich eine steinige Halbwüste, über die Staubstürme hinwegfegen, und die Temperaturen dort steigen tagsüber bisweilen auf über 40 °C. Nach der typischen Färbung, die das an der Luft oxidierte Eisen im Gestein hervorruft, nennt man diese Landschaft das „rote Zentrum" des Nordterritoriums. Dort erhebt sich über einer ausgedörrten Ebene das Felsmassiv des Uluru, der früher als Ayers Rock bekannt war. Keine andere geologische Formation der Erde hat eine geheimnisvollere und stärkere Ausstrahlung als dieser steile Berg, der 348 m hoch emporragt und dessen Fußumfang 9 km mißt.

Der Uluru gilt als der größte Monolith der Welt, doch nicht allein die Größe macht seine einzigartige Wirkung aus. Die Tatsache, daß er seine Farbe – einem gigantischen Chamäleon aus Sandstein gleich – im Lauf des Tages an die Umgebung anpaßt, hat etwas Mystisches. Bei vollem Tageslicht scheint er beige, bernstein- und terrakottafarben getönt, bei Sonnenuntergang erstrahlt er purpurrot, und mit zunehmender Dämmerung glüht er tief karminrot.

Der Felsen entstand vor rund 600 Mio. Jahren. Bei späteren Erdbewegungen kippte das Massiv, das sich aus verschiedenen Sandsteinschichten zusammensetzt, um 70°, und heute liegt die größere Masse unter der Erde; wie bei einem Eisberg ist nur ein kleiner Teil des gesamten Volumens sichtbar. Wüstenwinde, die wie ein Sandstrahlgebläse wirken, haben seine Konturen abgeschmirgelt, und zur Erosion des Felsens tragen auch gelegentliche wolkenbruchartige Regenfälle bei, die das Wasser durch Rinnen in den Flanken donnernd in die Tiefe schießen lassen. Die unmittelbare Umgebung ist von den Sandsteintrümmern des Massivs übersät, und das abfließende Wasser läßt eine strauchartige Vegetation aus Eukalyptus, Akazien und Keulenbäumen gedeihen. Die Niederschläge speisen auch etwa acht Wasserstellen, von denen jedoch nur eine das ganze Jahr über zuverlässig Wasser enthält. Diese sogenannte Mutiljula ist auf drei Seiten von Felswänden beschattet, so daß die Verdunstung sehr langsam verläuft.

Seinen Namen verdankt der Felsen dem Wort *Uluru* aus der Sprache der hier ansässigen Ureinwohner, die damit ein Wasserloch auf dem Gipfel des Felsens bezeichneten. Früher war er nach Sir Henry Ayers, einem australischen Gouverneur des 19. Jahrhunderts, benannt. Die Aborigines betrachten den Felsen als ein Heiligtum, das in einer fernen Vergangenheit entstanden ist, als mächtige Wesen durch das Land zogen.

Einige Höhlen sind mit Felsmalereien ausgeschmückt, und jede Klippe und jeder Felsblock hat für die Aborigines eine tiefere Bedeutung. So halten sie einen an der Nordostseite aufragenden Sandstein für den bösen Dingo Kalpunya, der seine Fußspuren als Vertiefungen im Gestein hinterlassen hat. Eine Steinplatte an der Nordostflanke ist Ngaltawaia, eine Art Totempfahl des mythischen Volkes der Mala, die im Zwist mit den Wintalka- oder Mulga-Seed-Menschen lebten, den Schöpfern Kalpunyas.

Im Herzen Australiens ragt der Uluru aus einer steinigen Wüste auf.

Die Bedeutung des Berges für die Aborigines ist Teil des sogenannten *Tjukurpa*, einer komplexen Gedankenwelt, in der uralte Stammesreligionen und -gesetze zusammengefaßt sind. Die Erhaltung des Uluru ist den Aborigines nach wie vor eine heilige Pflicht, auch wenn man mittlerweile, nur 23 km von dem Felsen entfernt, eine Touristenanlage mit Hotels, Hütten und Campingplätzen gebaut hat. Im Jahr 1985 wurde der Uluru den Aborigines wieder übereignet, und seither verwalten sie den um den Berg errichteten Nationalpark gemeinsam mit der australischen Naturschutzbehörde.

Death Valley

Für Anhänger paranormaler Erscheinungen ist das Death Valley in Kalifornien (USA) der Ort des Racetrack Playa, eines ausgetrockneten Sees. Dieser 5 km lange Landstrich stellt Besucher seit langem vor Rätsel, denn überall liegen Steine verstreut, die sich anscheinend bewegen und dabei flache Spuren auf dem trockenen Lehm hinterlassen. Niemand hat je gesehen, wie die Steine wandern, doch daß sie dies tatsächlich tun, beweisen fotografische Dokumente. Die Erklärungsversuche für das Phänomen reichen von der Wirkung des Erdmagnetismus, von Sonnenflecken und dem Einfluß des Mondes bis zum Eingreifen Außerirdischer.

Die meisten Geologen sind der Ansicht, daß die Steine bei kräftigem Wind ins Gleiten kommen, wenn die betonharte Oberfläche des Racetrack Playa nach schweren Regenfällen mit glitschigem Schlamm überzogen ist. Mitunter freilich wandern die Gesteinsbrocken auch im Zickzack, oder sie gleiten auf ihrer eigenen Spur zurück; außerdem müßte der Wind ungewöhnlich stark sein, um nicht nur kieselgroße Steine, sondern auch zentnerschwere Felsblöcke vorwärtsbewegen zu können.

Vampirzähne

Der Vampire Peak (Vampirgipfel) in South Dakota (USA) verdankt seinen Namen zwei Zwillingstürmen aus verfestigter Vulkanasche, die aus der Ferne wie die Reißzähne von Vampiren aussehen. In früherer Zeit dienten die Türme den ersten Siedlern, die aus Europa kamen, als Wegweiser auf ihrem Weg quer über den amerikanischen Kontinent. Heute ist ihr Fortbestand gefährdet. Am 22. November 1950 brach einer der beiden Türme bei einem Gewitter zusammen, und dem zweiten setzt unaufhörlich die Erosion zu: Auf natürliche Weise wird der Vampirzahn Jahr für Jahr um 15 cm abgetragen.

Die plausibelste Erklärung dürfte im Zusammenspiel von Wind in Sturmstärke, Regen und – im Winter – Eis liegen. Doch ist die Wahrscheinlichkeit, daß alle notwendigen Umstände zusammentreffen, verhältnismäßig gering. Das Death Valley ist so trokken, daß in manchen Jahren kein einziger Tropfen Regen fällt; zu heftiger Regen wiederum würde die Steine im Schlamm versinken lassen, anstatt sie über den ausgetrockneten See zu bewegen.

Das Death Valley, die tiefste Stelle Nordamerikas mit ihrem sehr heißen und trockenen Klima, zählt zu jenen Landschaften der Erde, in denen man ständig auf unheimliche Naturerscheinungen gefaßt sein muß. Die Wüste im Osten Kaliforniens besteht aus einer Talsenke mit vielen Salztonebenen und Dünenfeldern. In den Sommermonaten herrscht hier eine glühende Hitze von bis zu unvorstellbaren 57 °C. Angesichts dieser extremen Temperaturen ist es nicht verwunderlich, daß die Gegend bei den ersten Siedlern gefürchtet war.

Seinen Namen erhielt das „Tal des Todes“ von einer Gruppe Goldgräber, die hier 1849 beinahe verdurstet wäre. Auch andere Ortsnamen in dem Tal lassen auf unheilvolle Ereignisse schließen. Der tiefste Punkt etwa heißt „Badwater“ (schlechtes Wasser); er liegt 86 m unter dem Meeresspiegel und wurde von einem Vermesser so getauft, dessen Maultier dort nicht trinken wollte. Auch die Bezeichnungen „Deadman Pass“ (Paß

Extreme Temperaturen im Death Valley haben eine öde Landschaft aus ausgetrockneten Cañons, Salzebenen und Dünen entstehen lassen. In der glühenden Hitze wird der Wüstenboden rissig.

Die versteinerten Baumstämme des Petrified Forest liegen kreuz und quer über den Felsen eines kahlen Seitentales.

des toten Mannes) und „Dry Bone Canyon" (Cañon der trockenen Knochen) wecken ebensowenig Vertrauen wie ein Gebiet, das „Devil's Golf Course" (Golfplatz des Teufels) genannt wird.

Petrified Forest

Im Volksgut der Navajo, die sich oft in der ausgedörrten Wildnis Arizonas aufhalten, gelten die steinernen Baumstämme des Petrified Forest als die Gebeine des Riesen Yietso. Die benachbarten Paiute betrachten sie hingegen als die Pfeilschäfte des Donnergottes Shinauv. Der Petrified Forest National Park in den USA enthält die weltweit größte Menge von versteinertem Holz, und selbst in einer Zeit, die den Glauben an Götter und Riesen verloren hat, kann man die wundersame Fremdartigkeit der Naturkräfte, die sie formten, nicht leugnen.

Der Petrified Forest liegt in der Painted Desert, der „bunten Wüste", einem Gebiet im Nordosten Arizonas, das seinen Namen den farbenprächtigen Gesteinsschichten verdankt, welche die bizarre Landschaft schmücken. Vor etwa 225 Mio. Jahren erstreckte sich dort üppiges Sumpfland, das Flüsse durchzogen, die sich nordwärts zu einem inzwischen verschwundenen Meer schlängelten. Zwischen baumförmigen Farnen und Farnpalmen wanderten Dinosaurier umher, während das trockenere Hochland der Umgebung mit einem dichten Urwald aus Koniferen bewachsen war. Der höchste dieser Bäume war eine 30 m hohe Kiefer *(Araucarioxylon arizonicum)*, die einen Stammdurchmesser von 2,5 m und mehr erreichte. Die versteinerten Wunderwerke des Petrified Forest National Park bestehen vorwiegend aus dieser Art.

Erdpyramiden

Keine andere geologische Formation sieht so witzig aus wie die Erdpfeiler, die an den verschiedensten Orten der Welt vorkommen. Die bekanntesten Beispiele des Alpengebietes sind die Erdpyramiden von Ritten bei Bozen in Südtirol und von Euseigne im Wallis, wo Felsblöcke wie Hüte auf schlanken Pfeilern balancieren. Diese Formen entstanden durch Niederschläge, die auf Blocklehm fielen. Während heftiger Regen einen Großteil der Erde fortspülte, wirkten einzelne Gesteinsbrocken in der Lehmschicht wie Schirme, die vor der Erosion des Regens schützten. So blieben die Pfeiler mit dem schützenden Deckstein erhalten.

Als die riesigen Bäume umstürzten, trugen gewaltige Fluten sie bisweilen von den Bergen in das Sumpfland hinunter, wo sie sich an Flußbiegungen und Sandbänken aufstauten. Es dauerte nicht lange, und die verkeilten Stämme waren von Sedimentschichten überdeckt, welche die Sauerstoffzufuhr abschnitten und den Verfall des Holzes stoppten. Auf diese Weise wurden die Bäume konserviert und machten allmählich eine Verwandlung durch. Wasser wusch Kieselsäure aus der Vulkanasche in den Sedimentschichten aus, die Kieselsäure drang in die Bäume ein, kristallisierte in den Zellwänden als Quarz aus und bildete sowohl die äußere Form als auch den inneren Aufbau der Bäume genauestens nach. Im Lauf der Zeit wurden die organischen Stoffe ganz durch eindringende Minerale ersetzt, und aus den Kiefern wurden steinerne Bäume. Bei späteren Erdbeben zerbrachen die spröden Stämme, und dies erklärt, warum viele Stücke heute wie Holzklötze aussehen.

Anschließend trug die natürliche Erosion die weiche Gesteinsschicht ab und legte die Stämme frei. Heute sind sie überall in der Landschaft verstreut und erinnern von

Diese eigenartigen Formationen zieren einen der vielen Säle im weitläufigen Höhlenkomplex von Gunung Muli.

weitem an umgestürzte Brennholzstapel. Bei der näheren Untersuchung aber stellt man schnell fest, daß die Baumstämme steinhart sind. Der Quarz läßt sie in allen Regenbogenfarben schillern, und in einigen Fällen kristallisierten die eingedrungenen Minerale aus und ließen an den Bäumen Halbedelsteine zutage treten.

Die Höhlen von Gunung Muli

In der Abenddämmerung schießen Hunderttausende von Fledermäusen aus dem Eingang der „Deer Cave" (Hirschhöhle) tief im malaysischen Urwald; die feuchte Luft der Höhle ist von dem ekelerregenden Gestank des Guano, der angehäuften Exkremente, erfüllt. Doch auch hier offenbart sich ein Wunder: Aus einer Höhe von 190 m stürzen drei gewaltige Wasserfälle auf den Boden am Höhleneingang herab.

Die Kulisse dieses malerischen Schauspiels ist ein entlegener Kalksteinrücken, der an die Berge von Gunung Muli im Norden Sarawaks auf der Insel Borneo grenzt. Von seinem 2376 m hohen Gipfel stürzen zwischen riesigen Bäumen und Schluchten Flüsse in die Tiefe; im Lauf der Jahrtausende haben sie Höhlen von gewaltigen Ausmaßen in den porösen Kalkstein gefressen. „Clearwater Cave" (Höhle des klaren Wassers) etwa erstreckt sich 51 km tief in die Berge und gehört damit zu den längsten Höhlensystemen der Welt. Die Höhle, die ein Fluß durchzieht und Tropfsteine zieren, ist das geheimnisvolle Reich blinder Schlangen und durchsichtiger Krabben, die sich an die lichtlose Umgebung angepaßt haben.

Leben im Untergrund

Zu den verblüffendsten statistischen Erkenntnissen der modernen Welt gehört die Tatsache, daß nach wie vor eine ungeheure Zahl von Menschen in Höhlen lebt. In China sind es allein rund 40 Mio., und auch in Sri Lanka, auf Sulawesi und den Philippinen gibt es noch steinzeitliche Höhlenbewohner. Im Süden Tunesiens haben Berber aus dem Gebiet von Matmata Häuser aus dem weichen Felsen geschlagen, um der Hitze zu entfliehen. Auf Kreta wurden die früheren Höhlen von Leprakranken um das Jahr 1960 von Hippies mit Beschlag belegt. In der südspanischen Stadt Guadix leben bis heute schätzungsweise 10000–20000 Roma in Höhlen.

Die Gipfel des Paine-Massivs erscheinen wie Wogen in der aufgewühlten See.

1978 wurde das Gebiet zum Nationalpark erklärt und eine Gruppe britischer Forscher zu seiner Erkundung entsandt. Sie waren die ersten Bewohner der westlichen Welt, die einen Blick auf die unter dem Laubdach des Dschungels verborgenen Höhlen von Gunung Muli werfen konnten. Bei der Erforschung der „Good Luck Cave" (Glückshöhle) entdeckten sie 1981 die großartige Sarawak-Halle. Sie hat eine Höhe von rund 70 m, ist mit haushohen Felsbrocken übersät und bedeckt eine Fläche von 16 Fußballfeldern. Es stellte sich heraus, daß sie die größte bis dahin bekannte Höhlenkammer der Welt war, sechsmal so groß wie die Carlsbad-Höhlen in New Mexico (USA), die zuvor den Rekord innehatten.

Patagonien

„Eines Tages ... sahen wir einen völlig nackten Riesen an der Küste des Meeres, und er tanzte und hüpfte, und beim Singen schüttete er sich Sand und Staub auf den Kopf ... Er war so groß, daß die Größten unter uns ihm nur bis zur Taille reichten." So schrieb einer der portugiesischen Seefahrer, die unter Fernando Magellan zum ersten Mal die Welt umsegelten. Im Jahr 1520 umrundete Magellan mit seiner Mannschaft die Ostküste Südamerikas, und aus dieser Zeit stammt die Beschreibung der hochgewachsenen Einwohner Patagoniens. Der Name des Gebietes ist von *Patagones* (Großfüße) abgeleitet, der spanischen Bezeichnung für die Bewohner, und die Vorstellung, daß Patagonien die Heimat von Riesen sei, blieb lange Zeit in der westlichen Welt erhalten. Auch Charles Darwin, der die Region 1834 erkundete, traf auf eine Gruppe der sagenumwobenen Patagonier. „Ihre Körpergröße scheint größer zu sein, als sie in Wirklichkeit ist", berichtete Darwin. „Das kommt von ihren riesigen Guanakomänteln, dem langen, offenen Haar und dem Körperbau." Groß waren die Patagonier also schon, im Durchschnitt etwa 1,80 m, doch keineswegs von riesenhafter Statur.

Der Mythos von den Riesen klingt heute zwar überholt, doch umgibt das kühle Tafelland an der Südspitze des südamerikanischen Festlandes ein eigenartiger Reiz. Die kalte, wüstenhafte Hochebene umfaßt die drei südlichen Provinzen Argentiniens sowie einen Teil von Südchile und erstreckt sich auf 770 000 km² südlich der Flüsse Río Negro und Limay. Patagonien besteht größtenteils aus öden, von Schafen abgeweideten Pampas, aus Waldgebieten, Fels und Eis. Der unwirtliche Landstrich gipfelt in den Höhen der Anden. Gletscher, die von der ewigen Eiskappe herabfließen, münden in Gebirgsseen, auf denen sich sogar Eisberge bilden. Das sturmgepeitschte Meer der Magellanstraße trennt den südamerikanischen Kontinent von Feuerland, und an der Südspitze ist die Festlandsküste von tiefen Fjorden und Meeresarmen zerschnitten. Dort traf Darwin auf völlig trostlose Orte. Trotz der Stürme war in den Senken kein Windhauch zu spüren. „Alles war so düster, kalt und naß, daß nicht einmal Moose oder Farne gedeihen konnten. Selbst kriechend konnte man sich in den Tälern kaum fortbewegen, so sehr waren sie von den mächtigen vermodernden Baumstämmen blokkiert, die kreuz und quer herumlagen."

Patagonien gehört zu den letzten unberührten Gegenden der Erde, obgleich seine prachtvolle Gebirgslandschaft immer mehr wagemutige Urlauber anzieht. Besonders die steilen, skurril geformten Felstürme des Paine-Massivs, die am äußersten Ende der Anden eine Festung aus zerklüfteten Granitspitzen bilden, sind ein Magnet für Touristen und zählen zu den weltweit bemerkenswertesten Beispielen für eine von Gletschern geprägte Landschaft. So windumtost und abgelegen Patagonien auch sein mag, seine Landschaften sind von einer überwältigenden Schönheit.

Keli Mutu

Die tropischen Inseln Indonesiens bestechen vor allem durch ihre landschaftliche Vielfalt: Die Palette reicht von Korallenriffen bis zu dichtem Dschungel, von üppig grünen Reisfeldern bis zu düsteren Vulkanen. Die Krönung sind drei Kraterseen, eine besondere Touristenattraktion. Die verschiedenfarbigen Gewässer, die niedrige Bodenwellen voneinander trennen, befinden sich auf der Insel Flores in drei Kratern des Keli Mutu, eines erloschenen Vulkans, der sich 1600 m über den Meeresspiegel erhebt.

Die Färbung der Seen ist einzigartig: Schwarz, grün und hell türkisfarben ruhen sie nebeneinander und sehen aus der Luft

In den farbigen Seen von Keli Mutu sind angeblich die Seelen von Zauberern, Sündern und Unschuldigen zu Hause.

wie die Farbnäpfe eines Kindermalkastens aus. Die Insulaner glauben, der schwarze See beherberge die Seelen von Zauberern, der grüne sei die Heimat der Sünder und in dem hellsten wohnten die Seelen von Jungfrauen und Kindern.

Experten vermuten, daß Mineralien, die sich aus den Kraterbecken lösen, das Wasser färben. Von Zeit zu Zeit wechseln die Seen auch ihre Farbe, so waren sie vor kurzem noch schwarz, braun und blau gefärbt. Dies ist vermutlich darauf zurückzuführen, daß sich unterschiedliche Mineralienschichten im Wasser verschieden schnell lösen. Möglicherweise aber ändert sich auch hin und wieder der Säuregehalt.

Was auch immer die Ursache sein mag, man darf mit Fug und Recht annehmen, daß die gegenwärtige Farbe der Seen im Keli Mutu nur vorübergehend ist; sicher bietet die eigentümliche chemische Zusammensetzung der Krater dem Betrachter bald eine neue Farbkomposition.

Devils Tower

Zu den aufregendsten Szenen der jüngeren Filmgeschichte gehört diejenige in Steven Spielbergs Kinohit *Unheimliche Begegnung der dritten Art* (1977), in der ein außerirdisches Raumschiff zur Landung auf der Erde ansetzt. Das ungemein komplizierte und detailreiche Modell, das mit 160000 Watt beleuchtet wurde, erzielte eine wahrhaft überirdische Wirkung.

Der Landeplatz des Raumschiffes jedoch existiert tatsächlich. Es ist der Devils Tower (Teufelsturm), der Überrest eines Vulkans, der sich 265 m über dem Belle Fourche River und der Ebene nordwestlich von Sundance in Wyoming (USA) erhebt. Im Jahr 1906 war der markante Felsturm das erste Naturdenkmal der USA, das zum Nationalmonument erhoben wurde.

Aus geologischen Zeugnissen läßt sich schließen, daß das Felsengebilde vor etwa 50 Mio. Jahren entstanden ist. Damals war flüssiges Magma bis dicht unter die Erdoberfläche vorgestoßen und hatte die darüberliegende Sedimentschicht angehoben. Einige hundert Meter über dem heutigen Gipfel bildete sich ein Vulkan, der im Lauf der Zeit abgetragen wurde, nachdem er erloschen war. Nur der harte Phonolithstock blieb stehen, der sich aus Lava im Schlot des erlöschenden Vulkans gebildet hatte.

Für die Gesteinssäulen an den Wänden des Felsturmes haben die Indianer eine einfache Erklärung: Nach einer Legende stammen die Rillen von den Krallen eines riesigen Bären, der sieben Mädchen, die sich auf den Gipfel verirrt hatten, mit seinen Pranken zu packen versuchte.

Robotermonster

Wenn Touristen, die zum ersten Mal die steinige Wildnis des Bronson Canyon in Kalifornien (USA) durchqueren, die Gegend seltsam bekannt vorkommt, dann liegt es daran, daß dort unzählige Hollywoodfilme gedreht worden sind. Vor allem den Produzenten billiger Science-fiction-Streifen hatte es diese Kulisse angetan. So wurde der Bronson Canyon auch zum Drehort von *Robot Monster* (1953), der als der schlechteste Film aller Zeiten in die Annalen der Filmgeschichte eingegangen ist. Das roboterähnliche außerirdische Ungeheuer verkörperte in diesem Film ein Mann, den man – wenig überzeugend – mit einem Gorillakostüm und einem Taucherhelm ausstaffiert hatte.

Der mysteriöse Devils Tower erlangte durch einen Hollywoodfilm von Steven Spielberg Berühmtheit.

DAS OSTAFRIKANISCHE GRABENSYSTEM

Der Spalt des Ostafrikanischen Grabensystems kennzeichnet unseren Planeten so deutlich, daß er an klaren Tagen sogar vom Mond aus zu erkennen ist. Der Graben, der 6400 km weit vom Toten Meer im Norden bis Mosambik im Süden verläuft, ist eine geologische Senke, die durch die Kontinentalverschiebung verursacht wurde. Zwei Platten der Erdkruste streben mit solcher Kraft auseinander, daß an der „Nahtstelle" 40–56 km breite Risse entstanden sind. Den Boden dieses Grabenbruches bildet ein Streifen der Erdkruste, der unter das Niveau des Geländes zu beiden Seiten abgesunken ist.

Das Ostafrikanische Grabensystem ist in seinem gesamten Verlauf durch Erdbeben und Vulkanausbrüche gefährdet, und an

Das Ostafrikanische Grabensystem, das durch die Verschiebung zweier Kontinentalplatten der Erde entstanden ist, durchschneidet den Westen Kenias als ein kilometerbreiter Spalt von Norden nach Süden. Den Boden dieser natürlichen Senke bedecken eine Vielzahl seichter Seen sowie Vulkane, die schon vor Millionen Jahren erloschen sind.

einigen Stellen sind die Mulden nur schwer zu erkennen, weil Lavaströme das abgesenkte Gelände ausgefüllt haben. Im Süden Kenias ist die Wirkung besonders dramatisch: Dort erheben sich Kliffe mehr als 1000 m über die ausgetrockneten Becken. Seichte Sodaseen auf dem Talboden schaffen ungewöhnliche Lebensräume für Tiere. Die Soda entstammt der Asche, die bei Vulkanausbrüchen herausgeschleudert wurde. Sie färbt einige der Gewässer weiß, andere erhalten durch Algen und kleine Krebse, die in den salzhaltigen Seen gedeihen, eine erbsengrüne oder rosa Färbung. Diese Arten wiederum locken Millionen von Flamingos an, die für ein lebhaftes Farbenspiel an der Oberfläche sorgen. Die Vögel ernähren sich von Algen und Insektenlarven, die sie aus dem Wasser schöpfen und mit ihren Schnäbeln ausfiltern. Ihr intensiv rosafarbenes Gefieder verdanken sie den in der Nahrung enthaltenen Pigmenten.

Über den sonderbaren ostafrikanischen Seen erheben sich einige ebenfalls bemerkenswerte Vulkane. Einer von ihnen, der Ol Doinyo Lengai, speit bei seinen Ausbrüchen Natriumkarbonat aus. Der Gipfel des grollenden Kolosses scheint oft schneebedeckt; tatsächlich aber stammt die weiße Färbung von der hellen Asche, die er auswirft.

Die Landschaft des Ostafrikanischen Grabensystems macht jedoch nur einen Teil seines mystischen Zaubers aus. Der Grabenbruch gilt zugleich als die Wiege der Menschheit, d. h. als der Ort, an welchem Wissenschaftler die frühesten Spuren der menschlichen Evolution aufdeckten. Vor rund 5 Mio. Jahren, so vermutet man, bestand kaum ein Unterschied in der Entwicklung zwischen unseren affenartigen Vorfahren und den Menschenaffen. In Laetoli in Tansania aber fanden Anthropologen in einer Schicht aus Vulkanasche Fußspuren, die möglicherweise von zwei Erwachsenen und einem Kind stammen. Es sind die ältesten bekannten Fußabdrücke von Hominiden, und sie beweisen, daß unsere Vorfahren bereits vor ungefähr 4 Mio. Jahren einen aufrechten Gang hatten. Die bei Hadar in Äthiopien gefundenen Skelettreste eines wahrscheinlich weiblichen Wesens, dem Forscher den Namen „Lucy" gaben, liefern einen weiteren Beweis: Der Bau von Lucys Hüft- und Oberschenkelknochen läßt darauf schließen, daß sie aufrecht gegangen sein muß. Schädel des *Homo habilis*, die fast 2 Mio. Jahre alt sind, entdeckte man am Ostufer des Turkanasees und in der Olduwaischlucht in Tansania. Diese und viele andere Funde in Afrika stammen aus einer viel früheren Zeit als all jene, die in Europa, Asien oder auf dem amerikanischen Doppelkontinent gemacht wurden.

Die Steilwände des Ostafrikanischen Grabens überragen die Talsohle vielerorts um mehrere hundert Meter.

An der Oberfläche dieses Natronsees bilden sich Grassoden und Algen.

Warum sollte das Ostafrikanische Grabensystem Entwicklungen ausgelöst haben, die nirgendwo sonst auf der Erde anzutreffen waren? Die Gelehrten legen sich zwar nur ungern fest, doch eine weitverbreitete Theorie sieht den Grund dafür in den Auswirkungen der Kontinentalverschiebung. Der Graben entstand vor 20–15 Mio. Jahren, als sich ein Teil Ostafrikas von der Hauptmasse des Kontinentes abspaltete. Die Berge des kenianischen und äthiopischen Hochlands wurden emporgeschoben und bildeten eine Wasserscheide, die Niederschläge im Tal verhinderten und trockenes Grasland entstehen ließen. Unsere Vorfahren mußten sich also an das Leben in der offenen Savanne anpassen. Eine Theorie geht sogar so weit zu behaupten, sie hätten begonnen, sich aufzurichten, um über das hohe Gras hinwegblicken zu können.

DRAMATISCHE NATUR

Viele geheimnisumwitterte Orte zeichnen sich nicht allein durch ungewöhnliche Landschaften aus, sondern auch durch ihre rätselhaften Bewohner. Im endlosen Sandmeer der Namibwüste gibt es beispielsweise ebenso Lebewesen wie in der ewigen Finsternis der Adelsberger Grotten.

Der Grottenolm, ein Schwanzlurch, dessen Haut keine Pigmente hat und im Licht daher austrocknet, scheint für den unbarmherzigen Kampf ums Überleben schlecht gerüstet. Dennoch gedeiht und vermehrt sich der Olm seit Jahrmillionen in den Adelsberger Grotten der Julischen Alpen von Slowenien. Die Tiere sind an das Leben in der unterirdischen Umgebung angepaßt, sie erbeuten dort kleine Würmer und können lange Zeit ohne Nahrung überleben. Mit Sonnenlicht kommt der Grottenolm eigentlich nie in Berührung, also muß sich seine Haut auch nicht davor schützen. Die Augen aber haben sich infolge der immerwährenden Dunkelheit zurückgebildet. Sie sind nur im Larvenstadium noch erkennbar, beim ausgewachsenen Olm jedoch von Haut überwachsen.

Der Grottenolm ist nur eine von weltweit 3–10 Mio. Tier- und Pflanzenarten, die in

Religion und Mythologie seit jeher gern als Schöpfung von göttlicher Hand erklärt werden. Inzwischen freilich sind die meisten Wissenschaftler der Meinung, daß sich Flora und Fauna ganz allmählich aus primitiven, organischen Bestandteilen des dicken, suppenartigen Gasnebels entwickelt haben, der die urzeitliche Erde einst umgab.

In verschiedenen Stadien der Evolution besiedelten Organismen das Meer, das Land und die Luft und bildeten im Lauf ihrer Entwicklung eine erstaunliche Vielgestaltigkeit und Spezialisierung aus. Vor etwa 350 Mio. Jahren verließen erstmals lungenfischartige Lebewesen die lebenspendenden Gewässer der Erde, sie benutzten ihre knochigen Brustflossen, um sich auf den Strand zu schleppen, und versuchten ihr Glück auf dem trockenen Land.

Heute gedeiht Leben in fast allen Regionen der Welt, auch an einigen der entlegensten und unzugänglichsten Orte: in düsteren Grotten, wasserlosen Dünen in der Wüste, im Packeis der Antarktis und in den Vulkanschloten am Meeresboden. Zwar rottet die Natur erbarmungslos alle Arten aus, die nicht in der Lage sind, die Chancen zu nutzen, die ein Lebensraum ihnen bietet. Wo aber Lebewesen eine Nische für sich gefunden haben, richten sie sich ein, bis neue Einflüsse wirksam werden.

Dieses Prinzip gilt nicht nur für die Tier- und Pflanzenwelt. Es ist in gleicher Weise auf die Menschheit übertragbar, denn selbst im Zeitalter der Satelliten gibt es noch Menschen, die in Höhlen leben, haben steinzeitliche Lebensweisen die Zeiten überdauert.

Die Namibwüste

Bis zu 300 m hoch ragen die Wanderdünen im Herzen der Namibwüste in Namibia auf. Sie zählen damit zu den höchsten der Welt und bilden ein driftendes, geometrisches Muster aus Sand, vor dessen gigantischen, klar abgegrenzten Flächen menschliche Gestalten insektenhaft klein erscheinen. Die Formen und Farben der rosenroten und rötlich-orangefarbenen Sanddünen könnten das Werk eines himmlischen Picasso sein. Dennoch sind die beweglichen Berge eine Schöpfung der Natur – geformt aus dem korallenfarbenen Sand der südatlantischen Küste, den die Wellen an den Strand tragen und der Wind weit ins Landesinnere weht.

Die Namibwüste zieht sich als 1500 km langer Streifen an der südwestafrikanischen Küste entlang. Bucklig, wellig und sanft geschwungen erstrecken sich die Dünen bis zu 130 km landeinwärts, und der Wind, der ihre Konturen Welle für Welle und Sandkorn für Sandkorn umformt, sorgt für eine ständige Veränderung. Manchmal ertönt in der Wüste ein Brüllen: Dann stürzt gerade die Luvseite einer Düne ein, und die Reibung zwischen den Sandkörnern verursacht ein eigenartiges Dröhnen.

Wenn die Dünen nordwärts wandern, so treffen sie auf den Kuiseb River, der an einer Biegung die Wanderung des Sandes aufzuhalten scheint. Wissenschaftler haben jedoch herausgefunden, daß der Sand im zähen Ringen mit dem Fluß schließlich die Oberhand behält. Die Düne bewegt sich unaufhaltsam Zentimeter für Zentimeter vorwärts, ergießt sich in den Fluß und droht den Kuiseb zu ersticken, der nach Norden zurückweicht. Der Geologe John Ward, der eine große Düne in Gobabeb untersuchte, schätzte, daß es etwa 250 Jahre dauern würde, bis sie den Fluß überquert habe. „Nach menschlichen Maßstäben verläuft die Wanderung nicht sehr schnell, nach geologischem Zeitmaß geht sie im Galopp voran."

Dieses Meer von Wanderdünen mag als der lebensfeindlichste Ort der Erde erscheinen, trotzdem verfügt die Namibwüste über ein reiches Ökosystem. Es ist fast ausschließlich von dem Nebel abhängig, den nächtliche Brisen, die vom Südatlantik her wehen, ins Land treiben. Der Nebel versorgt die seltsamsten Pflanzen mit Feuchtigkeit, etwa die *Welwitschia mirabilis*, deren gefranste Blätter den Nebel auffangen und an die rübenartige Wurzel weiterleiten. Die Welwitschien können, so unglaublich es klingt, 1000 Jahre und älter werden.

Auf unterschiedlichste Weise haben sich die Tiere an den Lebensraum Wüste angepaßt. Um an das kostbare Naß des Taus zu gelangen, hat der Kopfstandkäfer eine wundersame Technik entwickelt. Er krabbelt auf den Dünenkamm, wenn der Nebel aufsteigt, beugt sich auf den Vorderbeinen nach vorne und läßt so die Wassertröpfchen, die sich auf seinem Rücken angesammelt haben, in den Mund hinunterrollen. Der ebenfalls in der Namibwüste beheimatete Goldmull ist ein blindes Säugetier, dessen Augenlider

Unter dem peitschenden Wind verändert die Namibwüste unaufhörlich ihr Gesicht. Unten: Die Welwitschie hat sich ihrem kargen Lebensraum angepaßt.

zum Schutz gegen den Sand in einem frühen Stadium der Entwicklung zusammenwachsen; er gräbt sich in die Dünen ein und ist ganz auf sein Gehör angewiesen, um Nahrung wie beispielsweise Insektenlarven zu entdecken. Eine Spinnenart versucht ihren Freßfeinden zu entkommen, indem sie die Beine an den Körper legt und die Dünen hinabrollt; um ihren Bau zu verbergen, hängt sie ein mit Sand getarntes Netz über den Eingang. Zur Lebensgemeinschaft in der Namibwüste gehören außerdem auch Schlangen, Eidechsen und Skorpione; sie alle bezeugen die Anpassungsfähigkeit der Lebensformen auf unserem Planeten.

Surtsey

Der Name der kleinen Insel vor der Südküste Islands leitet sich von dem Feuerriesen Surtur ab, den die altnordischen Völker als den unsichtbaren Urheber und Zerstörer aller Dinge verehrten. „Surtur reitet voran", schildert ein Text aus dem 13. Jahrhundert seine Ankunft, „und vor und hinter ihm lodern helle Flammen. Sein Schwert glänzt heller als die Sonne."

Eine Insel entsteht: Innerhalb mehrerer Monate stieg 1963/64 die Vulkaninsel Surtsey bei Island aus dem Meer empor.

Obwohl der Name so alte Wurzeln hat, ist Surtsey selbst sehr jung. Erst im November 1963 tauchte die Insel infolge heftiger Vulkanausbrüche plötzlich aus dem Meer auf. Etwa 30 km von der Gruppe der Westmänner-Inseln entfernt, kündigten schwere See, Lavaströme und eine gewaltige Rauchfahne die Geburt eines neuen Landgebietes an. Im Verlauf der Ausbrüche, die mehrere Monate anhielten, wuchs zunächst eine rund 160 m hohe und 2,5 km^2 große Insel empor. Als sich der Rauch verzogen hatte und das Grollen verebbte, entdeckten die Wissenschaftler das graubraune Eiland, das mit Bimsstein und schwarzer Asche übersät war und über das der Wind massenweise Sand hinwegblies. Ein Krater mit einer runden Öffnung von etwa 30 m Durchmesser bezeichnete den Schlund des Vulkans, der Surtsey auf die Landkarte der Welt gezaubert hatte.

Ein paradiesisches Eiland ist Surtsey mit seinen spröden Lavaklippen und weiten Stränden aus Vulkanasche nicht gerade. Für Naturforscher dagegen besitzt die Insel eine einzigartige Faszination, denn nur wenige Monate nach dem Ende der Eruptionen begann sich auf dem unwirtlichen Gelände Leben zu regen. Blütenpflanzen sprossen aus Samen, die von Wind, Wasser und Vögeln herbeigetragen worden waren: Die erste Blütenpflanze war der Meersenf *(Cakile maritima)*, ein buschiges Gewächs mit glatten, fleischigen Blättern und weißen oder lilafarbenen Blüten, das bevorzugt auf Sand und Schotter gedeiht. Später siedelte sich auf weiten Flächen die Salzmiere *(Honckenya peploides)* an; ihre gelblichgrünen Blätter sitzen dicht gedrängt an Stengeln, die oftmals fast im Sand begraben sind. Unmittelbar auf dem Krater des Vulkans machten sich graue Moose breit. Kleine Mücken tauchten auf und vermehrten sich. Hin und wieder verirrte sich ein Schmetterling auf die öde Insel, und in Spalten und auf Klippenvorsprüngen nisteten bald die Eissturmvögel.

So bietet Surtsey den Wissenschaftlern die seltene Gelegenheit zu beobachten, wie sich totes Gestein mit Leben füllt. Sie registrieren immer neue Ankömmlinge und untersuchen, was zugrunde geht und was überlebt. Lediglich eine kleine Hütte weist auf die Anwesenheit von Menschen hin, denn um Verunreinigungen zu vermeiden, wurde die Insel zur Schutzzone erklärt, und nur wenige Personen erhalten Zutritt. Schließlich ist Surtsey ein Ort, an dem sich das Geheimnis des Lebens offenbart, und schon ein einziger falscher Schritt könnte einen Organismus zerstören, der für die Ökologie der Insel bedeutsam ist.

Das Baliemtal

Terra incognita (unbekanntes Land) ist ein Begriff, der nur noch auf wenige Gebiete der Erde zutrifft. Reisende, die über den Westteil der Insel Neuguinea hinwegfliegen, passieren jedoch weite Landstriche, die auf der Flugkarte mit dem Hinweis „unvollständige Reliefdaten" versehen sind. Dort leben in unzugänglichen Sumpfgebieten und Gebirgsregionen einige der letzten Nachfahren steinzeitlicher Völker, und bis in unsere Tage war bei ihnen die Kopfjagd noch gang und gäbe. Als 1961 im Gebiet des berüchtigten Volkes der Asmat Michael Rockefeller, der 23jährige Sohn des Gouverneurs von New York, verschwunden war, mutmaßten viele, er sei diesem grausigen Brauch zum Opfer gefallen.

Die Asmat bewohnen die Küstenregion und sind in der westlichen Welt bereits seit 1770 bekannt, als sie James Cook und seine

Mannschaft mit einem Pfeilhagel in die Flucht schlugen. Bis zur Entwicklung der Luftfahrt lag das Siedlungsgebiet des Dani-Volkes in völliger Abgeschiedenheit. Ihre Heimat ist das Baliemtal, das sich in einer Höhe von etwa 1700 m im zentralen Hochland Neuguineas erstreckt. Richard Archbold, ein amerikanischer Abenteurer, bekam es am 23. Juni 1938 als erster Außenstehender zu Gesicht. Als er aus dem Fenster seines Flugbootes schaute, entdeckte er das wunderschöne grüne Tal mit einzelnen Hütten, aus denen Rauch aufstieg, und schachbrettartigen Feldern, auf denen Süßkartoffeln angebaut wurden.

Als das Tal später auf dem Landweg erkundet wurde, glaubten sich die Entdecker in die Steinzeit zurückversetzt. Sie trafen ein Bauernvolk an, das sich mit bunten Federn schmückte und die Nasen mit Keilerstoßzähnen durchbohrte. Die Männer trugen zudem riesige Penisköcher – ein für europäische Augen höchst ungewöhnlicher Anblick – und die Frauen Grasröcke. Die Dani waren in ihrem sicheren Gebirgstal so sehr von der Außenwelt abgeschnitten, daß sie nichts vom Meer wußten, obwohl sie Kaurischalen als Zahlungsmittel verwendeten. Auch Metall war ihnen unbekannt: Als Werkzeuge dienten Äxte aus Stein, Schaber aus Keilerstoßzähnen und Messer aus Bambus. Sie ernährten sich fast ausschließlich von Süßkartoffeln, die sie mit Hilfe eines gut funktionierenden Bewässerungssystems anbauten. Das ließ den Männern des Dorfes ausreichend Zeit, ihrer Lieblingsbeschäftigung nachzugehen, die darin bestand, ritu-

Das Baliemtal im Hochland von Neuguinea ist die Heimat der Dani, eines der letzten Naturvölker. Rechts ein Dani-Krieger in traditioneller Tracht, zu der auch die durch die Nase geführten Eckzähne eines Keilers gehören.

elle Kriege mit anderen Dörfern zu führen. Dabei handelte es sich meist um Schaukämpfe mit aggressiven Posen, bei denen sich die Krieger gegenseitig beleidigten. Zu tödlichen Verletzungen kam es selten, selbst wenn Pfeil und Bogen sowie die langen Speere eingesetzt wurden.

Mehr als 50 Jahre nach dem ersten Kontakt mit der Außenwelt hat sich das Leben im Baliemtal zwar verändert, aber nicht vollständig gewandelt. Noch immer sind Federn und Penishüllen, die Kost aus Süßkartoffeln und gelegentliche rituelle Kämpfe Bestandteile des Alltagslebens.

Auch der alte Glaube ist nicht ausgestorben. Nach Vorstellung der Dani bevölkern Geister der Natur und der Vorfahren die Welt, und nach wie vor werden die einbalsamierten Leichname bedeutender Stammesangehöriger verehrt. Das Dorf Akima im Baliemtal hat hierin besondere Berühmtheit erlangt, weil dort die verschrumpelte, rauchgeschwärzte Mumie eines Kriegers gelegentlich hervorgeholt und für die Kameras der Besucher zur Schau gestellt wird.

Der Marianengraben

„Wir haben die Tiefseezone erreicht, die zeitlose Welt ewiger Dunkelheit", meldete am 23. Januar 1960 der Schweizer Tiefseeforscher Jacques Piccard aus dem Tauchboot *Trieste* an die Geleitschiffe im Pazifischen Ozean. Piccard war mit Donald Walsh von der US-Marine in der Stahlkabine seines Tiefseetauchbootes eingeschlossen und hatte soeben eine Tiefe von 1000 m unter der Wasseroberfläche erreicht, einen Bereich, in den keine Sonnenstrahlen mehr vordringen. In dem kleinen Tauchboot wurde es immer kälter – in der Tiefsee steigt die Temperatur ohnehin nie über 4 °C an –, und die Reise der beiden Forscher hatte gerade erst begonnen.

Piccard und Walsh waren die ersten Menschen, die bis auf den Grund des Marianengrabens hinabtauchten. Dieser bogenförmige Graben durchzieht den Meeresboden im Nordwesten des Pazifischen Ozeans am Rand einer der Kontinentalplatten der Erde. Sein tiefster Punkt, die sogenannte Challengertiefe, war im Jahr 1951 von dem britischen Vermessungsschiff *Challenger II* entdeckt worden; sie gilt als die tiefste Stelle aller Ozeane. 11 033 m unter dem Meeresspiegel endet dieser unvorstellbare Abgrund, der damit weiter in das Innere der Erde hineinreicht, als sich der Mount Everest darüber erhebt. Anders gesagt: Würde man den Mount Everest in die Challengertiefe versenken, lägen über 2 km Wasser zwischen dem Gipfel des Berges und der Oberfläche des Ozeans.

Die Unterwasserforschung hat neue, geheimnisvolle Lebensformen entdeckt.

Fast vier Stunden lang tauchten die beiden Forscher hinab in die Tiefe, ohne den Boden zu erreichen, und zweimal bemerkten sie winzige Leckstellen in ihrer Kabine. Das waren Augenblicke von höchster Besorgnis, denn wenn die Stahlwände geborsten wären und Wasser eingedrungen wäre, hätte es ihren sicheren Tod bedeutet. Doch der gewaltige Wasserdruck, der auf der Kabine lastete, dichtete die Lecks ab, und schließlich zeigte das Echolot allmählich den Meeresgrund an.

Die langlebigsten Pflanzen

An geschützten Stellen in der Antarktis wachsen vermutlich die ältesten Pflanzen der Erde. Das sind Flechten, von denen es weltweit etwa 20 000 Arten gibt. Experten schätzen, daß manche Exemplare dieser Pflanzen, die sich an die kargen Bedingungen der bitterkalten Steinwüste angepaßt haben, bereits über 10 000 Jahre alt sind.

In 10912 m Tiefe, ganz in der Nähe der Challengertiefe, setzte das Tauchboot auf. Der Wasserdruck, der hier auf die Stahlkabine wirkte, betrug 200000 t. Durch das dicke Plexiglasfenster erkannten die Forscher den Meeresboden, eine schlammige Sedimentschicht, die von den Scheinwerfern der *Trieste* angestrahlt wurde. Zunächst erschien ihnen der Ort – so geheimnisvoll und unzugänglich er war – merkwürdig unauffällig. Plötzlich aber bemerkten sie einen Plattfisch, der sie aus großen Augen anblickte. Auf schier unfaßbare Weise hatten sich also Lebewesen an die extremen Druckverhältnisse in dieser abenteuerlichen Meerestiefe angepaßt.

Piccard und Walsh, die den Boden des Ozeans für die Wissenschaft und damit für die Menschheit in Besitz nahmen, blieben 20 Minuten am Meeresgrund, ehe sie den Aufstieg begannen. Nach genau 8 Stunden und 35 Minuten unter Wasser tauchten die beiden Männer wieder auf und beendeten eine Mission, die ebenso einzigartig war wie die Erstbesteigung des Mount Everest.

Im Tal von Göreme (oben) und in Üçhisar (rechts) in Kappadokien finden sich merkwürdige Gesteinsformationen. Höhlenwohnungen verleihen den Kegelbergen ein noch groteskeres Aussehen.

Kappadokien

Phantastische Landschaften mit kegelförmigen Felsen prägen das Bild Kappadokiens im türkischen Mittelanatolien. Das Gestein zeichnet sich dadurch aus, daß es sehr weich ist und sich leicht aushöhlen läßt. Deshalb lebt ein Teil der Bevölkerung bis heute in Höhlenwohnungen, deren Fenster und Türen den Felskegeln das Aussehen eines Riesen mit Kapuze verleihen.

Kappadokien liegt südöstlich von Ankara in einem Gebiet, in dem vor 8 Mio. Jahren bei Vulkanausbrüchen gewaltige Mengen Tuff entstanden sind. Der Tuff bildete ein ausgedehntes Plateau, das bis zu 1220 m Höhe erreichte. Dort hatte die Erosion ein leichtes Spiel. Wind, Schnee und Regen kerbten in die Oberfläche ein Gewirr aus Furchen und Rinnen ein. Diese vertieften und verbreiterten sich im Lauf der Jahrtausende und ließen zwischen V-förmigen

Einschnitten allmählich die Tuffkegel stehen, die eine Höhe von 15–90 m haben.

Um 4000 v. Chr. wurden in den Felsen die ersten Höhlenwohnungen angelegt. Dabei drangen die Erbauer immer tiefer in die Berge vor; sie trieben die Gänge auch vertikal voran und schufen so unterirdische Schlupfwinkel. Frühzeitig wurde Kappadokien außerdem zu einem Zufluchtsort für die versprengten Christen, und der Apostel Petrus schrieb vermutlich nicht ohne Grund den ersten seiner Briefe an die Kappadokier. Als sich immer mehr Gläubige vor ihren Verfolgern verstecken mußten, wurde das Höhlensystem im 4. Jahrhundert weiter ausgebaut. Die Eingänge waren hoch oben in den Kegeln angebracht und nur über Strickleitern erreichbar, die man im Fall einer Gefahr rasch hochziehen konnte.

Die Höhlenlabyrinthe wurden an einigen Orten zu unterirdischen Städten erweitert, die mit Lüftungsschächten, Gemeinschaftsküchen, Brunnen, Weinkellern und Ställen versehen wurden. Zur Verteidigung legte man verborgene Wachräume, blind endende Gänge und Falltüren an. In Derinkuyu und Kaymaklı, so weiß man, überstanden Tausende von Menschen feindliche Belagerungen, indem sie große Mühlsteine vor die Zugänge rollten.

Unter einer toleranten türkischen Regierung bewohnten im 13. Jahrhundert etwa 30000 Christen dieses Gebiet, die in mehr als 300 unterirdischen Kapellen und Klöstern ihre Gottesdienste abhielten. Im Tal von Göreme sind viele davon erhalten, darunter eine Klosteranlage mit großartigen Fresken aus dem 10. Jahrhundert. Zwischen den Felskegeln liegen außerdem zahlreiche Eremitenklausen mit kaminartigen Schächten, die im Volksmund „Feenkamine" heißen, weil sie dem Aberglauben nach von Geistern bewohnt sind. Meist führte der Schacht zu einer Zelle mit einer kleinen Kapelle hinauf, in der sich ein Bett aus Stein, Schränke und eine Herdstelle befanden.

In vielen Höhlenwohnungen Kappadokiens leben heute noch Menschen. Die größte bewohnte unterirdische Stadt ist Ozkonak, doch die Touristen zieht es häufiger in das malerische Dorf Ürgüp. Dort liegen die Felsenwohnungen um einen riesigen roten Bimssteinbuckel, der inmitten der eigenartigen Architektur einen besonderen Akzent setzt.

Die unterirdischen Gewässer der Adelsberger Grotten sind der Lebensraum des blinden Grottenolms.

Die Adelsberger Grotten

Als um das Jahr 1600 ein Fluß in Slowenien über die Ufer trat, schwemmten die Fluten aus einem Gebirgszug seltsame Lebewesen hervor: augenlose, gespenstisch weiße Amphibien mit schlanken Köpfen und breiten Mäulern, deren Körper bis zu 30 cm lang waren. Zunächst hielt man die geheimnisvollen Tiere für junge Drachen. Man nannte sie auch „Menschenfische", weil ihre Gliedmaßen kleinen menschlichen Händen und Füßen merkwürdig ähnlich sahen. Im Jahr 1689 erregten die Tiere ein zweites Mal Aufsehen, als in einem unterirdischen See der prachtvollen Adelsberger Grotten einer ihrer Schlupfwinkel entdeckt wurde.

Die Wissenschaftler identifizierten die Amphibien später als Grottenolme *(Proteus anguinus)*, eine seltene Art ausschließlich im Wasser vorkommender Schwanzlurche. Ganz an das Leben in Dunkelheit angepaßt, waren die Höhlenbewohner an der Erdoberfläche völlig hilflos. Die Tiere, die aus den Höhlen geschwemmt wurden, verendeten im Tageslicht, denn ihre pigmentlose Haut schützte sie nicht vor der Sonne.

Obschon der Olm mittlerweile auch in unterirdischen Gewässern Südösterreichs und Nordostitaliens gefunden wurde, bleibt Adelsberg (slowenisch: Postojna) aber der Ort, der am engsten mit den „Drachenkindern" verbunden ist; seine Höhlen sind ein hervorragender Lebensraum für diese sonderbaren Wesen.

Heute bringt eine kleine Höhlenbahn die Besucher in das weitläufige Labyrinth, das zu den schönsten Karsthöhlensystemen der Welt gehört. In der Eingangsgalerie erinnern die rauchgeschwärzten Wände an Kämpfe im Zweiten Weltkrieg, als Partisanen ein deutsches Treibstofflager in Brand steckten. Dahinter fährt die Bahn durch feuchtkalte, beleuchtete Gänge tief in das Innere des Berges, wo die Höhlen und Galerien mit prächtigen Stalagmiten und Stalaktiten geschmückt sind. Sie tragen zum Teil Namen, die auf ihr Aussehen anspielen – „Schildkröte", „Mumie" oder „Heuhaufen". Die größte Höhle des Systems ist die imposante „Konzerthalle", die 5 km im Innern des Berges liegt und 37 m hoch ist. Bei Musikveranstaltungen finden dort einige hundert Menschen Platz. Unweit davon leben in Tümpeln einige Exemplare des Grottenolms. Diese lautlosen Tiere aus der Urzeit sind bereits seit 80 Mio. Jahren in den Adelsberger Grotten zu Hause, also schon Ewigkeiten bevor der Mensch erstmals in den Berg vordrang.

Die Bewohner von Tristan da Cunha leben im Schatten des Vulkans, der ihre Insel beherrscht.

Tristan da Cunha

Auf Tristan da Cunha im Südatlantik wohnen wohl die einsamsten Menschen der Welt. Das kleine Eiland, das auf der Landkarte nur als ein winziger Fleck im weiten

Ozean vermerkt ist, liegt 2120 km von Sankt Helena, der nächsten bewohnten Insel, entfernt. Mit drei weiteren, allerdings unbewohnten Inseln gehört Tristan da Cunha zur britischen Kronkolonie, die derzeit rund 300 Einwohner zählt.

Die rund 100 km² große Insel wird von einem mächtigen Vulkankegel beherrscht, dessen Gipfel oft wolkenumhüllt ist. Manchmal hängen die Wolken so tief, daß sie die ganze Insel überschatten, selbst wenn der Himmel ringsum über dem Ozean blau ist.

Die dauerhafte Besiedelung von Tristan da Cunha wurde möglicherweise durch das milde Klima, die reichen Fischbestände und das fruchtbare Ackerland begünstigt. Bereits 1506 von den Portugiesen entdeckt, ließen sich jedoch erst 1815 die ersten Menschen auf der Insel nieder. Damals wurde dort vorübergehend eine Truppe britischer Soldaten stationiert, die den Auftrag hatte, jeden Versuch zur Befreiung Napoleons I. zu vereiteln, der nach der Schlacht von Waterloo auf St. Helena gefangengesetzt worden war. Die Nachkommen der Soldaten sowie in späterer Zeit auch Siedler und schiffbrüchige Seeleute bildeten den Kern der Bevölkerung, die in strohgedeckten Hütten mit Wänden aus vulkanischem Tuffgestein hausten. Bis heute sind die Insulaner stolz auf ihr beschauliches Leben und ihre antiquierte Sprache, das Englisch des 19. Jahrhunderts. Nur einmal wurde die Ruhe empfindlich gestört, als 1961 der 2060 m hohe Vulkan auf Tristan da Cunha völlig unerwartet ausbrach. Die Bevölkerung mußte nach England evakuiert werden und konnte erst zwei Jahre später zurückkehren.

Die Geschichte der Inselbevölkerung ist schon seltsam genug, aber es gibt noch eine weitere Besonderheit. Der Große Sturmtaucher *(Puffinus gravis)*, eine Vogelart, die Ornithologen als herbstlichen Gast der nordeuropäischen Meere kennen, brütet nur auf Tristan da Cunha. Die Entwicklung dieses Zugverhaltens ist bislang ein Geheimnis, doch Jahr für Jahr fliegen rund 4 Mio. Sturmtaucher die Inselgruppe an, als wollten sie einen Ausgleich schaffen für die spärliche Besiedelung durch den Menschen.

Die Galapagosinseln

„Feuersbrunst auf Galapagos bedroht Riesenschildkröten", hieß es 1994 auf den Titelseiten der Zeitungen in aller Welt. Ein Waldbrand raste auf den Sierra Negra zu

Vulkane wie der Sierra Negra auf der Galapagosinsel Isabela (rechts) sind das Refugium der Riesenschildkröten (unten), die sich in seinem Krater paaren.

und bedrohte etwa 6000 Schildkröten, die rund um den Vulkan beheimatet waren. Die Gefahr konnte schließlich abgewendet werden, doch rückte damit einer der bedeutendsten Lebensräume für Tiere sozusagen über Nacht in das Interesse der Weltöffentlichkeit.

Die Galapagosinseln gelten als die merkwürdigsten Inseln der Welt. Auf den Vulkaninseln, die rund 1000 km westlich von Ecuador am Äquator liegen, erstreckt sich eine öde Landschaft aus grauen Lavakliffen, Kaktuswüsten und dichten Mangrovensümpfen, in der eine einzigartige Tierwelt zu Hause ist. Die meisten Reptilien und über die Hälfte der Pflanzen sind nur auf diesen Inseln heimisch, die von den ersten spanischen Forschungsreisenden wegen ihrer sonderbaren Lebensformen *Las Encantadas* (die Verzauberten) genannt wurden.

Charles Darwin, der englische Naturforscher, besuchte die Inseln 1835 auf seiner Reise mit der *Beagle.* Die Beobachtungen, die er dort machte, hatten großen Einfluß auf seine Theorie von der natürlichen Auslese. Sie besagt, daß sich Faktoren wie Konkurrenz, Klima und Krankheiten auf eine Tierpopulation auswirken und nur die stärksten Tiere überleben lassen. Auf den Galapagosinseln identifizierte Darwin 26 Arten von Landvögeln, die alle – mit Ausnahme einer bestimmten Finkenart – nirgendwo sonst vorkamen. Außerdem entdeckte er flugunfähige Kormorane, monströse Leguane und riesige Schildkröten, die zum Teil so schwer waren, daß nur acht Männer sie tragen konnten. Denn bei einer Lebensdauer bis zu 100 Jahren können die Männchen ein Gewicht von 270 kg erreichen.

Darwin kam zu dem Schluß, daß die isolierte Lebensweise auf den Galapagosinseln den heimischen Arten eine Entwicklung ermöglicht hatte, die in einer „normalen" Umgebung mit räuberischen Feinden, allen voran dem Menschen, undenkbar gewesen wäre. Bei der Begegnung mit Menschen zeigten sich die Tiere auf den Inseln erstaunlich furchtlos – was für sie nicht immer von Vorteil war. So wurden die gutartigen Riesenschildkröten *(Testudo nigra)* lange Zeit und in großer Zahl wegen ihres wohlschmeckenden Fleisches geschlachtet; heute gelten sie als eine vom Aussterben bedrohte Tierart und werden streng geschützt, seitdem man den größten Teil der Galapagosinseln zum Nationalpark erklärt hat.

Die Riesenschildkröten vor allem verleihen den Inseln eine urzeitliche Atmosphäre, und an den vulkanischen Hängen gehen zehn verschiedene Rassen auf Futtersuche. Einige haben tief herabgezogene Panzer, die ihnen das Abweiden bodennaher Pflanzen erlauben, andere besitzen lange Hälse, durch die sie an höherwachsende Pflanzen herankommen. Wenn im Februar die Regenzeit einsetzt, schleppen sich die Schildkröten auf den Vulkangipfel der Insel Isabela, wo sie sich im Schlamm des Kraters paaren. Ein seltsames, gutturales Brüllen erfüllt die schwefelige Luft, wenn die Männchen die Weibchen zu besteigen versuchen. Die schwerfällige Schildkröte ist allerdings kein geschickter Liebhaber, und oft kommt keine erfolgreiche Paarung zustande. Dies dürfte mit ein Grund dafür sein, warum sie beinahe ausgestorben ist.

Die Everglades

Eine melancholische Stimmung liegt über den Everglades im Süden der Halbinsel Florida. Diese geheimnisvolle Region aus Wald und Sumpfland ist die größte subtropische Wildnis der USA und zugleich ein Nationalpark, der 5667 km² bedeckt. Geradezu unheimlich eben ist diese Landschaft, deren hervorstechende Merkmale weite, konturlose Flächen mit Riedgras oder Seggen sind. Das je nach Jahreszeit grüne, gelbe oder braune Meer aus Gräsern erstreckt sich, soweit das Auge reicht. Nur einige wenige bewaldete Hügel und von undurchdringlichem Dickicht überwucherte Inseln unterbrechen bisweilen das Panorama.

Die Everglades werden von einem ungewöhnlich breiten und flachen Fluß gespeist, der vom Okeechobee-See nach Süden fließt. Der etwa 80 km breite Fluß bewegt sich langsam über ein poröses Kalksteinbett in die Bucht von Florida hinein. Hier und da ragen flache Erhebungen aus dem Wasser, die gerade hoch genug sind, um einigen Kiefern und Bauminseln Halt zu geben. Nahe der Küste wuchern rote Mangroven in den Brackwassersümpfen. Die Wurzeln dieser amphibischen Pflanzen krümmen sich gespenstisch über dem Wasser, wo sie den Sauerstoff aus der Luft aufnehmen. Ihr verflochtenes Wurzelwerk wirkt als Hindernis, und so sammeln sich in ihm Schlick und Pflanzenteile an, aus denen sich wieder neue Inseln bilden.

In diesem ausgedehnten Feuchtgebiet leben exotische Tiere. Schmuck- und Silberreiher, Ibisse sowie die seltenen Rosalöffler schreiten mit ihrem eleganten Gefieder durch den Sumpf, und bunt schillernde Fische schießen unter der Wasseroberfläche entlang. Diese Bewohner freilich teilen

Tausende von Zypressen ragen aus den weiten Sümpfen der Everglades empor. Links: Ein Alligator lauert zwischen Schilf- und Seerosenpolstern auf Beute.

sich das Wasser mit Schlangen und furchteinflößenden Alligatoren, die eine imposante Länge von 5 m erreichen können. Die Mangrovensümpfe sind auch der einzige noch erhaltene Lebensraum des amerikanischen Krokodils, das man an seiner längeren und schmaleren Schnauze erkennt.

Mit ihren rund 900 Pflanzen- und mehr als 600 Tierarten sind die Everglades ein Dorado für Naturforscher. Doch das Paradies ist gefährdet. Seit Jahrzehnten wird das Wasser verschmutzt und umgeleitet. Die Scharen der Watvögel, die früher die Sonne verdunkelten, haben sich verringert, und seltene Tiere verlieren ihren Lebensraum. Unter dem Druck von Umweltschützern hat eine Rettungsaktion begonnen, doch muß die Zukunft erweisen, ob damit der Fortbestand der Everglades gesichert ist.

REGISTER

BILDNACHWEIS

o. = oben; u. = unten; l. = links; r. = rechts; M. = Mitte

Illustrationen: Siena Artworks Limited, London

Umschlagvorder- und -rückseite: Höbel/Mauritius
Umschlagvorderseite: M. l. Rob Talbot/Tony Stone; M. r. Johnsson/Mauritius; u. AGE/Mauritius
Vor- und Nachsatz: Fritz Schmidt/IFA-Bilderteam

Innenteil: 3 Peter Arnold Inc; 6 Sygma; 7 Simon Marsden; 8 u. l. Mirror Syndication; 8/9 The Bridgeman Art Library/The British Museum; 10 o. l. National Maritime Museum; 10 u. l. Hulton Deutsch Collection; 10/11 Peter Arnold Inc/Malcolm Kirk; 11 o. r. NHPA/Robert Thompson; 12 Fortean Picture Library; 13 M. l. Bruce Coleman Ltd/J. Zwaenepoel; 13 u. r. Images Colour Library; 14 DRK Photo/Tom Bean; 15 David Harris/Courtesy Israeli Antique Authority; 16 o. l. Porterfield/Chickering/Photo Researchers/OSF; 16 M. l. AKG London; 17 Douglas Peebles; 18 o. Bruce Coleman Ltd/Gerald Cubitt; 18 u. r. Topham Picture Source; 19 J. Allan Cash; 20 Robert Harding Picture Library/Adam Woolfitt; 21 Bruce Coleman Inc/E. Degginger; 24 Bruce Coleman Ltd/Dr. Stephen Coyne; 26/27 Bruce Coleman Ltd/Brian Henderson; 27 Bruce Coleman/Roger Coggan; 28/29 Robert Harding Picture Library/Robert Frerck; 28 The Mansell Collection; 29 Charles Walker/Images Colour Library; 30 o. l. Comstock/Dr. Georg Gerster; 30 o. M. AKG London/Erich Lessing; 31 Comstock; 33 Robert Harding Picture Library; 34 Robert Harding Picture Library; 36 o. Richard Packwood/OSF; 36 M. David Harris/Courtesy Israeli Antique Authority; 37 Sygma; 38 u. l. Werner Forman Archive/The Egyptian Museum, Cairo; 38 M. l. Werner Forman Archive/Egyptian Museum, Berlin; 39 Hulton Deutsch Collection; 40 Greg Evans International; 41 o. l. Charles Walker/Images Colour Library; 41 u. r. Sylvia Cordaiy Photo Library/Colin Hoskins; 42/43 DRK Photo; 44 o. l. Tom Stack & Associates/Lorran Meares; 44 u. r. Royal Geographical Society/Chris Caldicote; 45 Comstock/Dr. Georg Gerster; 46 o. M. The Hutchison Collection/Christine Pemberton; 46/47 Comstock; 47 Charles Walker/Images Colour Library; 48 u. l. Comstock; 48 u. M. Robert Harding Picture Library/Adam Woolfitt; 49 Bruce Coleman Inc/J. Carton; 50 o. l. Museum of the Rockies/Bruce Selyem; 50 u. r. Comstock/Dr. Georg Gerster; 51 Robert Harding Picture Library; 52 M. l. Sygma; 52 u. Robert Harding Picture Library/Explorer; 54 o. l. Novosti Photo Library; 54 u. r. Frank Sponer Pictures; 55 Rex Features; 56 u. l. J. Allan Cash; 56 u. r. The Bridgeman Art Library/Giraudon; 57 J. Allan Cash; 58 o. l. C. Helliwell/OSF; 58 u. l. Topham Picturepoint; 59 o. l. Aspect Picture Library/Larry Burrows; 59 u. r. Peter Arnold Inc; 60 Aspect Picture Library/Phil Conrad; 61 Peter Arnold Inc; 62 u. l. Robert Harding Picture Library/Robert Frerck; 62 M. r. Mike Slater/OSF; 63 Robert Harding Picture Library/Gavin Hellier; 64/65 Robert Harding Picture Library/Adina Tovy; 65 o. l. Mireille Vautier; 65 u. r. AKG London; 66 Robert Harding Picture Library; 67 Aspect Picture Library/Larry Burrows; 68 Mireille Vautier; 68/69 Michael Gogden/OSF; 70 o. r. Peter Arnold Inc; 70 u. l. Pierre Tetrel/Photo Researchers/OSF; 71 Robert Harding Picture Library; 72 Telegraph Colour Library; 72/73 Telegraph Colour Library; 74 o. l. Michael Holford; 74 o. r. Terry Harris; 75 John Watney; 76/77 Photo Researchers/OSF; 77 Magnum Photos/B. Barbey; 78 Mireille Vautier; 79 Bavaria Bildagentur/Gerd Krauskopf; 80 o. l. Comstock; 80 u. Fortean Picture Library; 81 o. r. Peter Arnold Inc/Fritz Prenzel; 81 u. r. Tom Stack & Associates; 82 Magnum Photos/Don McCullin; 83 o. M. Magnum Photos/Raghu Rai; 83 u. r. LifeFile/Graham Buchan; 84 Zefa; 85 Royal Geographical Society; 86 Tom & Pat Leeson/Photo Researchers/OSF; 87 u. l. The Hutchison Library/J. Pate; 87 u. r. J. Allan Cash; 88 Comstock; 89 Lowell Georgia/Photo Researchers/OSF; 90 u. l. Nik Wheeler; 90 M. Photo Researchers/OSF; 91 o. l. Magnum Photos; 91 o. r. The Bridgeman Art Library/Christie's, London; 92 Magnum Photos/Ara Guler; 93 Magnum Photos/Ian Berry; 94 Sonia Halliday/F. Birch; 95 o. Magnum Photos/Abbas; 95 u. r. Photo Researchers/OSF; 96 o. l. Michael Holford; 96 M. l. Terry Harris; 97 o. r. Fortean Picture Library; 97 u. l. The Slide File; 98 Zefa; 99 o. l. Robert Harding Picture Library; 99 u. r. Tony Stone Images; 100 Robert Harding Picture Library; 101 o. r. International Stock Photo/Greg Johnson; 101 u. l. The Griffith Institute/Ashmolean Museum; 102 Robert Harding Picture Library/Adam Woolfitt; 103 o. r. Images Colour Library; 103 u. r. Malcolm Passingham; 104 o. l. Peter Newark's American Pictures; 104 u. r. Jack Fields/Photo Researchers/OSF; 105 o. l. Spencer Grant/Photo Researchers/OSF; 105 o. r. Solo Syndication; 106 M. l. Comstock/Simon McBride; 106 M. r. Mary Evans Picture Library; 106 u. Aspect Picture Library; 107 Jean Loup Charmet; 108 Fortean Picture Library; 109 o. l. Jean Loup Charmet; 109 o. r. The Bridgeman Art Library/Lauros-Giraudon; 109 u. M. Zefa; 110 o. Aspect Picture Library; 110 u. l. Royal Geographic Society; 110 u. r. Popperfoto; 111 Telegraph Colour Library; 112 Katz/Randy Taylor; 113 o. l., u. l. Katz; 113 o. r. Sue Cunningham; 114 Tony Stone Images/Hans Peter Werten; 115 o. r. Charles Walker/Images Colour Library; 115 u. l. Jean Loup Charmet; 116 o. M. Jean Loup Charmet; 116 u. r. Mats Wibe Lund/Gardar Palsson; 117 Robert Harding Picture Library/Adam Woolfitt; 118 o. M. Robert Estall; 118 u. r. Heather Angel; 119 M. r. Mats Wibe Lund; 119 u. r. Mary Evans Picture Library; 120 Simon Marsden; 120 u. r. Charles Walker/Images Colour Library; 121 Images Colour Library; 122 Zefa; 123 o. l. Sylvia Cordaiy Photo Library; 123 u. r. Tony Stone Images; 124 Austrian Tourist Office; 125 o. r. Peter Arnold Inc; 125 M. r. Mats Wibe Lund; 126 Comstock; 127 Magnum Photos/Ferdinando Scianna; 128/129 Tom Stack & Associates/Tom Algire; 130 Telegraph Colour Library; 131 o. r. Aspect Picture Library/Peter Carmichael; 131 u. r. Connie Toops; 132 Photo Researchers/OSF; 133 Mountain Camera/Colin Monteath; 134/135 George Chan/Photo Researchers/OSF; 135 o. M. Peter Skinner/Photo Researchers/OSF; 135 u. r. Robert Estall; 136 o. l. Bruce Coleman Ltd/Chris James; 136 o. r. Telegraph Colour Library; 137 Jim Steinberg/Photo/Researchers/OSF; 138/139 Aspect Picture Library/Gavin Hellier; 139 Tony Stone Images/Gary Yeowell; 140 o. l. Tom Stack & Associates/John Cancalosi; 140 u. r. NHPA/B. Jones & M. Shimlock; 141 Bruce Coleman Ltd/Hans Reinhard; 142 Robert Harding Picture Library/C. Tokeley; 143 Comstock; 144 Peter Arnold Inc; 145 o. r. Bruce Coleman Ltd/Christer Fredriksson; 145 u. l. Gerry Ellis; 146/147 Bruce Coleman Ltd/Gerald Cubitt; 147 Bruce Coleman Ltd/Dr. Eckart Pott; 148 Mats Wibe Lund/Garclar Palsson; 149 o. The Hutchison Library; 149 u. r. Bruce Coleman Ltd/Alain Compost; 150 Al Giddings Images Unlimited; 150/151 Bruce Coleman Ltd/N. Blake; 151 Tony Stone Images/Peter Poulides; 152 u. l. Robert Harding Picture Library/A. Waltham; 152 M. r. Frances Furlong/OSF; 153 u. Bruce Coleman Ltd/Hans Reinhard; 153 M. r. Bruce Coleman Ltd/Dieter & Mary Plage; 154/155 Tony Stone Images/Jon Riley; 155 Comstock.